北京市社会科学院法治研究中心　法治研究所 ◎编

北京法治发展论丛
(2022)

STUDIES ON THE RULE OF LAW IN BEIJING (2022)

马一德 ◎主编

法律出版社
LAW PRESS·CHINA
——北京——

图书在版编目(CIP)数据

北京法治发展论丛. 2022 / 马一德主编 ; 北京市社会科学院法治研究中心, 法治研究所编. -- 北京 : 法律出版社, 2023
ISBN 978 -7 -5197 -7699 -2

Ⅰ. ①北… Ⅱ. ①马… ②北… ③法… Ⅲ. ①社会主义法制－北京－2022－文集 Ⅳ. ①D927.1 -53

中国国家版本馆 CIP 数据核字(2023)第 046232 号

北京法治发展论丛(2022)
BEIJING FAZHI FAZHAN LUNCONG (2022)

马一德 主编
北京市社会科学院法治研究中心
法治研究所 编

责任编辑 慕雪丹 章 雯
装帧设计 汪奇峰

出版发行 法律出版社
编辑统筹 法商出版分社
责任校对 赵明霞
责任印制 胡晓雅
经　　销 新华书店

开本 710 毫米×1000 毫米 1/16
印张 19.25 **字数** 256 千
版本 2023 年 5 月第 1 版
印次 2023 年 5 月第 1 次印刷
印刷 北京盛通印刷股份有限公司

地址:北京市丰台区莲花池西里 7 号(100073)
网址:www.lawpress.com.cn
投稿邮箱:info@lawpress.com.cn
举报盗版邮箱:jbwq@lawpress.com.cn
销售电话:010 - 83938349
客服电话:010 - 83938350
咨询电话:010 - 63939796

书号:ISBN 978 -7 -5197 -7699 -2
定价:76.00 元

《北京法治发展论丛》
编委会名单

前言 FOREWORD

2021年是党和国家历史上具有里程碑意义的一年，中国共产党迎来了建党100周年。作为"十四五"规划的开局之年，2021年开启了全面建设社会主义现代化国家的新征程。以习近平同志为核心的党中央，沉着应对百年变局和新冠肺炎疫情，积极构建新发展格局，全面推动经济社会高质量发展。我国经济发展和疫情防控保持全球领先地位，国家战略科技力量加快壮大，产业链韧性不断提升，改革开放向纵深推进，民生保障有力有效，生态文明建设持续推进，实现了"十四五"的良好开局。进入2022年，首都高质量发展路径更加明晰，首都城市发展水平、城市形象和国际影响力逐步提升，可持续发展能力不断增强，国家战略科技力量不断培育壮大，改革开放新优势更加明显，城市发展方式深刻转型。面对首都发展的历史机遇，必须始终坚持以习近平新时代中国特色社会主义思想为指导，深入贯彻习近平总书记对北京一系列重要讲话精神，全面落实习近平法治思想，坚持问题导向，聚焦重点领域，紧紧围绕北京市作为全国政治中心、文化中心、国际交往中心、科技创新中心的定位，健全完善维护首都安全、文化建设、国际交往、科技创新等法律规范体系，以更高站位、更大力度推进法治中国首善之区建设，为"十四五"开好局、起好步提供坚强法治保障。

为全面贯彻落实《法治中国建设规划（2020—2025年）》《法治社会建设实施纲要（2020—2025年）》精神，统筹谋划和协调推进法治中国首善之区建设,2021年5月9日,中共北京市委印发《北京市全面依法治市规划(2021—2025年)》;2021年11月26日,中共北京市委、北京市人民政府制定并印发《北京市法治政府建设实施意见(2021—2025年)》。在全面推进"法治中国首善之区"建设过程中,北京市始终坚持以习近平新时代中国特色社会主义思想为指导,以习近平法治思想为指引,全面落实党中央、国务院关于法治政府建设的决策部署,坚定不移走中国特色社会主义法治道路。在全面推进首都高质量发展的新征程上,积极贯彻新发展理念,努力构建新发展格局,立足首都城市战略定位,把全面依法治市摆在全局性、战略性、基础性、保障性位置,充分发挥法治固根本、稳预期、利长远的保障作用,持续推进首都治理体系和治理能力现代化,全面推进"法治中国首善之区"建设。

《北京法治发展论丛(2022)》坚持以习近平法治思想为指导,立足首都法治实践的前沿性研究,刻画首都法治建设的发展变化,征集编纂的文章主题涵盖了"建设首都现代公共法律服务体系新格局""首都工业遗产开发保护利用""新型就业形态劳动者权益保障""推进首都公证行业执业理念体系建设""建立完善专利纠纷仲裁解决机制""首都智慧法院建设""互联网司法规则体系建立""提升首都司法公开智能化水平"等,分为"法治政府""司法改革""民事法治""刑事法治""知识产权"等五大板块,全面反映了新时代法治国家、法治政府和法治社会建设目标在京华大地转化为鲜活社会现实的生动实践。其中,围绕"首都现代公共法律服务体系新格局",北京市全面聚焦保障和改善民生、优化营商环境与基层法治,打造公共法律服务资源"新布局",拓展公共法律服务"新空间",实现公共法律服务城乡均衡化"新发展",形成了可复制可推广的现代公共法律服务体系建设的"首都经验"。围绕"首都工业遗产开发保护利用",北京市聚焦文化复兴、产业复兴、生态复兴、活力复兴,积极落实国家工业遗产保护利用的相关要求,认真把握国家产业政策和产业发展方向,积极推进首钢、京西煤矿等工业遗址的创造性转化利用,形成工业遗产活化利用的京西模式，引导推动首都产业结构升级和经济可持续发展。围绕“首都公证行业执业理念体系建设”，北京市着力推进首都公证行业高质量发展，践行公证为民、公证利民的初心使命，将公证纳入矛盾纠纷多元化解和诉源治理机制中通盘考虑，积极开展“公证＋调解”服务，协助开展案件化解、重大突发事件处置、行政执法等工作，充分发挥公证预防纠纷、减少诉讼、维护市场交易安全稳定等领域的支持性、服务性、保障性作用。围绕“首都智慧法院建设与首都司法公开智能化水平提升”，建议建立事前告知与事后反馈机制，注重隐私保护、增强技术保障，提升司法公开质效、加强社会参与，推进舆论监督与司法公开平衡发展，使司法公开制度建设更加符合社会公众的需求。围绕“新型就业形态劳动者权益保障”，建议积极推动平台企业劳动争议程序设计与劳动者权益保护模式构建，引入“不完全劳动关系”的规制路径，将平台劳动者纳入劳动法框架内进行调整，建立分层分级保护的思路，对于具有灵活性的平台从业者，给予劳动者部分的权利保护。围绕“专利纠纷仲裁解决机制建设”，倡议通过立法明确规定专利纠纷可仲裁，建立专门的专利仲裁机构或改革现有仲裁机构，制定专门的专利仲裁规则，充分利用我国仲裁机构的专业资源，扩大可以担任专利仲裁员的人选范围，构建一个较为完整的专利纠纷仲裁解决体系，以保证仲裁方式解决专利纠纷能够发挥其应有的作用，推动实现首都知识产权纠纷的多元解决。

最后，特别感谢参与本卷编撰的中共北京市委政法委、北京市人大常委会法制办、北京市人大常委会内务司法办公室、北京市高级人民法院、北京市人民检察院、北京市公安局、北京市司法局、北京市委办公厅法规室、北京市人民政府信访办、北京政法职业学院、北京市法学会、北京市律师协会、北京仲裁委等编委单位。

《北京法治发展论丛》编辑部

北京市社会科学院法治研究所

2022 年 9 月

[illegible]

《[illegible]》编辑部

北京市社会科学院法学研究所

2022年9月

目录 CONTENTS

法治政府

北京市现代公共法律服务体系建设情况调研报告

北京市司法局

近年来，北京市司法局深入贯彻落实习近平总书记重要指示精神和党中央决策部署，坚持以人民为中心的发展思想，在司法部和北京市委、市政府坚强领导下，坚持首善标准，努力开创具有首都特色的公共法律服务新格局，有力促进了社会公平正义和首都高质量发展，对推动法治中国首善之区建设发挥了基础性、服务性、保障性作用。

目前，北京市覆盖全业务、全时空的法律服务网络已基本建成，《北京市基本公共法律服务发展指标（2019—2022年）》按要求顺利完成，多项“十四五”时期公共法律服务工作主要指标提前实现，律师、公证、法律援助、司法鉴定、调解、仲裁、普法宣传等依托公共法律服务网络全面贯通，基本形成了覆盖城乡、便捷高效、均等普惠的现代公共法律服务体系。同时，在北京市人口基数大、经济文化发展水平高、群众需求多元复杂、国际化趋势加快等条件综合作用下，现代公共法律服务体系建设成果不断得以完善，形成可复制可推广的“首都经验”。

北京市“十四五”时期公共法律服务工作主要指标完成情况（截至2021年12月）

序号	指标内容	规划预期值	北京市完成情况
1	县、乡公共法律服务中心（站）建成率	100%	100%
2	公共法律服务热线总体实现7×24小时服务（%）	100%	100%

续表

序号	指标内容	规划预期值	北京市完成情况
3	法律服务事项网上办理实现率(%)	100%	100%
4	乡村法律明白人配备率(%)	≥95%	100%
5	村(社区)法治文化阵地建设普及率(%)	95%	100%
6	每万人拥有律师(人)	5.3	18.37
7	全国配备村(居)法律服务顾问的比例(%)	100%	100%
8	县级以上法律援助机构建成率(%)	100%	100%
9	法律援助经费纳入本级政府预算率(%)	100%	100%
10	每十万人提供法律援助量(件)	110	139.59
11	值班律师为没有辩护人的犯罪嫌疑人、被告人提供法律帮助率(%)	100%	100%
12	通知辩护法律援助案件指派率(%)	100%	100%
13	每十万人拥有公证员数(人)	1.5	2.01
14	村(社区)、街道(乡镇)人民调解委员会覆盖率(%)	100%	100%

一、现代公共法律服务体系建设的"首都经验"

截至2021年12月,北京市有3143家律师事务所,40248名执业律师;24家公证处,441名公证员;84家司法鉴定机构,1080名司法鉴定人;同时还有36800名人民调解员和627名仲裁员。法律服务资源相对丰富,为北京市公共法律服务工作有效开展打下良好基础。

(一)体制机制"软联通",以"三个新"筑实制度体系建设

1. 加强新布局,凝聚制度合力。北京市依法治市委员会出台《北京市关于加快推进公共法律服务体系建设的若干措施》,制发公共法律服务体系全领域配套文件、制度规范43个。

2. 融入新规划,激活社会治理。公共法律服务纳入北京市国民经济和社会发展规划,纳入老年人、残疾人、退役军人、妇女、儿童、乡村振兴规划,

这些内容在《北京市促进中小企业发展条例》《北京市街道办事处条例》等地方性法规中均有体现。

3. 形成新机制,提高服务格局。公共法律服务纳入首都法治政府和平安建设考核评价体系,法律咨询纳入市委市政府“七有”“五性”民生监测指标体系,成为各级党委政府考评重要指标;公共法律服务网络平台、实体平台连续两年纳入市政府为民办实事项目。

(二)基础设施“硬联通”,以“三个实”推动三大平台融合发展

实体、热线、网络三大平台是现代公共法律服务体系建设的基本载体,是服务联系群众的现实纽带。目前,北京市公共法律服务实体、热线、网络三大平台建设、服务能力均已达到全国公共法律服务体系建设规划标准。

1. 实体平台基础夯实,以点带面落实“全覆盖”。北京市在建设省级公共法律服务中心硬件基础上,重视业务指导能力和服务能力的配套建设;以省级公共法律服务中心建设为重点,自上而下,全面贯通,带动全市公共法律服务工作。建成全国面积最大、功能最全的省级公共法律服务中心,建成16个区级公共法律服务中心,律师、公证、司法鉴定、法律援助、人民调解进驻市区两级中心,直接接待群众来电来访;配备331个街道(乡镇)公共法律服务站,在6869个村(居)建立“一村一居一法律顾问”的工作网络,实现四级实体平台全覆盖。

2. 热线平台服务做实,升级扩容贯穿“全时空”。热线平台是群众获取公共法律服务最便捷、最信任的方式,在今后相当长一段时间内仍是群众获取法律服务的首选渠道。北京市建成市区两级“12348”一体化呼叫系统,设立座席142个,实行全年无休的7×24小时服务,服务量较建立初期提升481%,其中京外来电占服务总量28%,服务范围涵盖包括港、澳、台在内的全国34个省级行政区;同时,在保留自主运营的基础上,与12345热线“统一接听”,双号并行,2019—2021年累计提供服务184万余人次,接线平台接通率达到96%以上,满意率达到99%以上。

3. 网络平台作用压实,紧密衔接保障“互联互通”。针对群众获取法律

服务注重“真实感”和“权威性”的特点,实现公共法律服务跨平台、跨项目、跨层级的全面整合。建成北京法律服务网为基础的协同调度、分析研判、效能评估“1+3”网络平台,群众办事需求通过网络平台调度至实体平台,实现“一端发起　三台响应”,热线与实体、网络“三台融合”。北京法律服务网近三年提供网络咨询件63595次,实体平台共承接热线、法网工单1840件次,上下级流转调度工单1248件,响应率达到100%。建立数据定期分析制度,发挥数据资源的导向性作用,为精准服务奠定基础。

(三)资源配置“域联通”,以“三个加强”持续提升城乡一体化水平

1. 加强法律服务资源基础配置。北京市紧密围绕乡村振兴战略,按年度制订专项方案,深入实施“乡村振兴　法治同行”专项活动;落实村居法律顾问制度,全市配备1967名律师担任村居法律顾问,实现全市范围内100%全覆盖;开展民主法治示范村(社区)建设,全市培养“法律明白人”9000余名,实现全市行政村100%全覆盖。

2. 加强欠发达地区法律服务资源均衡布局。积极调配优质法律服务资源向城郊区及生态涵养区辐射,在昌平区建立回天地区公共法律服务东部分中心,支持律师事务所在郊区开设同城分所,建立城郊律师、公证法律资源对接支援机制,实现公共法律服务力量均衡配置。市法律援助基金支持在生态涵养区成立惠农公益法律服务中心,在乡镇设立惠农公益法律服务工作站,支持1+1法律援助项目,组织实施西部律师研修计划,组织开展志愿服务工作,补充欠发达地区的法律服务力量。

3. 加强法律服务参与基层治理建设。组织引导律师积极履行社会责任,开展公益法律服务。参与人民调解、诉前调解和律师调解等矛盾纠纷多元化解,开展民营企业“法治体检”,参与化解和代理涉法涉诉信访案件。发挥人民调解、行专调解、诉调对接优势,实现矛盾纠纷源头预防、前端化解。扩大公证参与人民法院司法辅助事务试点工作。

(四)服务质效“心联通”,以“三个持续”彰显服务效果

1. 持续服务保障民生。法律服务不断下沉,三年来全市村居法律顾问

提供咨询服务62余万人次，举办法治讲座5万余场次，代写法律文书3万余份，为村(居)委会提供法律服务2万余件；三年来各平台共提供法律咨询服务328万余件次，圆满完成“七有”“五性”民生监测“平稳增长”的要求；三年来持续向社会公布“最多跑一次”公证事项清单达180项，基本覆盖公证业务全领域，进一步下调收费标准，减轻社会负担约1.5亿元，公证机构参与司法辅助业务规模较2017年扩大330倍；致力完善首都多元化纠纷解决体系，推动人民调解与吹哨报到、接诉即办机制相结合，三年来全市人民调解共排查矛盾122万余次，调解纠纷653696件。

宣传矩阵作用不断发挥。在北京法网开辟学法模块，在市中心建设宪法宣传教育基地，完成每区设置2个法治宣传教育基地的目标。法治副校长配备、各区青少年法治教育基地建设、社区(村)普法阵地建设均实现百分百全覆盖。

法律援助服务效能不断凸显。全市17家法律援助中心，500多家法律援助工作站，7000多个法律援助联系点，8家市级法律援助民办非企业单位，基本形成了政府主导，社会参与的法律援助服务格局。近三年累计提供法律援助94161件，公检法通知安排值班律师提供法律帮助的覆盖率达100%，对符合法定条件的被告人提供法律援助辩护达100%。落实法律援助经济困难告知承诺制，针对进城务工人员、未成年人、老年人、残疾人、妇女、军人军属开展“法援惠民生”专项维权活动，形成服务品牌。

2. 持续服务保障首都中心工作。积极服务保障疏解非首都功能“疏整促”专项行动，部署“四航”行动；组织开展“助企惠民春季行动”，积极推动“八专”举措，积极助力疫情防控和复工复产工作；律师、仲裁服务冬奥会、冬残奥会，专门组建公益法律服务团；组建民营企业法治体检律师专家组，全面开展“法治体检”活动；指导公证机构建立为中小微企业服务的“绿色通道”；服务京津冀一体化，组建三地共享司法鉴定服务专家库，切实开展法律援助业务事项三地异地协作。

3. 持续服务保障国家重大经贸活动和全面对外开放。法援民非机构获得联合国经社理事会特别咨商地位，成为我国政法系统对外宣传与交流的重要窗口。法援民非机构积极走出去,在联合国通过主题发言、组织边会等形式宣传介绍中国未成年人权益保护重大成果,在布隆迪、肯尼亚、利比里亚等八个发展中国家开展国际儿童保护公益律师项目,促进儿童权益保护国际交流与协作,提升了我国在该领域的领导力和影响力。

服务保障"一带一路"建设,组织律师开展涉外法律服务,充分发挥北京仲裁委在国际民商事争端中的积极作用;服务北京市新一轮服务业扩大开放综合试点,积极研究推动境外仲裁机构在中国(北京)自由贸易试验区设立业务机构;加强知识产权保护,建立北京市知识产权调解中心和17个知识产权纠纷人民调解委员会,北京知识产权多元调解机制于2020年由商务部等11个国家部委联合印发通知向全国推广;开拓涉外法律服务新高地,组织开展国际研讨、培训,加强涉外法律业务交流,不断提升北京律师、公证、仲裁的国际影响力。

(五)财政保障"政联通","两个重视"护航体系长效发展

1. 重视政策导向。北京市按照政府主导、社会参与的原则,将法律服务纳入政府购买目录,明确公共法律服务作为政府基本服务的保障要求。为各区局积极争取各类政策、经费保障支持提供了政策依据。同时,会同市财政局提升法律援助经费保障标准,落实办案补贴。

2. 重视投入力度。"十三五"时期,北京市两级财政投入法律援助经费年均增长36%,总量达5.1亿元,全市普法宣传经费达1.47亿元,村居法律顾问补贴经费达3800余万元,人民调解案件补贴经费达3379余万元,市区两级人民调解(员)协会承接各级各类政府购买服务项目60余个,涉及资金430余万元,为基本公共法律服务项目提供长期、有力的保障。

二、存在的问题和不足

(一)公共法律服务供给体制机制方面

1. 统筹协调机制需要进一步健全。政府主导、部门协同的工作机制有待加强,对于公共法律服务的一体化推进,全局性谋划还有待进一步提升,

政府权责边界有待进一步厘清。有关部门分工负责、协同推进的工作机制有待进一步完善。

2. 法律服务资源整合需要进一步提高。公共法律服务体系城乡发展不均衡,局部地区力量配备不足。有效推动律师、公证、法律援助、司法鉴定、调解、仲裁等法律服务行业协同发展的机制还不健全。吸引和有效引导社会力量参与公共法律服务的新机制、新举措有待进一步研究。

3. 公共法律服务产品供给、评估机制需要进一步完善。目前公共法律服务供给标准不统一,各区供给量存在一定差距,公共法律服务"精准化"尚有不足,科学有效的公共法律服务评估、监督机制、失信惩戒机制仍需进一步完善。

(二)法律服务资源均衡配置方面

1. 城乡区域发展不均衡的情况仍然存在。受城乡二元结构影响,北京市中心城区(东城、西城、朝阳、海淀、丰台、石景山)与平原新城(房山、通州、顺义、昌平、大兴)及生态涵养区(怀柔、平谷、密云、延庆、门头沟)的经济发展水平不均衡现象较为明显,律师事务所、司法鉴定机构等社会化法律服务机构在经济欠发达地区存在缺口。公证行业受地域和机构性质影响,人员、经费保障差异较大。

2. 资源调配手段机制单一。公证服务总量不足、律师资源分布不均衡的现状没有得到根本性扭转,有效调配法律服务资源的方法措施还不够丰富,推动法律服务力量下沉、均衡法律服务发展的手段需要进一步加强。

3. 公共法律服务产品相对单一。面对群众多样化的法律服务需求,点对点服务提供多,"一站式""贯通式"的服务有待加强。

(三)法律服务职能作用发挥方面

1. 服务举措还有待完善。网络平台服务功能还没有充分发挥,公证一网通办尚未全部实现,专职人民调解员队伍偶有空缺。街道(乡镇)公共法律服务站建设的规范化有待提升,服务功能和作用有待进一步发挥,调动地区资源优势、创造性开展公共法律服务满足群众需求还有空间。

2. 服务精准化还有待增强。据统计,在 2019 年至 2021 年实体平台的法律咨询 1266449 件次中,民事咨询 1204646 件,占比 95.12%,排名前五项分别是继承纠纷、劳动合同纠纷、婚姻家庭纠纷、邻里关系纠纷、物件损害责任纠纷。这说明,不动产继承、婚姻财产关系的调整和变化、不动产用益物权和相邻权的纠纷等城市生活衍生问题最受群众关注。不同地域区间、不同年龄区间群众的需求种类、获取服务的方式存在较大差异,可进一步建立专业化法律服务团队,为群众提供精准化服务。

3. 服务效能有待进一步提升。街(乡)公共法律服务作用发挥不充分,对如何提升服务水平的研究还不够深入,对相关政策理解不到位,方法措施还不够丰富,有特色、有影响的品牌项目还不多,对法律服务资源利用不够充分,对律师、公证、司法鉴定、人民调解等法律服务力量参与公共法律服务的保障机制有待增强。

(四)法律援助工作面临的新情况新问题

1. 开展经济困难核查存在难度。目前北京市已实行经济困难告知承诺制,本市居民基本经济状况和身份核实可以通过与民政等部门信息共享获取,但无法覆盖所有受援群体财产数据,且北京法律援助申请人中京外户籍较多,跨省市跨部门核查申请人经济状况确有实际困难。

2. 全面学习培训需要加大力度。《法律援助法》实施后,法律援助工作有了进一步法律支持,如何准确理解和执行法律,是当前阶段的主要工作;同时,《法律援助法》颁布实施后,各级法律援助机构确实存在思想不统一,认识不到位的问题,需要对法律援助人员、服务人员、司法人员开展分层分类的培训教育。

3.《法律援助法》相关配套措施亟待出台。相对于国务院《法律援助条例》,新颁布《法律援助法》在法律援助程序、范围有所调整,设定了相关的处罚条款以及补贴免税政策等内容,但在实际工作中如何与有关部门沟通以及更好地执行法律仍存在空白点,亟待法律实施后相关配套措施的出台。

三、加快建设现代公共法律服务体系的基本思路

（一）将加强党对公共法律服务工作的全面领导作为工作的“根本点”

1. 加强党对公共法律服务队伍的全面领导。坚持以习近平新时代中国特色社会主义思想为指导，深入学习贯彻习近平法治思想，深入学习贯彻党的十九届六中全会精神，深刻领悟“两个确立”的决定性意义，增强“四个意识”，坚定“四个自信”，做到“两个维护”，确保党中央的决策部署在首都公共法律服务体系建设工作中得到不折不扣的贯彻和落实。

2. 加强党对法律服务行业的全面领导。持续推进律师、公证、司法鉴定、仲裁、法律援助、基层法律服务、人民调解行业党建工作；进一步完善北京市法律服务行业基层党组织建设，充分发挥基层党组织战斗堡垒作用和党员先锋模范作用。建立律师参与公益法律服务长效机制，全面深入动员律师事务所、律师参与公共法律服务。坚持公证非营利性、公益性基本属性，持续开展公益公证服务项目，不断提高公证服务的便利性、可及性。强化司法鉴定工作的公益属性，不断提升鉴定质量和公信力。

（二）将紧抓公共法律服务有效覆盖作为工作的“落脚点”

1. 完善顶层设计。进一步发挥公共法律服务体系建设联席会议的作用，积极争取有关部门支持。研究制定全市加快现代公共法律服务体系建设规划，明确“十四五”期间全市现代公共法律服务体系建设的总体任务目标和工作措施，以及到 2035 年，基本形成与法治国家、法治政府、法治社会基本建成目标相适应，具有首都特色的现代公共法律服务体系的远景目标。

2. 推进三大平台深度融合发展。落实《北京市公共法律服务网络平台、实体平台、热线平台融合发展实施方案》，进一步优化公共法律服务热线和网络平台，促进“三台融合”，推进智慧法律服务建设。

3. 提升服务专业化、多元化水平。对“12348”热线平台咨询进行专业分类，进一步发挥网络平台作用，对近年来群众需求相对集中的领域进行更精

细的大数据分析,适用到法律服务实践,切实提升公共法律服务产品的精准化水平。

(三)将坚持依法规范、改革创新作为工作的“支撑点”

1. 深入贯彻落实《法律援助法》。持续完善刑事辩护全覆盖,落实刑事辩护全覆盖、认罪认罚从宽、值班律师法律帮助制度。进一步优化法律援助程序,完善法律援助案件质量管理,按照司法部“案件两规范”“评估两规则”标准组织开展案件质量评估与优秀案例评选,提升办案质量,全面落实《法律援助法》有关要求和规定。

2. 加快公共法律服务供给侧改革步伐,建立公共法律服务政府采购机制。将公共法律服务产品纳入政府采购目录,保证公共法律服务常态化、可持续。采取多种形式吸引社会力量参与公共法律服务,有效激励公共法律服务提供者,形成动态良性循环的公共法律服务供给流程。充分利用首都高等院校、科研院所资源富集优势,支持专家学者开展公共法律服务理论和实践问题研究,支持法律科技企业研发实用的公共法律服务产品,建立基本法律服务产品库和人才库。

3. 完善公共法律服务评价、监管机制。研究建立以业务规范指标、服务效果指标和社会评价指标为主要内容的公共法律服务评价体系;建立公共法律服务质量评价制度,在原有基础上持续发挥第三方评估机制的作用。开展群众满意度测评,以群众满意度来检验公共法律服务工作成效;进一步完善服务质量评价机制、监督机制、失信惩戒机制,强化全程化质量监管,确保公共法律服务优质高效。

(四)将进一步均衡配置公共法律服务资源作为工作的“切入点”

1. 立足首都新规划,打造公共法律服务资源“新布局”。一是拓展市内区域合作深度,推动北京市中心城区、平原新城、生态涵养区公共法律服务一体化发展,建设高质量的首都公共法律服务民生圈。二是着眼公共服务在城市功能布局中的引领作用,推动公证机构、律师事务所向平原新城、生态涵养区布局,通过税收优惠、奖励补贴、简政放权等政策吸引律师事务所开办新所、分所,调动公证处在群众需求旺盛区域设立便民公证窗口。三是通过政府采购等手段,引导律师等服务力量跨区参与村居法律顾问、法律援助及其他公共法律服务。四是依托法律援助基金会持续在农村地区推进"惠农公益法律服务""中彩金法律援助项目",提升乡村地区公共法律服务水平。

2. 扩大多元供给,拓展服务首都经济社会发展的"新空间"。一是为优化营商环境提供法律服务。开展民营企业"法治体检"行动,持续推进"万所连万会"活动。健全企业法律顾问、公司律师机制,发挥企业法律顾问、公司律师在防范化解重大风险中的作用。二是深入推行法律顾问和公职律师制度,实现全市各级党政机关法律顾问全覆盖。三是为实现司法公正提供法律服务,扩大公证参与人民法院司法辅助事务试点工作。加强司法鉴定管理与办案工作衔接,为案件事实认定提供技术支持。四是培育国际一流法律服务机构。积极参与全国涉外法律服务示范机构创建,培育国际一流律师事务所。对标国际商事仲裁中心先进水平,打造面向世界的国际商事仲裁中心建设,努力将北京打造成为国际商事仲裁新目的地。五是扩大法律服务行业对外开放,积极推进海外远程视频公证,大力培养涉外律师人才,支持北京律师事务所在境外设立分支机构。

3. 推动要素流动,实现公共法律服务城乡均衡化"新发展"。一是采取多种手段,推动人力资源跨区调配。发挥律师行业税收优惠政策作用,通过税收杠杆引导、鼓励律师更多参与公益法律服务。优化公证公益服务措施,提升利企便民水平。二是根据需求向郊区、农村地区配置资源。发挥法律援助基金会作用,用好中彩金法律援助项目,对远郊区法律援助提供资金支持,使公共法律服务向农村覆盖,向边远地区延伸。三是加强生态涵养区公共法律服务建设。支持中心城区与生态涵养区建立多种形式对接机制,开展对口援建、挂职锻炼、交流培训等活动。

(五)将持续提升公共法律服务质效作为工作的"增长点"

1. 聚焦保障和改善民生。一是以群众需求为导向推动四级实体平台差异化发展。发挥街道乡镇服务站要重点发挥资源整合作用,以“一刻钟服务圈”为定位,就近就便为群众提供咨询全科及公证、法律援助等“转诊”服务,加强社区(村)法律服务信息公示力度。二是持续做好“七有”“五性”工作,以“公正性”指标监测为动力,坚持工作的连续性,确保指标稳步提升。

2. 聚焦优化营商环境。充分发挥律师、公证、法律援助、司法鉴定、仲裁等职能作用。依托行业商协会拓展行业性专业性纠纷调解工作领域,发挥仲裁解决民商事纠纷优势,积极参与最高人民法院和北京法院国际商事纠纷一站式多元解决中心建设,建立涉外商事案件诉讼、调解、仲裁衔接联动的争议解决机制,推进国际仲裁中心建设。

3. 聚焦基层法治建设。一是服务保障乡村依法治理。深入实施“乡村振兴 法治同行”专项活动,深入开展“民主法治示范村(社区)创建”,推进实施乡村“法律明白人”培养工程,引导群众参与、依法支持和配合基层治理。二是持续深化大调解工作格局构建。坚持发展新时代“枫桥经验”,完善基层人民调解组织网络,加强矛盾纠纷排查化解工作。提高专职人民调解员队伍数量素质,加强配备考核力度。三是推进矛盾纠纷多元化解。深入推进律师调解工作,创新区级调解平台全方位统筹调度模式,推动诉调对接机制向街道(乡镇)延伸,完善调解、信访、仲裁、行政裁决、行政复议、诉讼等多元预防调处化解机制。

北京市工业遗产保护利用立法研究

——兼谈产业政策法治化

栾　群*

北京一直是我国重要的“经济中心城市”和“工业城市”，随着改革开放持续深入，历经几次城市总体规划、工业布局规划调整，特别是北京市产业疏解和2008年、2022年两次“北京奥运”等重大事件推动，北京这座古老的城市开启了在新时代实现高质量发展的新征程。2014年2月26日，习近平总书记在北京考察时就提出“四个中心”的战略定位，即全国政治中心、文化中心、国际交往中心、科技创新中心，要求努力把北京建设成为国际一流的和谐宜居之都，北京再一次面临新的城市格局重构。其中，北京百余年来积累了数量众多、类型丰富的工业遗产，有的成为重点文物保护单位，有的入选遗产保护名录，但还有的因具有不可替代的文化价值、区位价值、艺术价值和经济价值，而被再度开发利用，为城市焕发出新的生机活力。工业遗产开发保护，成为北京市重塑城市发展格局的重中之重，也成为建设“文化北京”和“法治北京”的重要实践领域。

---

* 栾群，工业和信息化部赛迪研究院副研究员，法学博士。研究方向为工业和互联网法律、产业布局、城市产业疏解、工业遗产保护利用等。

一、北京市工业遗产综合利用现状

(一)北京具有悠久历史,工业发展过程产生很多历史遗留

北京早在西周时期就有记载,是燕、辽、金、元、明、清、中华民国的都城,也是中华人民共和国的首都。近代以来,西方列强通过强迫我国开埠通商侵入内地,北京作为清朝的都城最早一批接触到工业革命。当时的工业企业多为外国控制,如中英合办通兴煤矿由英国人控制、京汉铁路长辛店机厂由法国人控制等。同时,民族工业开始萌芽发展,如北京神机营机器局、京华印书局、西苑电灯公所、通州电报局、京师丹凤火柴有限公司等相继设立。国民政府时期,各类主体也在北京建立了北京锻造株式会社、西郊机场、石景山制铁所、私营中亚医药制造社、华北电信电话股份有限公司等近代工业企业。中华人民共和国成立初期,在苏联专家帮助下明确在北京东郊建设大型工业区,几经讨论决策,特别是通过制定 1957 年《北京城市建设总体规划初步方案》,形成了北京东部工业区、东北部工业区、东南部工业区、石景山工业区等现代工业区格局,建设了北京第一热电厂、北京葡萄酒厂、北京棉纺织厂、华北金属结构厂、北京 774 厂、211 厂、738 厂等。

(二)北京作为国家首都,工业历史遗留便于入选各种名录

据不完全统计,北京的工业遗产有很多可以列入的名录、名单、项目等,比较著名的,如全国重点文化保护单位名录(国家文物局)、北京市重点文物保护单位(北京市文物局)、国家工业遗产名单(工业和信息化部)、中国工业遗产保护名录(中国科协与城市规划学会)、中央企业工业文化遗产名录(国资委)、北京优秀近现代建筑保护名录(北京市文物局与规划委)、中国 20 世纪建筑遗产(中国文物学会与中国建筑学会)、北京市历史建筑名单(北京市规划和自然资源委员会)、国家矿山公园(自然资源部)等。国务院组成部门 26 个、直属机构和直属特设机构 11 个,国家局 33 个,还有其他国家管理需要的办事机构、事业单位甚至企业都在北京。作为我国的首都,北京市与工业和信息化部、国家文物局等国家政府部门,以及各种全国协会、学会的沟

通交流，具有天然的地利优势。国家发布工业遗产相关法规或政策后，北京市属职能部门落实相关工作，也会力推北京的工业遗产入选。

（三）北京作为首善之区，积极落实国家工业遗产相关要求

从国际上看，1973 年英国工业考古学会成立，第 1 届国际工业纪念物保护会议在英国铁桥峡谷召开，可以视为工业遗产事业开端。2005 年，在西安召开的国际古迹遗址理事会（ICOMOS）第 15 届大会确定第二年古迹遗址日主题为“保护工业遗产”。2006 年，国家文物局印发《关于加强工业遗产保护的通知》，我国工业遗产事业正式起步。2014 年国务院办公厅《关于推进城区老工业区搬迁改造的指导意见》，把加强工业遗产保护再利用作为一项主要任务。北京市落实国家工业遗产保护利用相关要求，结合工业发展实际，2017 年北京市政府办公厅《关于保护利用老旧厂房拓展文化空间的指导意见》提出，高度重视老旧厂房的工业遗产价值，该保则保、以保定用、以用促保，保护与再利用并举，还要求制定出台工业遗产专项规划及保护利用管理办法。2020 年，五部门印发《推动老工业城市工业遗产保护利用实施方案》，北京市聚焦文化复兴、产业复兴、生态复兴、活力复兴，明确加强工业遗产保护，推进首钢、京西煤矿等工业遗址的创造性转化利用，形成工业遗产活化利用的京西模式。①

（四）北京作为双奥之城，充分把握历史契机加大综合利用

北京成功举办 2022 年冬奥会后，成为世界上唯一既举办过夏季奥运会又举办过冬季奥运会的“双奥之城”，这与党中央的正确领导和北京全力抢抓机遇分不开。不久前，北京冬奥会、冬残奥会总结表彰大会隆重举行，习近平总书记出席大会并作重要讲话，表扬冬奥筹备并要求用好“冬奥遗产”推动高质量发展。改造利用工业遗产成为北京冬奥会的一大亮点，如首钢

---

① 参见《老工业城市工业遗产保护利用典型经验之十北京市：聚焦“四个复兴” 活化京西工业遗产》，载国家发改委网站，https://www.ndrc.gov.cn/fggz/dqzx/lzydfzxfz/202110/t20211019_1300033.html? code = &state = 123。

园使工业遗存与奥运元素完美结合，利用原有设施为国家短道速滑、花滑、冰壶、冰球项目提供专业训练场地，把冷却塔打上奥运标识做成首钢大跳台曝光度最高的背景墙，成为永久留存的北京冬奥会遗产。冬奥会综合配套服务设施，很多都是原脱硫车间、焦化、高炉等设备和场所改造而成，充分体现了节俭办奥运理念。冬奥会12个竞赛场馆，其中有5个是2008年北京夏奥会场馆改造。得益于出色的工业设计和奥运热度加持，冬奥周边产品仅“冰墩墩”一款销售额就超过25亿元。另外，通过奥运宣传使我国企业收获大量国际订单，如由于我国猎豹摄像机系统在高速摄影方面的出色表现，2026年冬奥会举办国意大利已下订单。此次“工业+奥运”的紧密结合，向世界大大地推广了中国文化、中国技术、中国制造，也大大提升了北京城市形象。

二、北京市工业遗产政策法规情况

（一）工业遗产保护利用面临的问题需要立法解决

党的十八大以来，党中央把全面依法治国纳入“四个全面”战略布局予以有力推进，法治思维成为党领导全国人民推进各项事业持续发展的重要方法论。2020年11月，中央全面依法治国工作会议明确提出“习近平法治思想”，为全国各地方各领域在新时代新征程中确定了“法治”这一根本保障。近年来，城市工业遗产的“非工业叙事”成为城市和社会发展的热门议题，全国和地方“两会”上都有代表、委员提出“工业遗产立法”的议案。如在2022年全国“两会”上，全国人大代表侯华梅等就提交了《关于对工业遗产进行立法保护的议案》。首先，绝大部分工业遗产的保护程度取决于各级政府部门的重视程度，而重视程度又取决于文件要求程度，当前工业遗产的保护利用缺乏文物领域如《文物保护法》《非物质文化遗产法》此种级别法律法规的强制性规范,[1]效果自也不可同日而语;其次,由于工业遗产的保护利用经验不足、人才缺乏,北京保护利用情况还算是好的,而其他地方特别是三、四线城市即使有此意识或举措也会"欲速则不达",甚至发生对工业遗产的二次伤害,究其原因就是缺乏有一定效力的规范要求和标准指导;最后,从地方实践看,由于工业遗产"活化利用"缺乏制度保障导致手段过于简单或流于形式主义,造成时间成本和其他方面的客观浪费。中央全面依法治国工作会议提出,要健全国家治理急需的法律制度、满足人民日益增长的美好生活需要必备的法律制度,工业遗产保护利用就是当前"急需""必备"立法的重要内容。

(二)国家工业遗产保护利用政策法律

早在2006年,国家文物局《关于加强工业遗产保护的通知》提出,要将工业遗产保护纳入当地经济、社会发展规划和城乡建设规划,有重点地开展抢救性维护工作,(在有专门立法之前)依据《文物保护法》加以有效保护,坚决制止乱拆损毁工业遗产。2016年,工业和信息化部、财政部《关于推进工业文化发展的指导意见》,把工业遗产作为需要聚焦的突出问题之一,重点抓好工业设计、工业遗产、工业旅游等领域工作,形成竞争新优势。行业标准《文物保护利用规范　工业遗产》(WW/T 0091－2018)明确规定了工业遗产保护利用的相关标准,包括工业遗产的价值、评估、保护、措施、利用、管理、展示等。《国家工业遗产管理暂行办法》规定了申请国家工业遗产的认定程序、保护管理、利用发展和监督检查等。作为工业主管部门,工业和信息化部自2017年至今,已经组织认定了五批国家工业遗产名单。2021年,八部门《推进工业文化发展实施方案(2021—2025年)》明确提出,"十四五"时期工业遗产保护将开展立法研究,积极推动将符合条件的工业遗产纳入文物保护体系,价值突出的推荐申报世界文化遗产。即在上述政策文件规

---

① 我国《文物保护法》于1982年通过,2017年最新修正,系统规定了文物保护的原则、范围、奖励,以及不可移动文物、考古发掘、馆藏文物、民间收藏文物、文物出境进境和各种行为的法律责任等内容。与此相比,我国工业遗产保护利用事业特别是相关制度建设才刚刚起步。

范基础上,要着力推动国家出台"国家工业遗产保护和利用法",使工业遗产工作有法可依并给地方以明确导引,进而使工业遗产整体系统、最大效益地保护利用。

(三)北京市落实国家工业遗产政策法律

北京首都是"首善之区",历史悠久、工业遗留丰富,工业经济发展已长期在全国位居前列并度过了规模扩张阶段,进入城市更新、高质量发展的新历史时期。改革开放以来,北京四次正式颁布城市总体规划[①],根据"四个中心"的最新城市规划定位进行调整后,已经不再突出强调工业和经济中心。[②]在保护利用工业遗产方面,比较突出的反映在《北京市人民政府关于实施城市更新行动的指导意见》和《北京市城市更新行动计划(2021—2025 年)》,北京市一方面贯彻落实上述国家的政策法规的规定要求,另一方面立足于北京市工业布局和历史发展实际,提出了充分挖掘北京市工业遗存的历史文化和时代价值,完善工业遗存改造利用政策。在工业遗产立法方面,出台了《北京市工业发展资金管理办法》(2019 年)和《北京市历史文化名城保护条例》(2021 年)等地方性立法,涉及相关工业遗产处置。2022 年 5 月,《北京市城市更新专项规划(北京市"十四五"时期城市更新规划)》正式印发,提出依托《北京城市总体规划(2016—2035 年)》确定的"一核一主一副、两轴多点一区"的城市空间结构,分圈层差异化明确更新方向,将首都功能核心区和城市副中心作为更新重点,强调历史文化保护与城市修补。《北京市全面依法治市规划(2021—2025 年)》也明确提出,在"十四五"时期北京市要加强优秀历史文化保护和传承等弘扬社会主义核心价值观的立法修法工作。北京市政府 2022 年立法工作计划,也计划请市人大常委会审议公共文化服务保障条例草案。可以想见,工业遗产保护利用立法也会逐步提上日程。

---

① 1982 年《北京市城市建设总体规划方案》,1992 年《北京城市总体规划(1991 年至 2010 年)》,2004 年《北京城市总体规划(2004 年—2020 年)》,2017 年《北京城市总体规划(2016 年—2035 年)》。

② 北京市 2021 年 GDP 首次突破 4 万亿元大关,不只是我国首个 4 万亿元的城市,就连人均 GDP 也是全国第一,仍然是我国重要的经济发达城市之一。

表1　改革开放以来北京市工业相关政策概览表

时间	文件	内容说明
1982年	《北京市城市建设总体规划方案》	近郊调整配套,远郊积极发展;治理工业三废;不再提"工业城市"
1992年	《北京市城市总体规划(1991年至2010年)》	明确首都是政治中心和文化中心;大力发展高新技术产业和第三产业;土地有偿使用
1994年	《国务院关于设立北京经济技术开发区的批复》	在大兴亦庄建立北京市第一个远郊工业园区
1994年	《北京电子城方案》	加快对东郊酒仙桥老工业基地改造,建立北京电子城
1995年	《北京市实施污染扰民企业搬迁办法》	搬迁企业可在原建筑规模基础上增加20%的土建面积;转让原场址所得作为政府专项资金,全额用于建设新厂、优化第二产业
1996年	《国务院关于环境保护若干问题的决定》	关停北京市30余处污染严重的企业
1997年	《北京市国有工业企业三年改革调整方案》	实施企业改革、改组、改造与加强管理紧密结合,加快采用先进技术改造工业企业,促进产业升级
1999年	《北京市推进污染扰民企业搬迁加快产业结构调整实施办法》	实施"退二进三",推进产业结构调整,发展新型科技创新产业
1999年	《北京市工业布局调整计划》	发展都市型工业,推动城市中心区企业向郊区县转移
2000年	《北京市三、四环内工业企业搬迁实施方案》	计划用五年左右的时间,使市中心区域工业用地降至7%,基本解决工业企业污染扰民问题
2001年	《北京市"十五"期间工业发展规划》	发展高新技术产业、传统产业、都市型工业;强化企业基础管理等
2002年	《北京奥运行动规划》	防治工业污染,重点加强冶金、化工、电力、水泥等污染控制;加大市区企业搬迁调整力度;发展知识密集型服务业
2003年	《北京市人民政府关于机构设置的通知》	原北京市委工业工委、市经委撤销,成立北京市工业促进局,负责本市工业产业工作
2004年	《北京城市总体规划(2004年—2020年)》	工业向园区集中,发展符合大城市郊区特点的劳动密集型、都市型工业和第三产业;调整工业用地比例,搬迁改造传统工业;调整仓储物流设施布局

续表

时间	文件	内容说明
2005年	《关于首钢实施搬迁、结构调整和环境治理方案的批复》	压缩首钢产能,到2010年年底钢铁冶炼、热轧全部停产,发展非钢产业、环保产业以及研发体系
2006年	《北京市"十一五"时期工业发展规划》	促进城区以工业设计为主的创意型产业发展;构筑东南现代制造业产业带;推进郊区工业化、城市化、现代化
2006年	《北京市"十一五"时期功能区域发展规划》	首都实施"新北京、新奥运"战略构想,充分履行首都城市功能,落实区县功能定位、调整产业布局
2009年	《北京市工业遗产保护与再利用工作导则》	规定北京市工业遗产保护与再利用的范围,明确工作中调查与登录、评价与认定、保护与利用、管理与引导事项
2011年	《北京市"十二五"时期工业布局规划》	建设"人文北京、科技北京、绿色北京";深入调整产业空间布局、开发区功能配置,大力推动"产业集聚园区化,园区发展生态化、土地利用集约化、功能配置协同化"
2014年	《关于推进首钢老工业区改造调整和建设发展的意见》	深入挖掘首钢老工业区工业遗产的历史价值,科学做好工业遗产保护,规划建设首钢博物馆等文化设施
2015年	《京津冀协同发展规划纲要》	"四个中心"新的城市定位:政治中心、文化中心、国际交往中心、科技创新中心
2015年	《〈中国制造2025〉北京行动纲要》	发展创新前沿产品、名优民生产品等五类高精尖产品
2016年	《关于全面深化改革提升城市规划建设管理水平的意见》	开展古文化遗址、传统村落、工业遗产及优秀近现代建筑等保护利用工作;加强重点新建区域地下综合管廊建设,重点开展首钢老工业区等区域建设试点
2016年	《冰雪运动发展规划(2016—2025年)》	以筹办2022年北京冬奥会为契机,在京津冀地区建设一批赛事场馆,带动全国冰雪运动发展
2017年	《关于组织开展"疏解整治促提升"专项行动(2017—2020年)的实施意见》	东城区、西城区完全退出制造业生产环节,发展符合首都城市战略定位的文化与科技创新型产业,实现中心城区工业用地质量提质发展

续表

时间	文件	内容说明
2017 年	《北京市"十三五"时期工业转型与升级规划》	加快产业结构调整升级;推进高精尖产业创新发展;优化调整产业空间布局,构筑"三城一区"产业创新发展空间格局
2017 年	《北京城市总体规划(2016 年—2035 年)》	针对四合院、工业遗产、近现代建筑等特色存量资源,制定完善相应政策法规;建立评定优秀近现代建筑、历史建筑和工业遗产的长效机制;西部重点建设首钢近现代工业遗产文化区
2018 年	《北京市关于保护利用老旧厂房拓展文化空间的指导意见》	扎实做好保护利用基础工作,开展普查登记、科学评估认定、编制专项规划、促进多元利用;完善保护利用相关政策,老旧厂房要严格按照分级分类标准
2018 年	《北京市进一步优化营商环境行动计划(2018 年—2020 年)》	逐年分领域推出一系列面向民间资本、符合产业导向、有利于转型升级的示范项目;创新产业用地利用方式,出台完善产业用地供应机制、拓展产业用地空间的办法
2019 年	《2022 年北京冬奥会和冬残奥会遗产战略计划》	冬奥会北京赛区共有 13 个竞赛和非竞赛场馆,其中 11 个为北京 2008 遗产;经济遗产的一个重要方面是打造"科技冬奥"
2019 年	《石景山区西山永定河文化带保护发展规划(2018 年—2035 年)》	结合首钢工业遗产改造、存量绿地提升,加大"留白增绿"建设力度,建设一批国际一流、绿色高端、特色鲜明的大型公园
2020 年	《推动老工业城市工业遗产保护利用实施方案》	研究提出《推动老工业城市工业遗产保护利用、打造"生活秀带"工作方案》;制定工业遗产清单;加强重点项目实施
2020 年	《关于加快培育壮大新业态新模式促进北京经济高质量发展的若干意见》	倡导绿色智能消费,实施 4K 进社区工程,在重点商业街布局 8K 显示系统;聚焦"三城一区"城市大脑建设、"能源谷"、"生命谷"、北京综合性国家科学中心、国家新一代人工智能创新发展试验区等重大战略布局
2021 年	《北京市"十四五"时期高精尖产业发展规划》	打造面向未来的高精尖产业新体系;优化区域协同发展新格局;加快产业基础再造筑牢发展新根基;全面提升产业链现代化水平新层级;深化开放合作激发产业新活力

续表

时间	文件	内容说明
2021 年	《“十四五”体育发展规划》	进一步完善“冬奥遗产”开发工作,创造更多积极、持久的“冬奥遗产”;加强“后奥运”时期承德塞罕坝、保定涞源、张家口崇礼、北京二七厂、北京首钢等国家体育训练基地和北京冬奥会赛事场馆设施的综合开发和利用
2021 年	《北京市人民政府关于实施城市更新行动的指导意见》	盘活街区存量建筑,聚焦老旧小区、老旧平房区、老工业区、老商业区、老旧楼宇以及重要大街两侧一定纵深区域;鼓励老工业厂区通过更新改造或用地置换的方式实施规划

(作者根据公开资料整理)

三、工业遗产立法存在的问题与改进策略

(一)较多考虑行政手段而缺乏依靠运用法治思维

产业政策本质上是政府行政权的实体化,对工业遗产的处置可以视为后产业政策。如《北京市关于保护利用老旧厂房拓展文化空间的指导意见》提出的普查登记、评估认定、编制专项规划等,目的当然还是促进工业遗产的多元利用,这实际是典型的产业政策。较多使用行政手段缺点显而易见,即产业政策的有效性极有可能不符合预期,甚至有些政策最终效果与政策初衷相悖,本质上是由于政府行政权力有边界而产业创新发展无边界矛盾所致。另外,较多考虑行政手段而缺乏运用法治思维习惯的原因还在于基本法缺失。产业政策基本法一直缺位,亟待加快研究制定“产业政策制定条例”或“产业政策法”。法律是治国理政最大最重要的规矩,运用法治思维和法治方式深化改革,是新时代国家治理的显著特征和重要要求。城市更新中工业遗产保护利用是重点,更是法治建设过程中“办事依法、遇事找法、解决问题用法、化解矛盾靠法”重要实践场域,要加强行业实践并在实践中锻炼运用法治思维能力。

(二)较多考虑经济问题而缺乏全局性问题的考量

工业首先是经济问题,工业遗产也是经济问题。但是,工业遗产的保护利用,又不仅仅是一个单纯的经济问题,涉及工业行业、文化市场、城市建设、建筑设计、思想宣贯、环境美化甚至民生领域的交叉融合。实事求是地讲,工业遗产问题的提起也有经济性因素的考量,但是其中过度考虑经济性却成为一个问题。赚钱就有人管,不赚钱就无人问津,恰恰是造成很多历史遗留没有发挥应有价值的根本原因。中国特色社会主义进入新时代,要推动新型工业化、信息化、城镇化、农业现代化同步发展,城市发展面临着升级更新和高质量发展的任务。新四化的"同步发展"意味着对失衡的部分要进行加强,要在全局视域内着力解决发展不平衡不充分的问题。工业遗产的产生有着深刻的历史、经济、社会、政策等方面多层次原因,同时,也是发展不平衡不充分的一种表现形式。发展不平衡不充分,突出表现为城乡发展不平衡、区域发展不平衡,但同时也表现在工业与文化、经济与环境、城市与民生的不平衡方面,不是长板过长而是短板过短,某部分发展不充分,这在有的地方工业遗产保护利用不力的案例中已有多次证明。对于北京而言,拥有如此丰富的历史遗留和工业遗产资源,本着对国家历史和民族未来负责任的态度,更应该提高站位、率先垂范,要牢固树立创新、协调、绿色、开放、共享的新发展理念,做好新时代城市更新的大文章。

(三)较多考虑部门职责而缺乏通盘制定系统规范

1985 年我国加入《保护世界文化和自然遗产公约》,迄今共 56 个项目入选《世界遗产名录》,其中第一个工业文化遗产项目是都江堰。可以看出,我国工业遗产事业的发展,起端于文物保护部门而非工业部门。这一点,从第一部工业遗产文件《国家文物局关于加强工业遗产保护的通知》(文物保发〔2006〕10 号)也可以看出来。从某种意义上说,工业遗产是作为文化遗产种类扩张才被纳入相关政策法律保护的范围。文物保护虽然有专门的部门负责,但是工业遗产所蕴含的科学价值、技术价值甚至文化价值的挖掘开发,还是需要工业部门甚至企业组织来做。每一个政府部门都有自己的确定职责,而各个部门也习惯于考虑自己的纵向业务,同时就不可避免地缺乏学习借鉴横向部门的工作内容,甚至会刻意回避与横向部门有工作交叉,这样就造成了类似工业遗产保护利用的事情缺乏系统性协调。如果静止地看,经济是经济、文化是文化,但如果放在长期的、动态的、联系的时间维度内看就会发现人类社会发展是各领域交织在一起的。从北京市的相关政策法规中,也可以看出协调各部门共同做好工业遗产保护利用工作的努力。总之,有必要通过立法打通部门之间的职责壁垒,全国有些地方也做出了相关的立法尝试。

表 2　部分地方工业遗产立法及指导性文件概览表

时间	文　件　名
2009 年	《北京市工业遗产保护与再利用工作导则》
2010 年	《南京市历史文化名城保护条例》
2010 年	《杭州市工业遗产建筑规划管理规定(试行)》
2016 年	《湖北省十堰市汽车工业文化遗产保护和利用办法》
2016 年	《湖北省黄石市工业遗产保护条例》
2017 年	《吉林省非物质文化遗产保护条例》
2017 年	《安徽省铜陵市工业遗产保护与利用条例》
2018 年	《河北省保定市工业遗产保护与利用条例》
2018 年	《四川省工业遗产管理办法》
2018 年	《湖南省株洲市工业遗产保护条例》
2019 年	《河北省邯郸市工业遗产保护与利用条例》
2019 年	《河北省邢台市工业遗产保护与利用条例》
2019 年	《新疆维吾尔自治区克拉玛依市石油工业遗产保护条例》
2020 年	《广东省工业和信息化厅关于广东省工业遗产的管理办法》
2020 年	《大连市工业遗产管理暂行办法》
2020 年	《河北省唐山市工业遗产保护与利用条例》
2020 年	《河北省承德市工业遗产保护与利用条例》

续表

时间	文 件 名
2021 年	《重庆市工业遗产管理暂行办法》
2021 年	《北京市历史文化名城保护条例》
2021 年	《辽宁省本溪市本溪湖工业遗产群保护条例》
2021 年	《辽宁省鞍山市工业遗产保护条例》
2021 年	《西安市推动工业遗产保护利用打造“生活秀带”工作方案》
2021 年	《黑龙江省齐齐哈尔市推动工业遗产保护利用打造“生活秀带”工作方案》
2021 年	《包头市工业遗产保护管理暂行办法(征求意见稿)》
2022 年	《广西壮族自治区工业遗产管理办法(征求意见稿)》

(作者根据公开资料整理)

四、尾论:推动产业政策法治化

产业政策,是国家制定的引导国家产业发展方向、引导推动产业结构升级、协调国家产业结构、使国民经济健康可持续发展的政策。通过工业遗产工作,可以发现产业政策与法律法规之间有差异但更有互补,要综合运用政策与法律两种手段,发挥好中央和地方两种积极性,最终推动产业政策法治化、遗产保护利用规范化、城市产业高级化发展。

第一,正确对待政策法规,统筹用好二者之长。政策和法律都属于上层建筑范畴,都可以作为行政管理职能的实现手段和意志载体。行业管理部门,既要运用产业政策的灵活性以应对行业创新发展的突发和突出问题,又要善用法律的稳定性和强制性解决行业管理过程中管理漏洞问题。北京市应该充分发挥历史名城和首都的独特优势,发挥好全国性协会专业委员会政策研究和建言献策作用,如工业建筑委员会、三线建设研究会等,使工业遗产保护利用在全国建立标杆,促进北京城市更新和高质量发展。

第二,注意不同政策、政策与法律的衔接。站在同一市场主体的角度看,虽然政策出自同级政府各个部门以及各级政府,但一个市场主体可能要受到同级政府不同部门或各级政府政策的影响。在政府部门推动工业遗产保护利用工作的同时,立法部门可以牵头相关立法工作,使产业政策尽快上升为“条例”“办法”等规范性文件,并根据立法要求进行评估和要求政府部门汇报执法情况,做到立法引领、立法先行、重大改革于法有据,促进治理升级。

第三,立足本地产业实际,推动工业领域供给侧结构性改革。北京工业和经济长期领先于全国其他地方,大量工业遗产历史上作出过突出贡献,当前应该考虑脱离低段位竞争而谋划新理念指导下的转型转性,进行科学保护的再开发再利用。北京已抓住奥运契机大力推进产业疏解、退二进三,人文北京、科技北京、绿色北京、法治北京建设卓有成效,未来要以城市更新为抓手,为“北京智造”“北京服务”和未来前沿产业高精尖发展预留空间,提供政策法治有力保障。

关于持续推进首都公证行业高质量发展的情况报告

北京市司法局课题组

近年来，首都公证行业始终坚持以人民为中心的发展思想，严格坚持首善标准，认真贯彻司法部、北京市委市政府及北京市司法局党委工作部署，在全国范围内率先完成了事业体制改革，率先完成了执业区域调整，率先规范了公证机构名称，并培育出方圆、长安、中信等一批在全国有较高知名度的大型公证机构，实现了公证法律服务进驻市、区两级公共法律服务中心，公证法律咨询全部纳入实体、热线、网络三大平台，各项工作成效显著。相关情况如下。

一、近年来首都公证工作成效

（一）“首都公证行业执业理念体系”引领公证工作的思想认识达到“新高度”

北京市司法局党委坚持以习近平新时代中国特色社会主义思想为引领，在深入学习贯彻习近平法治思想和党的十九届六中全会精神基础上，首次对执业理念进行全面梳理，研究制定了《首都公证行业执业理念体系》，以科学阐释公证的执业理念、基本属性、基础概念为基础，将机构定位、职能发挥、目标方向有机统一，明确公证机构公益属性的法律定位，明确公证制度的“政治、政法、国家”三大属性，明确公证姓“公”的“公益、公权、公正、公信”四层含义,开创了具有首都特色的公证行业宣传教育体系。“首都公证行业执业理念体系”是公证行业运用新思想指导新实践的生动体现,是北京市司法局党委在公证领域践行习近平法治思想的最新成果。2021 年北京市公证行业坚持党的政治理念、法治精神、人民立场有机统一,以凝心、正心、聚心、良心、强心等“五心工程”为抓手,结合政法队伍教育整顿和党史学习教育,提出“公证公益法律服务年”工作规划,全年全行业推出便民利民举措 66 项,为民办实事 16753 件,以实际行动践行了以人民为中心的发展思想和执业为民的初心使命。

(二)公证利民彰显公证法律服务“新温度”

北京市司法局党委始终把公益作为公证法律服务的本质属性。一是公益性的公证服务部门普遍设立。方圆、长安和中信公证处成为全国公证行业第一批“综合性公证养老”试点机构,在拓展创新综合性公证养老法律服务方面取得了标志性成果。2020 年,面对经济下行压力、新冠肺炎疫情等多重不利因素,北京市司法局党委积极引导公证行业回归公益、服务为民、帮助企业复工复产,全年公益法律服务达到了 21.8 万件,是前三年总量的 4 倍。2021 年,全市公证公益法律服务近 60 万件,同比增加 200%。二是重点人群的公证法律服务需求得到托底保障。制发《关于北京市优化公证服务更好利企便民的若干措施》,重申为年满 70 周岁的老年人办理遗嘱公证,为低保人员、无固定生活来源的重度残疾人办理公证,免收公证费用。自 2017 年开始,北京市公证行业累计为年满 70 周岁的老年人免费办理遗嘱公证 1 万余件,减免费用达 370 余万元。针对部分群众反映的办理遗嘱公证预约困难、办理速度慢、等待时间长等问题,定期开展集中办理遗嘱公证服务周活动。其中,2021 年 5 月 31 日至 6 月 6 日、10 月 18 日至 24 日分两次开展“集中办理遗嘱公证服务周”活动,共为群众办理遗嘱 500 余件。三是涉民生类公证法律服务收费标准得到有效降低。自 2019 年起,北京市公证收费标准实行上限管理,收费目录从 12 类 55 项减至 11 类 30 项;提存、财产继承赠与和遗赠等 4 项公证服务收费标准全面下调;译文代办收费全面取消;2021

年，北京市司法局联合发改委制定出台《关于调整本市部分公证服务收费有关事项的通知》，进一步下调部分公证事项收费标准，总计减轻社会负担约1.5亿元。

（三）公证便民跑出公证法律服务“新速度”

北京市司法局党委坚持问题导向，指导公证行业结合人民群众“急难愁盼”，精准推出便捷高效的服务举措。一是“最多跑一次”公证服务事项清单及时推出。于2018年、2019年、2021年分三批向社会公布“最多跑一次”公证事项清单达180项，基本覆盖了全部公证业务领域，切实解决了办证群众来回跑的问题。二是公证证明材料清单制度有效实施。严格落实公证事项所需证明材料清单制度，除法律法规另有规定外，公证机构不得要求申请人提交清单外的证明材料。尤其是2021年，在原有92类259项公证事项所需证明材料清单基础上，对41项进行规范表述，核减66项证明材料，进一步减轻了办证群众的负担。三是有关公证事项“一网通办”“跨省通办”顺利推进。完善身份识别比对、电子签名、在线询问、在线审查等功能，实行申请、受理、审核、缴费、出证、送达等全流程在线办理。实现本市小客车指标配置亲属关系（声明）公证法律服务事项、驾驶证、学位、学历、纳税证明等公证事项“一网通办”试点。实现驾驶证、学位、学历、纳税证明等公证事项“跨省通办”，有效解决省域间公证办理难的问题。四是部分公证业务的办证时限得到大幅缩减。对部分法律关系简单、事实清楚、无争议的公证事项，将办理时间由15个工作日缩短至5个工作日。对于部分简单的涉外公证事项，出证时间从受理之日起15个工作日缩短至1个工作日，有效解决公证机构出证慢问题。

（四）公证安民凸显公证法律保护“新力度”

公证在保障人民群众合法权益、维护经济社会稳定等方面的作用越发重要，同时对诉讼的支持性、服务性、保障性作用也越发明显。一是“公证中调解成功案件”数量逐年提升，公证主动化解矛盾能力持续增强。2021年全行业调解成功案件数量为4511件,同比增长10%。二是公证法律服务参与司法辅助的规模越来越大,在满足人民群众“安全感”方面的作用持续强化。全市公证机构参与司法辅助业务规模,从2017年的985件猛增至2020年的32.6万余件,四年间发展规模扩大了330倍。公证工作已经广泛参与到调解、取证、送达、保全、执行等诉讼工作的相关环节。

(五)公证亲民拓展了公证法律服务“新广度”

近年来,公证行业围绕“放管服”“优化营商环境”“为群众办实事”,陆续推出便民利企举措,不断拓展公证服务维度。一是开展“公证服务周末不打烊”。选取15家公证机构利用周六或周日为群众提供民生类公证服务,切实解决群众节假日办理公证难的问题。二是丰富中小微企业公证服务模式。指导全市公证机构对中小微企业公证服务当事人开通“绿色通道”,有条件的公证机构设置专门办证窗口。全市各公证机构对中小微企业公证服务事项实行优先受理、优先审查、优先办理,符合受理条件与出证标准的,做到当日受理、及时办理、快速出证。三是合理布局公证服务资源。结合北京城市总体规划,积极回应城市副中心、回天地区和亦庄开发区法律需求,选派服务能力强、业务水平高的公证力量进驻城市副中心、昌平区“回天地区”以及开发区政务服务中心,提供驻点公证法律服务,切实满足相关区域居民、企业公证法律服务需求。四是精准建立专业性公证服务平台。建立涉台公证服务中心,实现涉台公证一站式服务。2021年核验中国台湾地区公证文书4000余件,京台两地相互转递公证文书6000余件,搭建起海峡两岸民间交流的重要桥梁。建立知识产权公证服务中心,2018年以来全市共办理涉知识产权公证20763件,为两区建设全方位提供知识产权服务保障。

二、公证工作中存在的困难

(一)公证机构性质定位不明确

“市场中介组织”和事业单位的定位、“非营利性、公益性”与其自收自支经营属性的关系等问题规定不够明确。导致工作中现行制度对优化体制机制、推动改革发展的支撑保障作用不明显。如北京市现有公证机构全部为事业单位体制，实行不同的经费保障体制，20 家自收自支、3 家全额拨款、1 家差额拨款；分属市区两级司法行政机关管理，市司法局作为主管部门的 2 家，其余 22 家分属各区司法局主管。实践中存在司法行政机关行政管理、市公证协会行业自律管理、事业单位人财物事分级管理、行业党建“双重管理”并行的组织管理模式，公证体制改革、优化执业环境、优化营商环境、“放管服”改革等重点任务缺少有力支撑。

（二）公证行业发展不平衡

市域范围内区域经济发展不平衡、公证机构间经费保障方式有差异，导致了公证行业发展的不平衡。

从公证员队伍看，2021 年市属公证机构事业单位改革后，公证员最多的公证处依次为方圆公证处、长安公证处、中信公证处，公证员人数分别为 79 人、78 人、72 人，三家共占全市公证员总数的 52%；10 名以下公证员的公证处有 13 家，公证员人数最少的延庆区所属夏都公证处仅有公证员 1 人，已无法开展执业；平谷区所属公明公证处为 2 人，已无法满足当地群众公证法律服务需求。

从机构办证总量看，以 2020 年数据为例，方圆、方正、长安、中信四家“百人处”办证量合计 486311 件，占全市办证总量的 70%。但四家“百人处”之间的办证量差距依然较大，最多的是中信公证处，为 293790 件，而最少的是方正公证处，为 22922 件，中信公证处的办证量是方正公证处办证量的 12.8 倍（见图 1）。

从年人均办证量看，2020 年最高的是中信公证处，人均办证量为 4385 件/人。最少的处是夏都公证处，人均办证量为 145 件/人。两者相差 29 倍多（见图 2）。

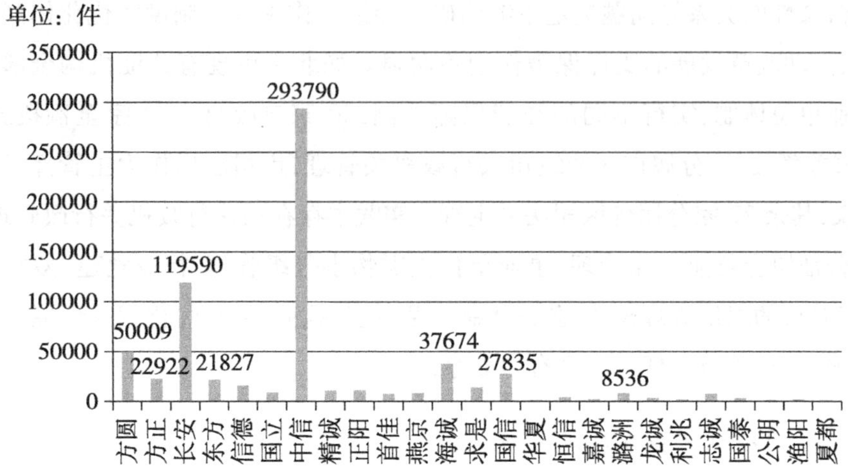

图1　2020年全市公证机构业务办理情况

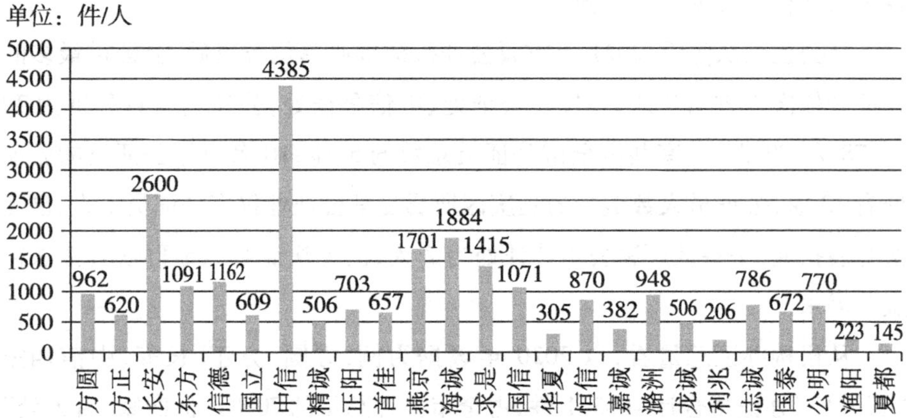

图2　2020年全市公证机构公证员人均办证量分布图

(三)保障政策落地有困难

《公证法》明确了公证机构的核实权以及有关单位或者个人的协助义务，但缺少配套政策保障。在线下核实环节，公证从业人员往往难以获得应有的支持和配合，增加了执业风险、延长了办证周期、影响了服务体验。在数据共享环节，公证机构往往又因自身属性，导致在财政资金保障、获得相关政府部门数据等环节面临障碍。与此同时，在诚信体系尚不健全、信息分享尚不充分、失信行为惩处尚不有力的背景下，一些不法分子利用“假人”“假证”骗取公证书的问题日益突出，给公证执业活动带来很大的压力和挑战。人民群众的直接体验就是来回取证、多头取证、重复取证，办证慢、办证烦、办证难，公证执业活动中“一证难求”问题更加突出。

（四）机制改革推进有障碍

2017 年以来，司法部等部委围绕事业单位公证机构体制改革，提出编制备案制、企业化财务管理制度、绩效工资分配激励、合作制公证机构试点等改革任务。在推动落实环节，往往面临缺少明确具体可执行的配套政策的障碍。如公益二类公证机构的编制备案制管理如何实施、事业单位公证机构实行企业化财务管理与财政部门对事业单位会计准则的管理规范如何衔接、公证机构“按劳分配、多劳多得”的绩效工资分配激励机制与公证机构的非营利性、公益性关系如何处理、公证机构绩效工资总量核定与事业单位在编人员岗位工资核定、价格主管部门成本调查监审工作中公证行业平均工资认定的关系如何处理，特别是同为法律职业共同体从业人员，参考法官、检察官、律师等其他法律职业的工资核定，如何科学确定不同组织形式公证机构从业人员的工资水平，等等。这些问题缺少明确依据，政府组成部门也缺乏相关工作经验，体制改革政策难以有效落实，影响了从业人员对行业发展态势的积极预期。

（五）业务拓展创新有难度

北京市公证行业信息化建设整体基础薄弱，缺少全市统一的办证系统、监管平台与公证业务数据库，机构间信息化建设水平差异显著。公证行业数字化监管、精细化管理任重道远。“一网通办”、数据共享等改革任务落地面临挑战。相关主体对如何处理业务创新与风险防范的关系办法不多。面对公证领域“放管服”及优化营商环境改革任务，相关各方围绕如何定位公证服务与政务服务的关系，在完善配套政策、明确评价标准等方面还存在不同认识。

三、下一步工作及意见建议

为深入贯彻落实党中央对发展公证法律服务业的部署要求,根据中办、国办《关于加快推进公共法律服务体系建设的意见》、司法部《全国公共法律服务体系建设规划(2021—2025年)》和北京市《关于加快推进公共法律服务体系建设的若干措施》,北京市司法局将持续做好以下工作,进一步促进首都公证事业健康发展。

(一)把强化理论武装作为行业发展的"第一工程",切实加强党的全面领导

一是持续推进习近平新时代中国特色社会主义思想入脑入心。坚持以习近平新时代中国特色社会主义思想为指导,深入学习贯彻习近平法治思想,深入学习贯彻党的十九届六中全会精神,坚定捍卫"两个确立"、坚决做到"两个维护";切实增强"四个意识"、坚定"四个自信"、做到"两个维护",打造绝对忠诚、绝对纯洁、绝对可靠的公证员队伍。二是推动"首都公证行业执业理念体系"进一步落地生根。通过深入学习宣传"首都公证行业执业理念体系",大力加强首都公证行业价值体系建设,统一认识,扭转偏差,全面提升公证人员的思想认识水平。三是全面加强行业党的领导.进一步强化公证行业党组织建设,持续加强市公协党委组织力、凝聚力、感召力。持续加强公证执业人员职业道德和执业素养培训,进一步提升全行业事业使命感、职业尊荣感。

(二)把服务经济社会高质量发展作为"第一要务",充分发挥预防化解矛盾作用

一是坚持公证预防性法律制度基本定位。结合首都"两区"建设和经济社会高质量发展,围绕"放管服"和"优化营商环境"总体部署,找准公证服务首都大局和中心工作的切入点,密切关注社会需求,不断拓展公证服务的广度和深度。将公证纳入矛盾纠纷多元化解和诉源治理机制中通盘考虑,充

分发挥公证预防纠纷、减少诉讼、维护市场交易安全稳定的作用。二是强化公证预防纠纷功能作用。指导公证机构积极开展“公证+调解”服务,协助党政机关开展涉法涉诉案件化解、重大突发案件处置、行政执法等工作,发挥公证对诉讼的支持性、服务性、保障性作用,积极推进公证在防范化解金融风险、服务中小微企业、知识产权保护、防疫救灾等领域发挥更大的作用。

(三)把改善执业环境作为行业发展的“第一驱动”,全面加强公证执业保障

一是加强基础问题调查研究。根据全国人大常委会关于修改公证法的建议,充分发挥首都公证行业人才、智力、经验优势,积极配合有关部门做好对公证制度定位、公证机构性质和组织形式、公证员准入、公证业务范围、服务形式和手段、执业保障、监督管理、法律责任,以及赋强公证的适用范围等重要问题调查研究,进一步明确公证定位和发展方向。二是加强信息化建设。针对公证机构反映的核实难、信息共享难问题,在与北京市民政、自然资源初步实现信息共享的基础上,持续推进与公安、人社等部门数据共享工作,积极推进在人口基本信息、婚姻、收养、不动产登记、企业登记等方面办理公证所需数据的共享和在线查询核验工作。加强对方圆、长安、中信等大处、强处在业务创新方面的监督指导,规范区块链、云计算、数字签名等信息技术运用,进一步提升公证服务能力。加快推进北京市公证管理系统建设工作,实现公证信息数据全部汇聚。三是完善执业保障制度。探索建立符合首都实际的告知承诺制,对当事人确有举证困难,公证机构又无法核实的,由当事人作出真实性承诺,公证机构可出具公证书并明确当事人不诚信的法律责任。加强与公安部门配合,加大对虚假公证当事人的打击力度,加大对骗取公证书的惩处力度。探索完善公证赔偿制度,支持免除已尽勤勉和注意义务的公证机构和公证员的法律责任。

(四)把人才队伍作为公证行业发展的"第一资源",为行业发展提供根本支撑

一是完善公证员队伍建设机制。严格落实法律规定,结合首都公证布局进一步完善公证员选拔、任命和考核任职工作,加强职业保障,以事业留人、以待遇吸引人,保证北京市公证员的数量与公证业务需要相适应。二是加大政策扶持力度。加大对北京市延庆、平谷、密云等公证资源不足地区政策扶持,通过考核任职、选派公证员驻点执业、设立分支机构、开展志愿服务活动等方式,解决部分公证机构人员短缺、公证员"招不来""留不住"等突出问题。三是开展多层次的业务培训。尤其加强对新业务、新方式的指导,持续提高公证人员业务素质、岗位技能和执业水平。

(五)把稳健有序作为公证行业发展的"第一责任",持续加强对行业的全面监管

一是加强行业日常监督管理。全面总结梳理近年来公证行业警示教育、教育整顿、巡查整改成效,充分汲取政法队伍教育整顿、行业突出问题专项治理经验,通过公证质量检查、群众满意度测评、行政执法培训等手段,持续深入开展全市公证质量提升行动。二是健全从严监管制度规定。进一步发挥"两结合"管理体制效能,严格落实《北京市公证质量管理办法》《北京市公证协会公证执业违规行为惩戒实施细则》等制度规定,建立健全公证质量责任制、错证追究制和公证质量检查保障机制,将保证公证质量贯穿公证管理和执业活动的各个环节。健全完善第三方满意度测评、社会机构审计等外部监督机制,加大公证执业信息披露制度力度,从严惩处违法违规执业行为。三是加大行政处罚力度。对公证执业违法违规行为,做到及时发现、严肃处理。对公证机构和公证人员弄虚作假、不正当竞争、损害公证公信力、触碰公证执业底线的情形"零容忍"。对违法机构和公证人员做到应罚尽罚,对问题公证书做到应撤尽撤,对犯罪线索及时向公安机关移送,完善公证领域行刑衔接机制。

政府购买公共服务的完善

——以 H 市购买居家养老服务为例

高　娜　张　欢*

政府购买公共服务是大势所趋①，是当前加快建设服务型政府，促进国家治理体系和治理能力现代化不可缺少的环节。党的十八届三中全会《中共中央关于全面深化改革若干重大问题的决定》明确提出"推广政府购买服务，凡属事务性管理服务，原则上都要引入竞争机制，通过合同、委托等方式向社会购买"。之后，全国各级地方政府大力贯彻执行这一要求，迅速出台了一些相关政策，实施了大量政府购买公共服务项目。但笔者调研多地的政策实践暴露出政府购买公共服务尚存在一些问题。笔者以 H 市政府购买社会服务为例，对我国政府购买社会服务制度的完善进行探讨。

一、政府购买公共服务的概念和内在逻辑

我国政府购买公共服务的历史可以追溯到 1995 年上海浦东新区委托上

* 高娜，国家卫健委干部培训中心（国家卫生健康委党校）助理研究员，清华大学公共管理学院博士后，管理学博士。研究方向：公共管理、应急管理、社会政策。张欢，北京师范大学社会发展与公共政策学院教授、博士生导师，社会治理与社会工作研究中心主任，管理学博士。研究方向：社会治理、社会政策、应急管理和社会工作等。

① 虞崇胜、徐红林：《推进政府购买公共服务是大势所趋》，载《人民论坛》2013 年第 11 期。

海基督教青年会管理罗山市民会馆[①],但是政府购买公共服务对于大量基层工作人员而言,仍是一个新事物,导致许多地方政府在购买公共服务实践中,存在一些基本认知的困惑。因此,有必要对政府购买公共服务的概念和内在逻辑进行简要梳理。

(一)政府购买公共服务[②]的概念

顾名思义,政府购买公共服务是指政府为了履行自身公共服务职责,委托社会主体完成特定服务事项,并根据服务数量和质量,支付费用的行为[③]。然而,因为政府购买公共服务在承继主体、购买内容及绩效管理等多方面存在一定的复杂性,所以实践中经常出现对相关概念的混淆。

首先,政府购买公共服务与政府采购服务间的混淆。政府购买公共服务和政府采购服务的目的不同,购买公共服务是为满足社会公众的需要,而采购服务多是为满足政府自身需要。因此,购买公共服务涉及三方关系,而采购服务多只涉及两方关系。这造成两类购买行为的管理过程存在根本性差异。混淆这两个概念,会直接影响政府购买公共服务项目的设计和实施。

政府采购服务由《政府采购法》规范。该法并未明确区分服务存在用于政府自身需要和用于社会公众需要的差异,但不论从《政府采购法》出台的背景和目的,还是从已有实践看,该法主要是规范购买用于政府自身需要服务的行为,当用于规范政府购买公共服务时则存在明显的不适应。《政府采购法实施条例》规定"政府采购法第二条所称服务,包括政府自身需要的服务和政府向社会公众提供的公共服务",并增加了少量指导政府购买公共服务的内容,但依然未有效区分出对政府自身需要服务和公共服务所需管理过程间差异。对比该条例与其"征求意见稿",可看出有关政府购买公共服

---

① 杨团:《社区公共服务设施托管的新模式——以罗山市民会馆为例》,载《社会学研究》2001年第3期。

② 政府购买公共服务也常被简称为政府购买服务。如国务院办公厅印发的《关于政府向社会力量购买服务的指导意见》明确"政府购买服务"是针对"改进政府提供公共服务方式""改善公共服务"做出的重大部署。本文亦将二者混用。

③ 叶响裙:《基于政府购买公共服务实践的思考》,载《新视野》2013年第2期。

务内容仅是简单增补进条例中。这一方面反映中央要求“推广政府购买公共服务”的精神被贯彻落实，另一方面反映对政府购买公共服务与政府采购服务间概念混淆问题存在普遍性。

为专门调整政府购买公共服务，国务院相关部门制定政府购买公共服务的规范性文件。2013 年，国务院办公厅发布《关于政府向社会力量购买服务的指导意见》，财政部、民政部等部门又相继出台政府购买服务预算管理、绩效评估等意见。2014 年，财政部等部门制定《政府购买服务管理办法(暂行)》，并于 2019 年年底正式出台《政府购买服务管理办法》。这说明我国在政府购买公共服务的调整规范上，仍存在上位规范不足的问题。

其次，政府购买公共服务与政府购买社会组织服务间的混淆。这二者的区别主要在于承接主体。从我国政府购买公共服务的实践探索和研究者的政策主张来看，初期地方政府购买公共服务主要指向各类社会组织购买公共服务①。当政府购买公共服务进入国家层面，承接主体从社会组织向更多主体扩展。2012 年《国家基本公共服务体系“十二五”规划》要求公共服务提供主体多元化，建立政府主导、社会参与、公办民办并举的模式。社会组织仅为社会力量的主要一类。2013 年《关于政府向社会力量购买服务的指导意见》进一步明确承继主体首先是社会组织，也包括企业、机构等社会力量。政府购买服务承接主体的范围从社会组织向社会力量的扩大，主要基于我国当前社会发展的现状，如社会组织活力不足、事业单位加快改革等。但是，社会组织依旧是政府购买公共服务的重要承接主体，提升社会组织公共服务能力不仅是政府购买服务的基础性工作，也是政策目标之一，因此要坚持政府购买服务和培育扶持社会组织并重。如果对此概念混淆的话，可能出现以企业为主要承接主体，造成公共服务过度市场化，或政府购买服务“内卷化”②“纵向一体化”③，甚至同一个单位既是购买主体又是承接

① 马庆钰、谢菊:《政府购买社会组织服务的规范化》，载《理论探讨》2012 年第 6 期。

② 李春霞、巩在暖、吴长青:《体制嵌入、组织回应与公共服务的内卷化——对北京市政府购买社会组织服务的经验研究》，载《贵州社会科学》2012 年第 12 期。

③ 邓金霞:《地方政府购买公共服务“纵向一体化”倾向的逻辑——权力关系的视角》，载《行政论坛》2012 年第 5 期。

主体等不良倾向。

(二)我国政府购买公共服务的内在逻辑

对政府购买公共服务概念的混淆,是由于未能充分理解政府购买服务的内在逻辑。有些研究者认为政府购买服务是“舶来品”,引进自西方国家政府改革实践及理论。这种认识具有片面性,未能充分认识到我国政府购买公共服务实践发展的复杂性。我国政府购买服务具有多重内在逻辑。

第一,全面建成小康社会的要求。党的十八大提出全面建成小康社会的重大战略任务,要解决的核心问题之一就是经济社会发展不均衡。因此,这一战略目标要求社会建设取得显著进展。政府购买服务是加强社会建设的重要手段,是改进政府提供公共服务的创新方式。

第二,政府职能转变的要求。在四十多年改革过程中,我国政府经历了从计划经济下全能政府到“以经济建设为中心”的投资政府,向“构建和谐社会”及“全面建成小康社会”的服务政府发展历程,各级政府公共服务职能也经历了从包办到退出,再强化和完善的过程。政府的基本职能是提供公共服务,强化和完善政府公共服务职能是当前政府职能转变的重要任务,政府购买服务必须以此为前提。

第三,基于公共服务质量、效率和供给能力的考虑。由于相当长一段时间内,各级政府对公共服务职能的滞后、忽视,使公共服务的供给总体上规模不足、质量低、效率差①。为了有效改善公共服务供给状况,就必须创新公共服务供给模式。通过政府购买服务,动员社会力量参与公共服务供给,是必然的选择。

第四,这也是为了引入竞争和市场机制的需要。四十多年的改革历程,特别是进入21世纪后的治理改革,已经形成了以技术治理为特征的行政机

① 苏明、贾西津、孙洁等:《中国政府购买公共服务研究》,载《财政研究》2010年第1期。

制[①],尤其是财政支出的专项化与项目化[②],使上级政府迫切要求下级政府提供公共服务的过程中引入竞争和市场机制,以便建立目标责任的绩效标杆。这种行政治理模式所导致的行为趋向与西方政府改革中新公共管理所强调的引进市场机制,取消公共服务供给的垄断性,通过竞争提高公共服务供给效率和降低成本不谋而合[③]。但亦应认识到这种"同归"背后的"殊途",因为这关系到政府购买服务的具体机制和绩效管理的技术细节设计。

第五,这还是公共服务的特性所决定。公共服务普遍具有正外部性、信息不对称、专业性要求高、生产技术不确定性以及缺乏"基本准线"等特征,这使公共服务常常同时面临"市场失灵"、"政府失灵"和"志愿失灵"等多重困扰。基于此,西方政府购买公共服务理论的主流是"多中心治理"[④]、"伙伴关系"[⑤]、"合作伙伴"[⑥]以及"权力共享"[⑦]等,强调通过合作发挥不同部门各自优势,弥补各自缺陷。政府购买服务是实现公共服务多元主体合作供给的主要途径,也是建立政府主导、社会参与、公办民办并举的公共服务供给模式的必然选择。

以上多重内在逻辑不是简单的并列或递进关系,而在实践中交织在一起。如果不能辩证地理解这多重内在逻辑,就容易顾此失彼。当前地方政府购买服务实践中暴露出一些问题和困境[⑧],主要原因是未能充分把握政府购买服务多重内在逻辑,片面强调某一方面。

---

① 渠敬东、周飞舟、应星:《从总体支配到技术治理——基于中国30年改革经验的社会学分析》,载《中国社会科学》2009年第6期。

② 渠敬东:《项目制:一种新的国家治理体制》,载《中国社会科学》2012年第5期。

③ 林闽钢、周正:《政府购买社会服务:何以可能与何以可为?》,载《江苏社会科学》2014年第3期。

④ [美]迈克尔·麦金尼斯:《多中心体制与地方公共经济》,上海三联书店2000年版。

⑤ [美]E. S. 萨瓦斯:《民营化与公私部门的伙伴关系》,中国人民大学出版社2002年版。

⑥ Gidron B., Kramer R. M., Salamon L. M., Government and the Third Sector: Emerging Relationship in Welfare States, Jossey – Bass Publishers, 1992.

⑦ [美]唐纳德·凯特尔:《权力共享:公共治理与私人市场》,北京大学出版社2009年版。

⑧ 汪佳丽、徐焕东、常青青:《构建全过程、多主体、动态循环的政府购买公共服务监督机制》,载《中国行政管理》2021年第1期。

二、H 市购买居家养老服务案例①

H 市是中部地区中心城市,市区人口近 300 万。2013 年至 2014 年,H 市实施政府购买居家养老服务第一期一年项目,惠及 8866 名老人。H 市购买居家养老服务具有一定的典型性和代表性,反映出我国各地政府购买公共服务的普遍性状况。

(一)H 市购买居家养老服务的招标情况

2012 年,H 市出台了《关于加快推进养老服务体系建设的实施意见》,部署了购买居家养老服务工作。2013 年 3 月,完成了服务对象基本信息摸查,初步统计估算共有 9768 名老人符合服务条件。6 月,制定出台《H 市居家养老服务实施意见》,明确了居家养老服务定义、服务内容、服务要求、服务对象、服务实体、基础设施、人员素质、监督管理及质量改进等方面内容。8 月,通过市招标投标中心(市政府采购中心)对"政府购买居家养老服务项目"进行国内公开招标。项目内容为:以市区 70 周岁以上低保老人、70 周岁以上空巢老人(无子女)、90 周岁以上高龄老人为购买服务对象,每人每月可享受价值 600 元居家养老服务,预算资金 9000 万元,作为项目实施一年支付给服务对象的全部费用。9 月,项目完成招标,共 12 家单位参与招标。项目按区域划分为 5 包,中标人见表 1,均为联合体,但主要由第一家单位承担居家养老服务递送工作。10 月,完成与中标服务机构框架协议签署工作。11 月,完成与中标服务机构区级具体服务协议签署工作,各区开始服务券发放等工作,并按计划相继开展服务。

表 1 H 市购买居家养老服务中标人

区域	中 标 人
YH 区	社家老年服务中心和社家养老公寓 省济民肿瘤医院联合体

① 相关数据均来自笔者在 H 市相关部门和单位调研记录。

续表

区域	中　标　人
BH 区	SS 区佰家伴居家养老服务中心和 FD 县光荣院 泛美餐饮管理有限公司 FY 市疝病专科医院 FX 县温馨老年公寓联合体
JK 区	CH 市居家养老服务中心和省妇女职业介绍信息服务中心 市友好医院联合体
LY 区和 XZ 区	夕阳红老年护理院和七彩银铃居家养老服务中心 YH 区三里街街道社区卫生服务中心联合体
SS 区和 GX 区	金谷医院和 LY 区三十岗乡敬老院 LY 区亳州路居家养老服务中心 LY 区三十岗金谷养老服务中心 LY 区残疾人康复中心 金谷职业培训学校 中天科技发展研究中心联合体

(二)H 市购买居家养老服务的实施情况

1. 服务对象情况

项目实施初期,共有 7220 名老人经自愿申请审核成为首批服务对象。随着项目实施,服务对象数量逐步增加,截至 2014 年 7 月,共有 8866 名老人享受了政府购买的居家养老服务,占 H 市 60 岁以上老年人口的 0.75%。

服务对象中,70 岁以上的低保老人和 90 岁以上的高龄老人占总服务对象的 84.4%,空巢老人较少。从分布看,高龄老人主要集中在老城区,新城区的低保老人人数较多,主要是因为这些地区有较多转居失地农民、回迁户等。具体见表 2。

表 2　H 市政府购买居家养服务对象构成及人数

服务地区	服务对象			合计
	70 周岁以上低保老人	70 周岁以上空巢老人	90 周岁以上高龄老人	
BH 区	731	493	882	2106

续表

服务地区	服务对象			合计
	70周岁以上低保老人	70周岁以上空巢老人	90周岁以上高龄老人	
YH区	422	117	633	1172
SS区	620	141	610	1371
GX区	230	23	74	327
JK区	1325	317	239	1881
LY区	282	153	924	1359
XZ区	186	138	326	650
合计	3796	1382	3688	8866

2. 服务内容和价格

H市购买居家养老服务采取由民政部门按月向服务对象发放价值600元服务券,中标服务机构向老人提供各类服务换取养老券,再用养老券从政府领取资金的方式。因此,各个机构在服务协议框架内会依据自身能力、特长及需求,提供总体上大致相同,但各有侧重的服务内容。根据服务协议,要求服务机构提供生活照料、家政服务、维修、医疗保健、精神慰藉和紧急救援等六大类近30项服务。从实践来看,老人选择最多的是送餐、家政和维修三类服务,保健按摩等服务也逐步受到老人青睐。截至2014年7月31日,H市总共购买居家养老服务126.99万人次,产生服务金额4159.32万元,具体见表3。

表3 H市购买居家养老服务开展情况统计表(截至2014年7月31日)

服务项目	家政	生活照料	医疗保健	维修	精神慰藉	合计
服务人次	475278	752954	30363	6142	5129	1269866
比例	37.43%	59.29%	2.39%	0.48%	0.40%	100.00%
合计金额(元)	27318027	11534148	1129838	653958	957200	41593170.5
比例	65.68%	27.73%	2.72%	1.57%	2.30%	100.00%

表4 显示了5 家主要服务机构估算其提供服务的大致比例。

表4　5 家主要服务机构提供的居家养老服务内容及比重

服务机构	服务内容			
	送餐	家政	维修	保健按摩
佰家伴居家养老服务中心	60%	20%	10%	10%
社家老年服务中心	60%	20%	20%	—
金谷医院养老服务中心	60%	10%	10%	20%
CH 市居家养老服务中心	80%	10%	—	10%
九久夕阳红	50%	50%	—	—

根据服务协议要求,服务机构所提供服务的费用应低于市场价格,并严禁乱收费。为了保障实现这一要求,H 市老龄委在结合市场价格的基础上,制定了各项居家养老服务项目的参考价格,并作为补充协议纳入服务协议中。实践中,各服务机构在服务收费方面相对统一,基本与参考价格一致,其中家政服务为 25 元/小时、一荤一素的标准餐送餐上门为 12 元/份、推拿按摩为 80 元/小时等。

经过半年多的项目实施,截至访谈时,所有服务机构均表示能实现收支平衡、略有盈余的财务状况。

3. 服务流程和机制

5 个服务机构均缺乏组织服务大量老人的经验,为了完成服务任务,各机构均对服务机制和流程进行了创新探索。

第一,各个服务机构投入 60 万 -100 万元不等,自建集紧急呼叫、信息收集为一体的综合服务平台。平台核心功能是电子化信息收集、派单、老年人定位、电话回访等。各机构服务平台工作流程基本一致,其中金谷医院养老服务中心、九久夕阳红的规模较大,还配有实时电子显示屏,随时反映服务动态。

服务流程主要有两条线:一是针对老人的常规需求,服务中心为老人制订好服务计划,并每天按时派服务人员上门服务;二是针对老人的临时或特殊服务,老年人打服务需求电话给平台的客服人员→客服人员联系服务员派单→服务员按约定时间上门提供服务→服务对象对服务内容、服务时间进行确认,并支付服务券→客服人员电话回访→检查人员上门家访→服务结束(如图1所示):

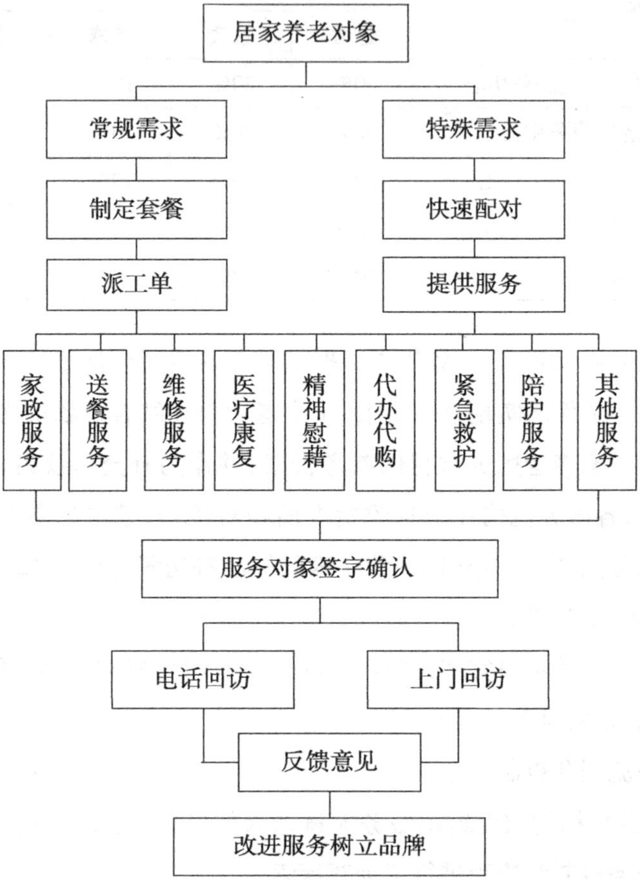

图1　H市居家养老服务流程图

第二,各个机构都非常重视服务人员和服务对象间联系机制,以有效提高服务对象满意度,增进对服务工作的理解与信任。目前,主要有两种方式:一是服务员联系机制,以九久夕阳红为代表,采取固定服务人员服务特定老人,以期通过长期服务接触与交往增进老人对服务人员的了解和信任。这种方式的优势是易于获得老人信任,但受服务人员不稳定因素影响。二是站长/管理员联系机制,以金谷医院养老服务中心为代表,采取划区分站,每个站长负责120－150名老人，站长与老人商议制订每月服务计划，并根据计划调度服务员提供服务，以及监督服务质量、受理老人投诉举报和上门家访等工作。这种方式因为站长/管理员与老人联系次数不多，不容易建立信任关系，但避免了因人员流动造成的负面影响。

第三，项目开始后，各服务机构均面临服务人员不足的问题，普遍大力招募服务人员。其中，家政类服务人员以社区内40－50岁的再就业妇女为主，签订临时雇工协议，采取按小时支付工资的形式；维修类服务大多外包给服务区域内个体商户，每月按服务券进行结算；送餐类服务以自营为主、外包与自营相结合的模式。各机构均开展服务人员培训工作，但因为各种因素，服务人员培训不足的现象很普遍。总体来看，各机构服务人员呈现兼职多、学历低、流动性大、工资低等特点。

4. 服务监督

根据相关文件和服务协议，服务监督是H市购买居家养老服务项目的重要内容。各机构都根据协议要求，制定了内部管理制度，设置了服务监督机制，如服务后的电话回访，管理人员/站长定期走访回访服务对象，将任务完成率、政策知晓率、服务对象满意率、服务对象投诉率等作为考核和奖惩管理人员和服务人员的主要考评内容等。各区民政局作为主责政府部门，还设置了专职岗位和人员，负责政策咨询、动态监控服务实施情况、接受投诉、电话回访和家访等服务监督工作。但由于工作经费、编制、场地等客观困难，虽然由各区民政局直接管理专职服务监督人员，但他们的薪酬和工作场地等基本由服务机构支持。

（三）H市购买居家养老服务中出现的问题

总体而言，H市购买居家养老服务取得了很大的成功，但其中也出现不少问题，其中具有各地政府购买公共服务普遍性和代表性的问题可总结为以下几点。

1. 相关政府部门间协作难题

H市购买居家养老服务过程中主要涉及三个部门：财政、民政和老龄委。

其中,财政部门负责政府购买工作,民政部门负责服务递送管理,老龄委主要负责相关标准制定。三个部门均期望各负其责,互不干扰。但是,项目实施过程中,购买、管理和标准三类工作往往相互影响,难以截然分开。目前对于政府购买服务的整体设计中,尚无有效机制能够有效解决此类部门协作,特别是财务部门和业务部门间协作问题。

2. 购买服务协议不完全

理论上政府购买公共服务能带来多种好处,但其中有一个关键性假设,即政府是一个"精明买主"①。国际经验也表明,公共服务合同管理会直接关系和影响公共服务的质量②。然而,无论政府成为一个"精明买主",还是政府具有较高公共服务合同管理能力,均非易事。H 市购买居家养老服务实施过程中,不断被服务协议的不完全困扰,造成项目实施过程中,主管部门当面临服务内容、服务价格及服务质量等方面出现问题后,无法有效管理服务机构,甚至不得不采取动用行政权力干预,增加补充协议以弥补服务协议不足等方式,但总体而言,没有从根本上改变因服务协议不完全所导致的被动状况。

3. 服务机构总体表现不佳

H 市购买居家养老服务采取公开招标方式,对投标人在既有制度框架内提出较为严格要求,包括:(1)符合《政府采购法》第 22 条规定;(2)业务范围包含"社会服务(养老服务)"且开办资金不少于人民币 30 万元的社会组织;(3)具有社会服务、社会工作、社会组织(服务)评估中的任一项业绩;(4)接受联合体投标(联合体各方均须满足上述第 1 条,主体方须满足第 2 条、第 3 条,参与方须为社会组织且满足第 3 条)。中标方均为联合体,其中 5 个主体方均算是 H 市较为知名的养老服务社会组织。但项目实施过程中,这些服务结构总体表现均不佳。主要表现为:(1)服务机构间缺乏竞争。除

① [美]唐纳德·凯特尔:《权力共享:公共治理与私人市场》,孙迎春译,北京大学出版社 2009 年版。

② Brown T. L. ,Potoski M. ,Contract – Management Capacity in Municipal and County Governments,Public Administration Review,Vol. 63,2003.

了因为中标者划定服务区域不交叉,竞争关系不强以外[①],从实践结果看,各服务机构实际形成了一种默契,在服务内容、服务价格和服务质量等方面客观上采取一致性行动。(2)服务机构管理水平较低、专业能力不足。无论主管部门还是中标机构自身均认为在项目管理方面还存在很大不足。最突出的方面是服务人员管理。项目实施后,五个机构都面临服务人员不足问题,不得不大量招募临时、兼职服务人员,同时对服务人员管理不足,服务培训基本难以落实,使所提供各类服务普遍专业性差,服务质量不高。(3)服务机构存在不规范行为。由于政府业务主管部门对服务机构缺乏有效监督、制约手段,以及服务机构内部监控机制不足,很难保证服务人员甚至管理人员没有不规范行为。笔者访谈过程中发现许多迹象表明各机构均存在附加服务项目、诱导老人消费甚至回购养老券等不规范或不当行为。

4. 对服务对象回应性不足

因为H市首次大规模购买居家养老服务,所以享受服务老人和家属等对于服务项目、内容、质量和价格等方面的理解和要求呈现非常突出的差异性和多样性。面对多样化的服务对象,由于相关部门和服务机构间项目目标不同、产出期望不同、绩效指标差异以及相互的不信任,导致既无得力解决措施,也难以建立回应机制积极、有效响应服务对象需求。更糟糕的是,这种状况还严重打击各方面对于政府购买居家养老服务的评价和信心。

三、政府购买服务出现问题的原因分析

H市购买居家养老服务中出现的问题具有相当的共性,有一定的必然性。造成这些问题的根本原因是地方相关政府部门还未能深刻理解我国政府购买服务多重内在逻辑。

一是地方政府普遍对政府购买服务的复杂性认识不足。政府购买公共服务特点之一是“模式简单、机制复杂”,无论西方国家政府购买服务30多

---

① 实际服务递送过程中,各个服务机构均存在跨区服务情况。

年的经验和曲折发展历程[①②]，还是国内开展过较长时间政府购买服务试点地区的经验[③]，都反复表明这点。但是，一些地方政府过于强调贯彻落实中央相关决策部署的紧迫性，同时由于政府购买服务涉及部门多，牵头部门责权不明确，导致许多政府部门对政府购买服务的复杂性认识不足。在这种情况下，一些政府购买服务项目难免出现"看起来简单，做起来复杂，出问题悔当初"的窘境。造成地方政府对购买服务复杂性认识不足的主要原因，一方面是各地更偏重强调政府购买服务的创新性，另一方面由于国内外政府购买服务的理论和经验繁多、莫衷一是，也让各地无所适从。

二是不同政府部门更倾向于孤立理解政府购买服务的内在逻辑。政府购买公共服务是针对政府治理方式的重大改革，是对政府职能的根本性转变，而并非仅是政策工具的简单调整。但是，政府购买服务相关部门更倾向于从自身原有职能出发理解和执行所承担工作内容，未能辩证地理解政府购买服务存在多重内在逻辑。例如，财政部门更重视政府购买的规范性和资金使用的效益，业务部门则更多要求与原有政府管理流程的对接和兼容，技术部门则强调相关标准制定过程的科学和规范。正是由于这种倾向，使相关部门对政府购买服务工作难以形成共识，从而导致不同部门往往各行其是，协作困难。

三是理论领域的混乱亦干扰了相关部门对政府购买服务的理解。虽然理论领域和研究者对于我国政府购买服务的理论和实践发展均作出了不可替代的重要贡献，但是由于视角和观念的差异，许多研究者有意或无意忽视了我国推广政府购买服务的实践背景和有别于西方国家的内在逻辑，一些研究者还基于自身政策主张，刻意强调政府购买服务的单方面原因或目标。由于政府购买服务对于大多数政府部门属于新课题，这种理论领域的混乱更容易干扰相关部门对政府购买服务的深刻理解。

---

① 胡伟、杨安华：《西方国家公共服务转向的最新进展与趋势——基于美国地方政府民营化发展的纵向考察》，载《政治学研究》2009年第3期。

② 张汝立、陈书洁：《西方发达国家政府购买社会公共服务的经验和教训》，载《中国行政管理》2010年第11期。

③ 王箐：《政府购买服务机制比较：四直辖市例证》，载《重庆社会科学》2014年第11期。

四是缺乏公共服务经验很大程度上导致相关部门未能理解政府购买服务复杂性。对于大多数部门，包括业务部门而言，不仅政府购买服务属于新事物，而且同样缺乏对于所购买服务的管理、提供、监控及评估等方面的经验。这种情况下，无论相关部门还是工作人员，均很难深入理解公共服务所面临“市场失灵”、“政府失灵”和“志愿失灵”间辩证关系，相应也难以真正理解政府购买服务的复杂性。面对政府部门普遍缺乏公共服务经验这种现实，决策者有必要进一步权衡推动政府购买公共服务策略中规范制度建设和鼓励基层创新之间的关系。

四、政府购买公共服务的对策建议

我国政府购买公共服务内在逻辑的复杂性表明，政府购买服务不仅是公共服务提供方式或政策工具创新，也不仅是公共服务主责部门的工作方式和业务管理方式创新，而是关系到国家治理体系和治理能力现代化的战略性举措。自十八届三中全会以来，全国各地贯彻落实中央决策部署，积极推广政府购买服务实践中，已经暴露出不少共性问题。表面上看，这些共性问题多是由于相关部门事前准备不足、忽视购买细节、管理不够精细等原因造成，但根本原因在于未能深刻理解我国政府购买服务多重内在逻辑，未能把握部门自身在政府购买服务中的定位。

要解决政府购买公共服务的深层次问题，必须从国家治理体系和治理能力现代化角度着手反思实施策略。党的十八届四中全会《关于全面推进依法治国若干重大问题的决定》指出依法治国是“实现国家治理体系和治理能力现代化的必然要求”。因此，建设政府购买公共服务的法治体系应提上议程，具体建议如下：

（一）制定《政府购买公共服务法》

政府购买公共服务的根本目的在于实现向受众公共服务的个性化递送保障，与《政府采购法》的调整对象不完全一致。《政府采购法》可以解决“采购”的问题，但无法调整“服务”的问题，特别是采购后的公共服务。《政府采购法》在调整政府购买公共服务上存在不周延。2020年,我国《政府采购法》征求意见稿第2条规定,政府采购的服务包括政府自身需要的服务和政府向社会公众提供的公共服务,仍是统一在政府采购法的框架内解决公共服务的采购。2022年公布的《政府采购法》回避了政府购买公共服务是否明确纳入的问题,但政府购买公共服务仍可依法纳入政府采购的范围。如上文所述,政府购买服务与政府购买公共服务之间存在重要差别。日本2004年开始推进政府购买公共服务,成效斐然。其重要基础即在于2006年出台的《关于导入竞争机制改革公共服务法》,专门规范政府购买公共服务的宗旨、方针以及相关主体职责等,为规范政府购买公共服务发挥了关键性作用①。在我国财政部等部门制定的政府购买公共服务的规范基础上,我国仍可考虑适时出台专门的《政府购买公共服务法》,为政府购买公共服务提供专门的上位法规范。

(二)完善政府购买公共服务监督机制

政府购买公共服务要取得成功,不在于购买模式,关键是操作机制和技术细节,特别是服务机构管理、流程监管、绩效评估等环节。基于实践中公共服务提供机构表现不佳,服务对象回应不足的问题,建议完善政府购买公共服务监督机制,负责对所有政府购买服务行为的全流程监督管理,保证政府购买服务活动程序完备、信息透明、社会参与、合法有序,保证政府购买公共服务目标的实现。

(三)加强部门协调机制建设

政府购买公共服务的根本目的在于改善民生,提高民众的福利。基于实践中政府部门各司其职、协调性不足的问题,应建立制度化的部门协调机制。在实践中,部门联席会议、跨部门工作小组等是解决部门之间职能协调

---

① 韩丽荣、盛金、高瑜彬:《日本政府购买公共服务制度评析》,载《现代日本经济》2013年第2期。

的常规做法。在政府购买公共服务中,可由地方政府牵头成立协调机制,保证政府购买公共服务的部门协调。

(四)出台政府购买公共服务标准化合同文本

基于实践中政府购买公共服务合同内容不完全,无法应对实践中出现的复杂情况的问题,建议由财政部门会同法律服务机构制定政府购买公共服务合同范本或标准化合同,对于合同的必备条款以及实践中出现的问题以合同条款的形式固定化解决方案。

司法改革

智慧法院建设中司法公开的构建与完善

北京市海淀区人民法院立案庭课题组*

司法公开是保障公众知情权与实现司法公正的重要抓手，是全面深化司法体制改革的重要一环。2010 年，最高人民法院印发《关于司法公开的六项规定》，明确司法公开应坚持依法公开、及时公开、全面公开的原则。目前，司法公开规范化、制度化、信息化水平显著提升，审判流程公开、庭审活动公开、裁判文书公开、执行信息公开四大平台全面建成运行，司法公开在促进司法为民、公正司法以及弘扬法治精神、讲好中国法治故事等方面发挥了重要作用。

智慧法院建设在推动审判体系和审判能力现代化过程中承担重要使命。2016 年，最高人民法院院长周强在信息化建设工作领导小组全体会议上首次提出建设立足于时代发展前沿的"智慧法院"，2018 年 4 月，最高人民法院发布的《智慧法院建设评价报告(2017 年)》显示，全国"智慧法院"已初步形成。自提出至今，智慧法院制度建设不断完善，互联网司法规则体系逐步建立，网络化、阳光化和智能化水平显著提升。

随着智慧法院的建设，司法公开实现了信息化变革，公开内容更全面、及时，公开方式更便捷、更人性化。但在建设智慧法院的新阶段，司法公开

---

* 课题组成员：戴国，北京市海淀区人民法院党组成员、政治部主任；郝蓬，北京市海淀区人民法院立案庭(诉讼服务中心)负责人；张志富，北京市海淀区人民法院立案庭(诉讼服务中心)副庭长、副主任；陈一帆，北京市海淀区人民法院法官助理；陈艳超，北京市海淀区人民法院法官助理。

凸显了自身的不足与困境,为进一步发挥司法公开效能,实现以公开促公正、以透明保廉洁,应以挖掘司法公开满足公众预期的考量性因素为基础,对其加以优化完善。

一、智慧法院建设与司法公开的现状

(一)当前智慧法院建设的情况

1. 互联网司法规则体系初步建立

2016 年 7 月,建设“智慧法院”被列入国家信息化发展战略,次年 7 月,国务院出台《新一代人工智能发展规划》明确将“智慧法庭”列入规划,与“智慧政务”“智慧城市”“智能交通”“智能环保”并列。在智慧法院建设过程中,《新一代人工智能发展规划》和《“十四五”国家信息化规划》对智慧法院建设作出重要指示。最高人民法院先后审议通过了《人民法院在线诉讼规则》《人民法院在线调解规则》《人民法院在线运行规则》,为构建全方位、系统化的互联网司法规则体系做出顶层设计。

《人民法院在线诉讼规则》涵盖从起诉立案到宣判执行等主要环节的在线程序规则,首次构建了覆盖诉讼全流程的在线诉讼规则体系,对增强人民群众诉讼便利、提升审判质量效率、推动司法审判模式变革具有重要意义。《人民法院在线调解规则》围绕一站式多元纠纷化解主题,依托人民法院调解平台,明确了在线调解框架,对在线调解适用范围、活动内涵、组织和人员、调解程序等作出规定。《人民法院在线运行规则》涵盖人民法院在线运行的基本原则、适用范围,是全国智慧法院建设应用成果的制度化升华。

2. 智慧法院的网络化、阳光化和智能化水平显著提升

智慧法院的网络化建设是依托人民法院信息化建设工程,打造新平台、新系统、新应用,在线开展立案、缴费、开庭、文书送达、申请执行、借阅卷宗材料等诉讼活动,努力实现全业务网上办理。例如,人民法院在线服务、北京法院云法庭等小程序保障当事人在线立案、开庭、质证,新审判系统已实现证据材料和裁判文书等材料的电子送达。网络化建设保障了疫情期间诉讼活动的正常开展和矛盾纠纷的有序化解,便利群众的同时降低了司法成本。

智慧法院的阳光化建设是将司法活动依法、及时、全面地进行公开，让“正义以看得见的方式实现”，是保障人民群众诉讼知情权、参与权、监督权与表达权的重要途径和方式。在阳光化方面，智慧法院建设以审判流程公开、庭审活动公开、裁判文书公开、执行信息公开四大平台的建设为核心，公开内容更全面、公开对象更广泛、公开方式更合理，使群众更了解诉讼流程，增进司法信赖、强化司法监督。

智慧法院的智能化建设则是依托先进技术手段提供高效、便捷、精准、全方位的诉讼服务和审判业务支持。例如，诉状自动生成功能在便利当事人的同时，保证了格式的规范性，而庭审语音智能转写、“聚法”文书助手、“法信”平台等智能化技术应用，减轻了审判事务性工作负担，提升了审判质效（见表1）。

表1　智慧法院“三化”的特征与示例

	特征	示例
网络化	全业务网上办理	北京法院电子诉讼平台
阳光化	全流程依法公开	四大平台
智能化	全方位智能服务	法信平台

（二）智慧法院建设与司法公开的关系

智慧法院是国家治理体系和治理能力现代化的重要一环，它依托大数据、人工智能等技术治理手段，以司法为民、公正司法为根本方向，将司法规律、体制改革与技术变革相融合，以高度信息化方式支持司法审判、诉讼服务和司法管理，实现全业务网上办理、全流程依法公开、全方位智能服务。建设智慧法院的目的在于提升审判质效、降低司法成本、澄清司法质疑，解决案多人少、信息不对称、案件流转慢等问题，优化审判体系、提升司法能力、改善审判质效、实现同案同判、维护司法公正等均是智慧法院建设的追求和目标。

智慧法院建设能改善原有的司法公开方式，进一步加大公开力度、拓宽公开深度,推动司法公开实现技术化、信息化变革,为司法公开注入新动能。例如,目前的12368热线服务平台代替了原有的电话沟通方式,以专业人员集中处理的方式解决群众问题,更高效地解答群众困惑,减轻审判者工作负担;又如,新立案系统,可根据案件的类型和要素自动推荐审理程序,亦可在立案的同时生成诉费缴纳通知书,并一键短信告知当事人,便利了当事人和审核人员。

司法公开通过发挥人民群众监督作用,落实人民群众反馈意见,推动智慧法院建设不断优化完善。例如,12368热线服务平台确实在解答群众疑问方面发挥重要职能,但经常有群众反映12368热线座席忙、难以接通,反映出智慧法院建设过程中存在资源配置不合理的问题。另外,在网上立案过程中,经常出现当事人不清楚案件审核不通过的原因、审核通过后是否需要缴费、是否需要邮寄纸质材料等问题。通过司法公开,能充分了解人民群众的需求,发现智慧法院建设中的不足。

(三)智慧法院建设对司法公开的促进与推动

司法公开是中国司法制度的一项基本原则,我国的宪法、法院组织法和三大诉讼法对司法公开均有规定。但这些规定停留在传统司法公开的范围内,如人民法院审理案件应实行公开审判制度等,规制范围有限,对于审判流程、执行信息等详细信息的公开未予以进一步明确。

第一,智慧法院建设推动了司法公开制度的完善。《人民法院在线运行规则》第9条在传统司法公开的基础上,明确了司法公开平台的功能定位,即司法公开平台应具备信息公开、信息检索、可视化展现等功能。第38条规定相关主体应当履行数据安全和个人信息保护义务,除人民法院依法公开的以外,不得违法违规披露、传播和使用在线诉讼数据信息。明确了诉讼参与主体负有一定程度的保密义务,体现出司法公开要进行质量管控。

第二,智慧法院的建设推动了司法公开理念的转变。传统的司法公开往往被视为一项被动、单向输出的工作,即将庭审、宣判和文书等内容依法向公众披露。随着智慧法院的建设,司法公开技术化水平显著提升,信息公开更简便、高效,从立案审核到诉费缴纳、从开庭预告到文书送达,均可一键短信告知当事人,技术水平的提升使审理者更积极主动地推进公开工作。另外,随着智慧法院的建设,群众掌握了更全面的司法信息,如案件流程信息和法官心证过程,对司法的质疑更少,由此反向推动审理者更积极主动地进行信息公开。

第三,智慧法院建设促使司法公开的各项技术臻于完善。以审判流程信息公开为例,审判信息网和 12368 司法服务热线保障当事人全面、及时了解案件进展。诉讼当事人可通过审判信息网查询案件进展,如案件的审限剩余天数、案件扣除审限的情况及延长审限的情况等。不了解或不善于使用互联网群体可拨打 12368,接线人员会对来电进行分类,简单问题可查询后即时答复,对于询问案件具体信息或要求与法官直接沟通的,则以向承办人派发工单的形式进行处理,承办人需在两个工作日内以电话、短信或网页留言等方式进行回复。12368 热线的问题分流处理,减轻了审判人员事务性工作负担,两个工作日的时限在保障当事人的问题能得到及时回复的同时,亦为承办人更高效的工作安排留有空间。再如,在庭审公开方面,云法庭技术保障当事人可不受疫情、地域的影响在线开庭。当事人只需将姓名、身份证号和手机号告知承办人,即可生成账号;开庭前,云法庭系统会在当事人登录时通过人脸识别完成身份核验,开庭中,智能语音转录功能可帮助实时校对笔录、在线质证功能可高效便捷完成证据的查看与核验;庭审结束后,可在线查看庭审笔录,有异议时及时提出修改要求并完成在线签字。

二、智慧法院建设下司法公开面临的挑战

(一)司法公开与隐私权、个人信息保护的交错关系

在智慧法院建设的助推下,司法公开实现了新突破。从公开内容、公开对象、公开手段等方面都发生了深度变革,司法透明度不断提升。但公开的内容是否越多、越详细、公开比重越高则越好,并没有定论,司法公开在某些情况下与信息主体的个人意愿相悖,而相关制度有待于进一步完善。

第一,法律规定涉及个人隐私、商业秘密和国家秘密的内容不公开,但

个人隐私、商业秘密涵盖范围有限,无法满足新出现的不公开审理需求。一方面,出于隐私权保护,不公开审理通常只适用于离婚纠纷、涉未成年人纠纷的案件,而随着公众隐私权意识的加强,隐私的范围在不断拓宽,不公开审理的案件范围已经无法满足公众对隐私保护的需求;另一方面,个人权利意识的觉醒也使部分当事人对不涉及个人隐私但可能会影响自身利益的司法公开事项持反对态度,希望不公开或删除已公开内容。例如,在某劳动争议纠纷中,被告公司希望不发布开庭公告、不进行公开审理,理由是该公司目前正处于融资的关键环节,原告存在故意制造被告涉诉信息的嫌疑。

第二,在文书公开方面,目前制度中只有关于撤回已公开裁判文书的相关规定,但对于撤回的评估标准尚不明确。《最高人民法院关于人民法院在互联网公布裁判文书的规定》第 11 条规定,确因法定理由或其他特殊原因需要撤回的,应当由高级人民法院以上负责互联网公布裁判文书的专门机构审查决定,并在中国裁判文书网办理撤回及登记备案手续。这项制度为事后申请撤回裁判文书提供可能,但也存在以下问题。一方面,除"法定理由"即涉及个人隐私、商业秘密、国家秘密等法定事由外,上述规定设定了可以撤回裁判文书的"其他特殊原因"。从字面上理解,"其他特殊原因"不同于一般条文中出现的"其他"情形,应进行限制,原则上并不是所有的事出有因都可以豁免公开,应至少考虑情形的紧迫度和关联度,但对于关联度和紧迫度应如何界定和把握,并没有明确标准。另一方面,上述条文只规定了对于已公开文书需要撤回的处理办法,但在日常审判实务中,还会出现事前申请不公开审理、不发布开庭公告或不公开裁判文书的情形,也会出现要求删除已公开的庭审视频等要求。对于这些情形的处理,并没有明文规定,而在司法公开的高压之下,审判者通常不敢决定删除已公开内容,实践操作中,其也没有删除的权限。

第三,对于已公开且当事人均同意公开的内容是否应受法律保护,缺乏制度性规定。如前文所述,《人民法院在线诉讼规则》第 38 条规定了诉讼参与人不得违法违规披露、传播和使用在线诉讼数据信息。依据上述条文的规制对象——诉讼参与人,可推导出条文中的"在线诉讼数据信息"应指诉讼参与人在诉讼过程中通过证据交换或参加庭审所获得的信息，区别于普通群众通过司法公开获悉的信息。因此，制度未明确规定对于群众可以从已经公开的内容中获知的信息，是否可以随意使用。不可否认，即使经过模糊处理的司法公开信息亦会携带一定程度的个人信息，仅通过司法公开的内容可能无法定位至某一特定主体，但结合司法公开的信息和互联网等搜索引擎中的大量信息，有可能推定出司法信息公开的对象，这就意味着，当事人承担着一定程度的信息被泄露的风险。但是上述类似"人肉搜索"情形产生的原因不在于司法公开的不正当，而在于网暴实施者等侵权主体不当整合个人信息以曝光某一特定主体的主观恶意，因此问题的根源不在于司法公开本身，而是应借助违法使用行为所触犯的部门法（如个人信息保护法）进行规制，不宜由司法公开制度进行处理。

（二）司法公开与舆论监督相互影响

司法公开的价值之一即在于利用社会公众的监督倒逼司法权力依法、依规运行，舆论监督既是司法公开的目的，亦是司法公开的结果。随着科技发展助推智慧法院建设不断深入，司法公开与舆论监督之间正展现出全新发展态势：第一，司法公开的方式和途径激增，社会公众不再单一通过报纸等媒体被动获取信息，包括庭审直播、文书上网在内的各项司法环节正不断跨越时间与空间的局限呈现在公众面前。第二，司法公开面向的社会群体范围扩大，群众表达意见的渠道增多、成本降低，人民行使监督权的主动性与热情空前高涨。第三，司法公开的效能变大，司法公开事项借助互联网络广泛且迅速传播，个案产生的影响在网络助推下不断放大。司法公开正借助信息手段进行自身发展与改革，其间难免产生公开与监督之间的价值冲突，因此，舆论监督之于司法公开是一把"双刃剑"。

司法公开与舆论监督之间存在积极作用。一方面，舆论监督有利于推动司法机制的自我革新、发展与完善。舆论监督有利于促进司法透明化，督促法官自我提升、倒逼规范化裁判说理，进而间接实现法律赖以追求的程序正义与实体正义，增强社会公众对法院的认同感，在保障公民诉权的同时提升法院公信力。另一方面,司法公开有利于形成法治风气,实现监督权落地。舆论监督是保障公民知情权、监督权、参与权的体现,主动、完备的司法公开体系有助于在社会范围内营造良好的法治环境,助推社会公众积极主动行使监督权。同时,司法公开通过以案说法的方式间接向社会公众传递法律规范与经验教训,实现裁判的普法功能,由此提高社会公众的法律意识与风险防范意识。

尽管如此,舆论监督如行使不当也会对司法公开产生消极影响,甚至损害司法权威、阻碍司法公开制度的发展,具体包括以下表现形式:

第一,舆论施压影响司法裁判。舆论监督的出发点应当是积极的、合理的且具有正确导向的,良好的舆论监督有利于倒逼规范司法,舆论施压则会给法院与法官个人造成不当压力,甚至扰乱司法裁判,影响司法独立。十余年前"药家鑫案"轰动全国,关于"富二代""官二代"的谣言四起,一时激起无数网友"杀人偿命"的愤慨,虽然该案最终以被害人家属拒绝接受赔偿、药家鑫被执行死刑而尘埃落定,但对社会舆论介入司法的反思却远未结束。近年来,互联网越发成为舆论监督的主阵地,一些案件在未进入司法程序前即引发了公众的广泛探讨,新闻热度下往往也随着大量对案件的不实猜测以及别有用心之人的恶意引导,由此给司法系统产生巨大压力。同时,正所谓法律是最低限度的道德,民意和司法裁判的尺度之间可能存在一定差距,当法院依法判决与公众预期不一致时,则可能引发社会公众对司法公正的误解,进而影响司法权威。因此,如何实现舆论监督与司法公开、社会效果与法律效果的平衡,实为现阶段司法公开制度建设的一大挑战。

第二,"戏谑化"监督消减普法功能。司法公开的途径增加使法院从主导信息的发布者转为信息公开的参与者,兼之司法公开的传播速度加快,法院、政府对信息的控制力正在逐渐弱化,一些敏感案件的个人隐私、舆论八卦被恶意引导成为舆论焦点,反而给司法公开带来消极影响。此类问题在庭审公开中时有显现,如在"快播案"的庭审直播中,参与鉴定的鉴黄师一度成为舆论焦点,"谁举报了快播""今夜我们都欠快播一个会员"等词条霸占热搜榜单,"快播案"一时间成了无数网民和段子手的狂欢。类似的情况在某明星提起的侵权纠纷中同样可见,该案在中国庭审公开网显示有100余万次的播放量,然而,舆论关注的焦点却倒向了明星是否整容这一隐私话题,庭审直播被截取成为人们的谈资,相比之下,案件背后的法律意义及其普法功能却少有人问津。

第三,“情绪化”监督侵犯个人权利。法院借助互联网平台实现了无差别的泛公开,社会舆论极易被煽动,公众情绪极易被挑唆,舆论的不可控性增加,“多数人的暴政”更易产生。近年来,舆论监督中不理智的情形频发,部分网友借舆论监督之名大肆宣泄个人情绪,利用非法手段对案件当事人乃至法官进行“人肉搜索”、网络暴力,严重侵犯了公民的个人隐私等权利,违背了舆论监督的根本目的。

(三)技术水平制约司法公开效果

进入智慧法院时代,技术手段的革新解决了以往信息公开不彻底、公开对象不全面的难题,人民法院实现了案件的迅速、广泛公开,司法公开正式进入全新发展阶段。近年来,司法系统着重搭建若干诉讼平台以加强法院与当事人的沟通联络,以北京地区为例,当事人可以通过北京法院电子诉讼平台、北京法院审判信息网、人民法院在线服务微信小程序等途径参与诉前调解、立案、审判信息查询等流程,也可以通过中国裁判文书网、中国执行信息公开网等平台了解案件的文书及执行进展,还可以拨打12368等司法诉讼热线联系承办法官进行询问沟通,这些平台极大便利了诉讼当事人,提高了诉讼服务的质量,推动了案件的高效公开。然而,随着信息化水平深入发展,人们对司法公开的要求不断提高,当平台建设不能完全满足社会公众的需要时,个中不足开始显现。

一方面,平台建设基础功能不健全,部分功能设置烦琐,当事人体验感较差。一是当前部分平台功能设计不合理,导致当事人操作困难,无法主动获取案件信息。如当前微信立案方式无法直接查询案件的审核意见,当事人往往需要另行立案后才能查看本人的历史案件,由此导致部分当事人无法主动获取审核结果或误认为法院未告知审核意见,诉讼服务热线立案投诉量激增,严重浪费当事人与承办法官的时间精力。二是部分平台功能不健全,平台外部建设与法院内部系统衔接不及时,当事人无法全面获取案件信息。如案件进入调解阶段后,当事人只能查看案件的状态为"调解中",无法获知调解法官与调解进展,严重影响当事人对案件的知情权。三是当事人联系法官的渠道较少且资源配置不合理,无法及时获取案件信息。当前当事人联系法官的渠道主要为12368诉讼服务热线等方式,虽然一些法院已经推出了网上诉源治理需求响应平台,但宣传力度普遍较弱,没有在社会产生广泛影响,兼之各个法院的需求反馈平台彼此独立且操作烦琐,故当事人往往仍倾向于选择热线方式联系法官。然而,当前一些规模较大的法院诉讼服务热线端口和接线员严重不足,经常出现电话繁忙的情况,即使电话得以顺利接通,接线人员也通常只能解答简单的程序性问题,其余事项仍需通过派发工单的方式由承办法官回复,找法官难的问题依然存在,司法公开效果大打折扣。

另一方面,平台间功能交叉但关联性较低,数据孤岛严重增加法院和当事人负担。近年来,为便利当事人诉讼,最高人民法院与各级法院开发了众多诉讼服务平台,拓宽了当事人的选择,极大便利了当事人诉讼。然而,当前平台建设互相独立,平台分散、功能交叉、数据壁垒等问题凸显,当事人重复注册、重复诉讼、重复投诉的情况不断加重,由此给当事人查询案件信息造成困难,也给法官办案增加困扰。以立案程序为例,人民法院向当事人提供了诸多立案平台,然而,各平台间信息不共享,当事人可以任意选择立案平台提起诉讼,各平台对于当事人是否构成重复立案问题却缺乏提示与鉴别机制,司法实践中经常发生当事人在不同平台重复起诉,或在同一平台反复多次起诉的情形,案件是否构成重复立案只能由法院人工筛查,严重影响工作效率。

(四)疫情下"互联网+"庭审公开中暴露的问题

在线庭审技术早已有之,但在疫情暴发之前,除互联网法院外,其他法院对此态度较为消极,使用率低。新冠肺炎疫情暴发之后,面对疫情常态化和案件量堆积的双重压力，在线开庭在一定程度上解决了法院的“燃眉之急”。但在线开庭为法官和当事人带来便利的同时，也暴露出“互联网＋”庭审公开的一些新问题。

第一，技术水平不足制约审判效率。目前，受技术水平影响，云法庭平台容量有限，同一时间在线开庭数受带宽限制严重，由此导致许多法官预约不到线上法庭从而一再延期或不断改期，同时出现因担心无法顺利开庭而重复多次预约的情况，造成了资源浪费。

第二，“互联网＋”庭审公开使隐私泄露风险增加。相比于传统的庭审公开，“互联网＋”庭审使庭审公开的内容更为详尽，但当事人隐私泄露的风险也相应增大。在线开庭的过程中，诉讼参与人可利用在线质证，将证据内容进行详细展示，庭审录像即会将证据的内容详细记录并进行直播和公开，而证据中可能包含易被忽略的个人信息，如房屋买卖合同纠纷中房屋的具体位置等信息。这一问题在传统的司法公开中没有出现，因为在线下庭审中，即使是亲临现场旁听的群众，最多只能获悉证据的名称及证明目的，并不能详细掌握证据的内容。在文书公开过程中，现有技术已经可以做到自动模糊或删除房屋门牌号、车牌号、银行账号等信息，但是现在的庭审公开视频并未做到对这些画面和音频的精准处理。因此，随着在线庭审的运用，泄露当事人信息的风险也相应增加。

三、司法公开满足公众需求的考量性因素

智慧法院建设的目标之一即为当事人提供更加高效、便捷、智能化的司法服务，在该项目标下构建完善司法公开制度，群众的现实性需求便成为需要着重考量的因素。从当事人角度出发探讨完善司法公开制度的因素可以发现，现有制度的不足以及制度构建的方向与路径，由此实现对策措施有的放矢、制度完善切合实际。具体而言，要使司法公开制度建设更加符合社会公众的需求与合理预期，应考量以下因素：

（一）司法公开的全面性因素

人民法院始终坚持深入落实全面性公开原则。全面公开有利于强化公

众知情权,进一步加强公众对个案的把握以及司法工作的监督。随着智慧法院建设的推进,社会公众对案件公开的全面性要求相应提高,司法公开应当注重增强案件的“透明性”,实现当事人对案件的“可控性”,实践中,应当限制法官对案件公开程度的自由裁量权,严格按照法律的规定做到应公开、尽公开,确保司法权力始终运行在阳光之下。

第一,人民法院应当实现案件信息的全面公开。既要实现程序性事项如承办法官、时间节点、案件流程等基本信息的公开,也要做到审理、判决、执行等结果的实体公开,应当注重提升承办法官的素质能力,加强对案件裁判过程、裁判依据、裁判结果的全方位公开。除此之外,法院在进行各项司法活动时亦应积极主动向当事人公开法律依据及理由,如在决定扣除审限、决定简易程序转为普通程序审理案件时,均应主动向当事人释明并告知决策依据,以此促进案件的实质性公开。

第二,人民法院应当实现案件流程的全面公开。法院应当借助司法公开平台实现从立案到结案全部时间节点的公开,可以根据案件发展的脉络向当事人公开进展,对于当事人提出的管辖权异议、回避申请、证据交换等一系列诉讼活动均应记录在案,在公开时亦应明确记载该项诉讼活动作出的时间、内容、当事人是否在法定期限内提出以及审查结果等相关事项,从而确保案件发展全流程清晰可见。

第三,人民法院应当实现案件数据的全面公开。一方面,应当实现同类案件信息的彻底公开,除法定不公开的情形外,做到类案一并公开,杜绝案件公开的任意性。另一方面,应当实现法院数据的对外公开,以法院为单位及时向社会公开年度收结案信息、结案率、人均结案量等数据,以便社会公众获悉法院工作进展、了解社会矛盾的发展状态。

(二)司法公开的时效性因素

司法公开作为促进司法公正、提高司法质效的助推器,实现了司法与社会监督的对接,极大提高了司法系统的公信力,健全严格的时效规定有利于增强司法公开的规范性,间接提升司法质效。

《最高人民法院关于加强人民法院审判公开工作的若干意见》第4条对审判公开工作应当坚持及时公开这一基本原则进行了阐述,据此,人民法院对于法律规定了公开时限的事项应严格遵守,没有规定的也应当在合理时间内及时公开。现行法律并未对上述合理时间进行明确规定,对此,可作如下理解:第一,涉及当事人诉讼权利义务的事项应当尽早公开。司法公开首先是面向当事人的公开,为了充分实现当事人的知情权并保障诉讼参与人依法享有诉讼权利,人民法院应当及时履行向当事人公开与告知的义务,在各时间节点前尽早告知相关诉权以及诉讼流程,为当事人预留充足的考量时间。第二,案件程序性信息应当实时公开。当前法院通过技术手段优化平台建设,已经实现了法院内网与外部诉讼服务平台的信息互通,人民法院已经具备进行实时公开的技术手段与公开平台,而包括案件时间节点等在内的程序性信息有助于帮助当事人了解案件进展与后续流程、辅助当事人及时进行诉讼活动并督促法官严格依规办案,因此对程序性事项的实时公开符合程序正义的要求,也是实现司法公开与案件进展同步的要求,司法实践中应当严格按照诉讼进程实时公开。第三,应当明确合理时间的期限,根据案件类型及公开事项设定参考标准。司法公开的合理时间因事而定,公开事项的性质与内容均可能影响公开时效,可以通过设立上限的方式加强对司法公开时效性的统一约束,也可以针对公开事项的不同类别以及重要程度制定参考标准,供法官借鉴,同时,在司法实践中,应当督促法官积极、主动公开案件信息,避免拖延。

(三)面向当事人的便捷性因素

司法公开是面向当事人的公开、信息化的公开以及立足服务的公开,为了更好地实现社会对司法的监督、加强个案中当事人与法院的沟通,需要将当事人获取司法公开信息来源与方式的便捷性纳入司法公开制度建设的考量范围。

一方面,当事人获取信息的方式应当更加便捷,途径更为畅通。当前实践中,除了通过诉讼服务大厅线下来访获取案件信息外,当事人还可以通过

12368 等诉讼服务热线、四大司法公开平台、公众号、微信小程序等多种方式查询案件信息,各类平台的推出与建设实现了司法公开的多样化,司法公开的渠道丰富且畅通。但在实践过程中也难免出现电话打不通、信息收不到以及平台卡顿、崩溃等问题,因此在接下来的平台建设过程中,应当将平台建设的关注点更多放在平台质量上面,保障各类司法公开平台稳定运转,减少当事人诉累,实现"让数据多跑路,让群众少跑腿"。另一方面,司法公开应当立足服务、逐步拓展,尽可能实现司法公开平台功能的纵深发展。各平台建设不仅应当保持步调一致、加强平台功能的连贯性,还应当注重群众的体验感,如针对不同人群增设区分性功能模式。在平台建设方面既要优化各项功能的可操作性与实用性,又要减少重复性操作,减少当事人就同类信息在不同平台间来回切换,实现各类平台的资源共享,进一步增强当事人与法官之间的信息交流。

(四)司法公开的个体性因素

司法公开既包括司法流程公开,也包括司法结果公开,案件从立案到结案需要公开的信息包括且不限于当事人的姓名、住所住址、基本案情等,鉴于司法公开与个人意愿乃至个人隐私之间存在冲突且需要权衡,在作出公开决定时应当将个案因素纳入考量范围。司法公开的个体性因素,具体可以包括当事人的个人隐私、个人利益、个人意愿以及其他足以对案件公开产生实质影响的因素。法官在决定案件是否公开前应当及时向当事人告知,主动考察案件公开会否对当事人产生不利影响,可能对任何一方当事人产生不利影响的案件,即使不属于法定不公开审理、不公开文书的情形,也应当赋予当事人申请不公开的权利,在听取当事人意愿后法官可以做出价值衡量,以此实现对当事人利益的维护。

但需要明确的是,司法公开与个人隐私之间的冲突实际是社会公共利益和个人利益的权衡,案件公开对于社会公众具有重大的指导性意义与防范作用,因此基于对社会公众指导与保护的需要,应当明确司法公开中个体性因素的介入程度与界限,明确个体性因素仅是维护个案正义的需要,其对个案公开能否产生影响以及产生何种程度的影响需要法官在充分考量利益得失的基础上作出最终决定，而对于一些明显具有不当行为、违法违规的案件，则应当给予严厉打击，此时则应严格限制案件不予公开的情形。

四、智慧法院建设下司法公开的建构及改革举措

（一）建立事前告知与事后反馈机制，注重隐私保护

目前，司法公开及相关制度已建立并落实，但尚需进一步完善，应坚持以人为本，建立人性化司法公开制度。

第一，建立事前告知机制，充分保障当事人的知情权，将风险降至最低。对于将要公开的事项，完善事前告知流程，给予当事人衡量的时间。审判实务中通常会事先告知当事人开庭时间，但除特定类型案件外，通常不会再通知当事人案件采取何种方式进行审理，而公开审理的占多数。但对于初次接触诉讼活动的当事人，可能并不清楚诉讼中会有详细记录其一举一动的庭审录像，并且该录像会公开存在很长一段时间，因此事前向当事人告知公开事宜很有必要。另外，该项告知义务在诉讼流程中应及早得到落实，如在立案受理之时或向被告送达起诉材料时即进行提醒。由于从立案到正式开庭审理之前往往还有一段时间，在此期间，当事人均可考虑是否申请不公开审理，以充分保护其自身权益。

第二，建立事后反馈机制，再次核查风险点。建立事后反馈机制，一方面，保证诉讼参与人再次核查公开内容是否得当；另一方面，保障了案外人的正当权益。因事前告知的对象主要是诉讼参与人，但司法公开过程中可能还会涉及案外人的信息，如在卖方与中介机构的中介合同纠纷中公开了买家的信息。这类信息的公开给案外人带来困扰，增加了其个人隐私、信息被不当利用的风险，故有必要打通反馈渠道。工作人员在审核事后反馈的同时，应注意总结类型化问题，逐步完善制度建设。事后反馈机制的建立也是对监督机制的贯彻与落实，对于反馈较多的类型化问题应进行深度研讨和会商，完善制度建设，不断提升技术水平，努力实现在公开之前对隐私和个人信息的模糊或删除处理。

第三,厘定考量标准,基于个案评估立场,规范司法信息公开。首先,要增强对个人信息的重视,司法信息公开也应遵循《个人信息保护法》,在评估过程中对核心敏感个人信息提高重视,防范个人信息处理风险。其次,在处理司法公开异议的过程中要充分衡量个案关乎的公共利益、第三人债权利益及个人权益。对于不涉及公共利益和第三人债权利益的案件,此类案件的公开意义在于满足群众的文书搜索、阅读等兴趣,撤回或删除已公开信息的标准可以稍宽松;但严重关乎公共利益或第三人债权利益的案件,应加大公开力度与程度,及时、主动、全面公开,因为通过司法公开对特定主体的行为进行披露可以对群众进行引导与提示,保护群众利益,如通过披露某中介公司出租的房屋中甲醛含量超标、某教育培训公司存在虚假宣传行为等,这类案件所涉及的公共利益较大,公开力度应相应增加。最后,应由案件的原承办人员基于个案和比例原则进行评估。案件的原承办人员对案件事实中所涉及的公共利益较为了解,也更易判断公开内容是否会损害个人权益。如原承办法官离任,应由原法官助理或原承办庭室进行判断。评估需基于比例原则,考量争议信息对司法公开产生的公共利益是否必要,如决定删除或撤回已公开信息应将对公共利益的负面影响降至最小。

(二)增强技术保障,提升司法公开质效

司法公开制度的完善离不开技术进步,技术发展日新月异,司法公开平台建设也应当不断革新以回应当事人的诉求,推进完善各大平台建设,可以从以下方面着手:

第一,加大技术性人才和资金投入,完善基础设施建设。平台建设应当加大调研与研发工作,完善意见反馈机制,根据当事人需求增设、改进基本功能。同时,平台建设应当确保基础功能的健全且易于操作,诉讼服务当事人遍布各年龄段,对数字化产品的掌握和接受能力存在差异,为了确保诉讼服务平台尽可能满足大多数群体的使用便利,应当尽量做到页面简洁、功能简化、流程简便,既要实现功能全覆盖,又要避免操作烦琐。

第二,加强资源配置,拓宽线路、畅通途径。各级法院的规模、案件数量

存在差异，在分配诉讼服务热线、在线庭审资源及其他端口与资源时应当根据各法院的体量进行合理规划，对于规模大、案件多的法院给予适当倾斜，通过增加端口、人员与设备等方式保障线路优化与畅通，确保“找法官难”不再成为一项技术障碍，在线开庭等诉讼活动亦不受硬件条件限制。

第三，加强平台共享及衔接工作。对于司法系统而言，平台建设既包括法院内部的工作平台，也包括面向当事人的诉讼服务公开平台，平台建设既要实现平台自身的规范运行，也要实现内部平台与外部平台之间的衔接沟通。首先，为了便利当事人诉讼，人民法院应当做好对外诉讼平台间的资源整合与衔接，加强信息的跨平台交流。各诉讼平台间应当建立统一的案件数据库并通过当事人实名认证的方式实现案随人走，在任何平台只要使用统一的身份信息即可显示该用户的全部案件信息，不同平台的案件查询记录也应当一并更新，以此减少当事人重复登录与重复查询。其次，为了提升司法质效，人民法院应当做好内部工作平台的功能革新，除了完善平台建设的基本功能外，还可以建立法院系统内部的案件数据信息共享平台，各法院的收案、结案等案件信息一并在信息共享平台发布、更新，法官可以随时查询案件详情，搜索关联案件或类似案件，实时了解司法系统案件动态，由此避免司法资源浪费，实现法院系统一张网。最后，司法系统还应当加强外部司法公开网站与法院内网的衔接，包括诉前调解在内的案件具体信息及时在两个网站实时更新，减少网站间信息传输造成的网络延迟与信息壁垒，更加充分保障当事人的知情权。

（三）加强社会参与，推进舆论监督与司法公开平衡发展

智慧法院建设下，法院应当勇于承担维护公平正义、服务群众、普法宣传的社会职责，利用好司法公开的渠道以及与社会公众沟通交流的机制，实现司法公开与舆论监督的平衡与共同发展，具体可以从以下方面进行完善：

第一，完善舆论监督制度，加强对恶意扰乱舆论监督行为的处罚力度。应当明确舆论监督介入司法的方式、边界以及不当干预司法行为的惩罚标准，加强与网信办以及各大互联网运营商的联合力度，加强网络监管、规范

网络秩序。同时也要加大对法官等审判人员的保护,防止案件相关信息、个人隐私等不当泄露,由此防止舆论给案件承办法官造成不当压力。

第二,增强审判自信,坚定不移推进司法公开,积极主动接受监督。审判人员应当在司法裁判中厘清司法公开与舆论监督的界限,提升法律素养,严格坚持依法办案。在做好程序性工作的同时,应当加强裁判说理,通过充分的论证提升判决的合理性与信服力,确保案件最大程度符合司法公正的要求。法院以及案件承办人员还应当敢于面对质疑与批评,主动、及时回应社会关切,通过释法说理、以案说法等方式提升公众的法律意识,对于社会关注度高的案件还应当及时反馈案件进展,通过庭审直播等方式提高公众参与度,由此获取社会公众对法院工作的理解与认可。

第三,建立舆论引导的主动地位,防止社会舆论被恶意煽动。人民法院应当利用好新闻媒体的工具属性与中介性质,注重增强司法公开的话语权与舆论风向的把控能力,拓宽沟通渠道、加强普法宣传、树立正面形象,由此提升法院的司法权威性,对社会热点问题进行正确的舆论引导。人民法院应当在各媒体平台增加沟通交流的账户并建立常态化沟通机制,利用社交媒体拉近与当事人、社会公众的距离,对于社会热点问题及时作出专业分析,进一步做好舆论导向。

第四,加强案件的舆论监管,做好风险评估与预防工作。针对恶意引发炒作的情形,法院应当与网络监管以及网络运营平台等部门建立联动机制,做好案件舆论的研判工作,通过预先研判制定处置预案、全程跟进防范舆论发酵、及时处置舆论话题等方式实现案件的全流程监管。对于群众关切的案件首先可以通过讲解、科普、宣传等方式增强释法工作、提高公众认知,一旦发现有恶意炒作、煽动舆论之嫌,应及时进行舆论引导与处理,防止不当舆论进一步发酵。

一审行政案件诉前调解模式建构

王　晶*

引　言

作为解决纠纷的分流器与过滤器，调解在实现案件繁简分流、促进争议实质性化解等方面应当发挥重要作用。然而，在行政诉讼领域，面对现代行政的多元矛盾与案件数量的日益攀升，行政诉讼调解未有效发挥分流作用，其实质化解争议的效果亦微乎其微。因此，有必要对行政诉讼调解进行优化设计，尝试提出并丰富“行政案件诉前调解”这一概念，“充分发挥不同类型行政争议多元化解决的独特优势”①。

一、实践考察：“有限调解”规则下调解功能的“有限发挥”

《行政诉讼法》确立了行政诉讼“有限调解”的规则，②且在司法实务中，行政诉讼的调解活动是由行政审判庭的审判人员在案件审理过程中进行。

（一）“调审合一”的模式影响争议实质性化解

【案例】③某区房屋征收办与梁某签订了一份《房屋征收补偿安置协

* 王晶，北京市门头沟区人民法院审管办（研究室）法官助理，法学硕士。

① 程琥：《在法治轨道上推进行政争议多元化解决》，载《中国法律评论》2015 年第 2 期。

② 《行政诉讼法》第 60 条第 1 款规定，行政赔偿、补偿以及行政机关行使法律、法规规定的自由裁量权的案件可以调解。

③ 详见北京市门头沟区人民法院（2017）京 0109 行初 18 号行政判决书。

议》,约定给梁某安置1套三居室房屋。安置房项目竣工后,因开发商设计的问题,区房屋征收办只能向原告交付两居室房屋。梁某不服诉至法院后,法官在案件审理过程中尝试进行调解,最终因调解不成而作出要求区房屋征收办继续履行协议的判决。梁某以生效判决申请法院强制执行,但因三居室的标的物不存在而出现执行不能。

在本案事实清楚、权利义务关系明确的基础上,法官将调解作为解决该类争议的最优方案,但经过当事人的博弈、审限的制约,最终以判决结案,使原本可以通过调解化解的争议在实体判决中得不到实质性解决(见图1)。

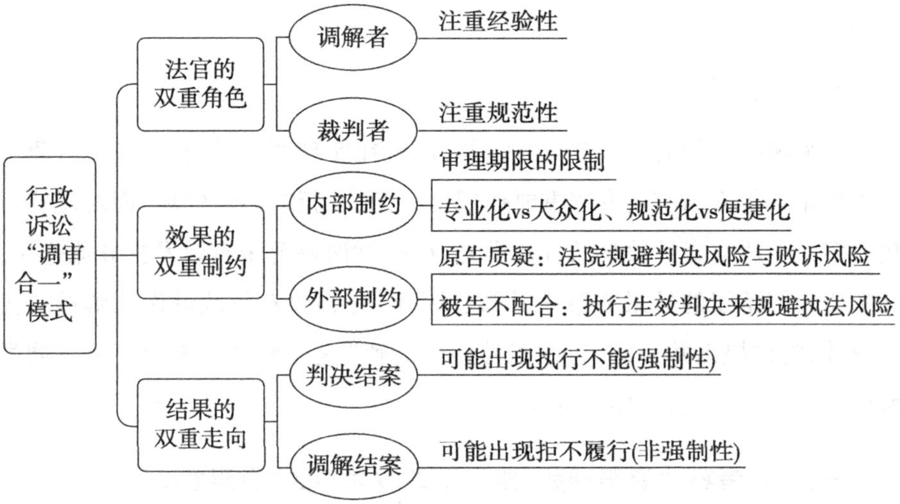

图1　行政诉讼“调审合一”模式的具体形态

(二)“规范化”的审理程序牵制案件分流

笔者在中国裁判文书网以“2021”“一审”“行政调解书”为关键词进行检索,从检索结果中随机选取了72份已公开上网的行政调解书①作为分析样本,对其从立案到调解结案的期限进行了统计(见图2)。1个月以上调解结案的案件占比88.9%,且在3个月以上调解结案的案件中,无论简单案件

① 笔者选取的行政调解书涉及浙江省、湖南省、辽宁省、宁夏回族自治区、重庆市等25个省、自治区、直辖市,访问时间为2022年6月2日。

或复杂案件,均在立案3个月之后适用普通程序开庭审理,程序同质化问题较为严重。与判决结案、裁定结案相比,只是结案方式的不同,未发挥出行政诉讼调解在简案快调方面的分流作用。

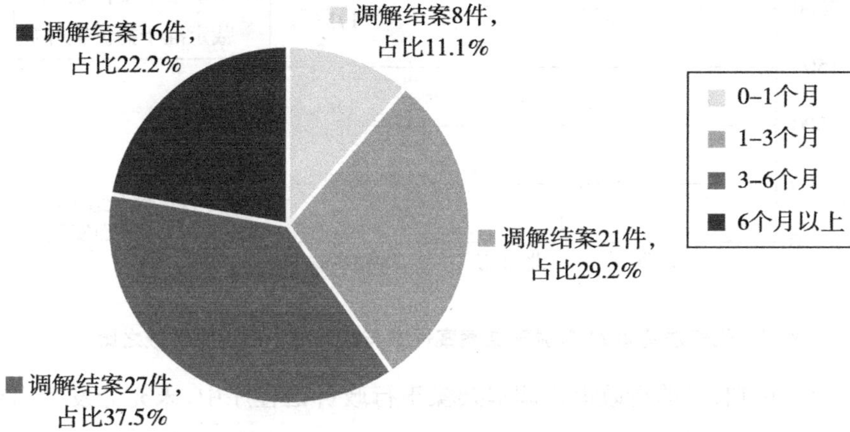

图2　调解结案期限统计对比

(三)“协调和解”的机制架空调解的适用

在司法实践中,行政诉讼调解的适用率较低。笔者在中国裁判文书网以“2021”“一审”“行政调解书”为关键词进行检索,检索结果中的串案均以1件计,共检索到192件以调解方式结案的案件。60%的省份全年调解结案数为5件以下,行政诉讼调解与法院协调撤诉的适用形成巨大反差①(见图3)。作为调解的变通形式,“协调和解”以其程序简单、适用范围广泛、司法责任微小等特点已成为司法实践化解争议的常用手段,导致行政诉讼调解制度被搁置与架空。但目前经法院“协调和解”并以撤诉方式结案的案件缺乏一定的规范与监督,“撤诉”的表象掩盖了法院协调处理的过程、方案及争议化解情况,使行政诉讼调解制度未发挥其应有的制度功能。

① 图3中的数据来源于中国裁判文书网,访问时间为2022年6月2日。大部分撤诉结果因法院协调而实现,故此处以裁定准许撤诉案件数作为对比项。

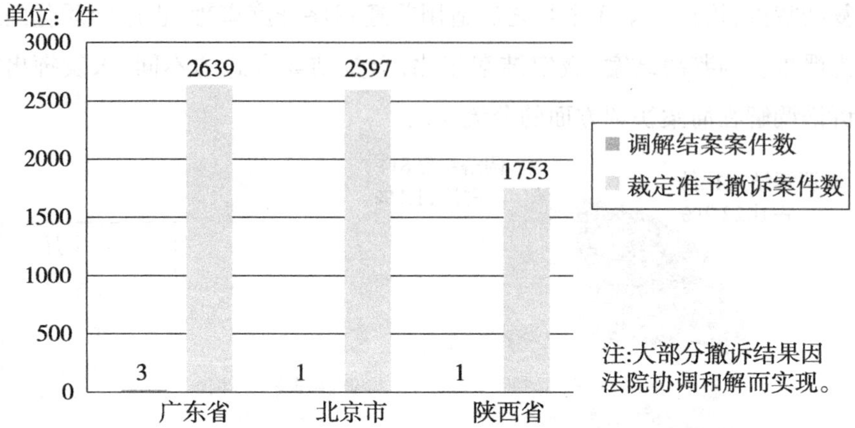

图3　代表法院2021年调解结案案件数与裁定准予撤诉案件数之比对

综上可知,目前行政诉讼调解杂糅于行政诉讼程序中,未充分发挥出行政纠纷解决制度的群体组合优势,[①]在一定程度上既牵制了调解对实质性化解行政争议的功能发挥,又淡化了调解在行政诉讼繁简分流程序中的价值定位,同时在"协调和解"的外衣下,"名正言顺"的行政诉讼调解适用率偏低,调解过程、结案方式等均出现了一定程度的变形与异化。

二、优化选择:多重视角下行政案件诉前调解的构建必要

诉前调解是在当事人起诉之后、法院正式立案之前进行的调解,司法实践中主要适用于民事纠纷领域。为充分发挥调解制度在化解行政争议方面的积极作用,有必要"把协调过程尽量前置"[②],让诉前调解与行政审判在各自的规则框架内运行,充分发挥各自的制度优势(见图4)。

(一)法院视角:满足繁简分流的一体化要求

1. 扭转审理程序同质化的局面

立案登记制实施以来,行政案件数量大幅上升,案多人少的矛盾愈加凸

---

① 应松年:《构建行政纠纷解决制度体系》,载《国家行政学院学报》2007年第3期。

② 江必新:《论行政争议的实质性解决》,载《人民司法》2012年第19期。

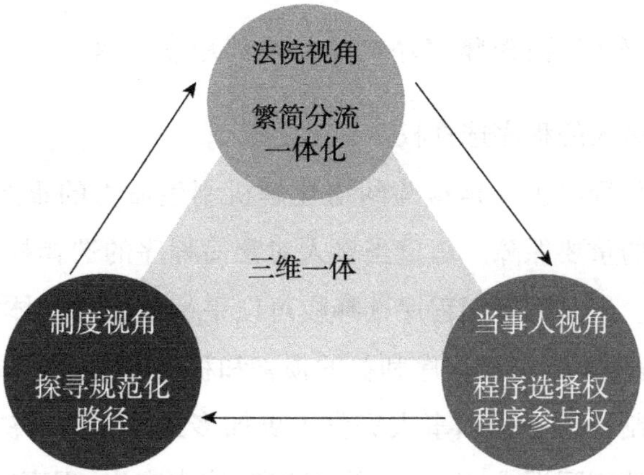

图 4　行政案件诉前调解的构建必要

显。司法实践中,简单案件和复杂案件基本都是按照相同程序处理,同质化的审理程序不符合“简案快调、繁案精审”的目标要求,也不利于行政审判资源的分配与投放。[①] 因此,应当构建行政诉讼繁简分流程序,并在立案前、庭审准备程序、一审、二审、再审程序中充分发挥繁简分流一体化的整体效能。[②] 具体到诉前阶段,可以根据案件的特点、性质及当事人的需求,将不同案件导入不同的程序,发挥行政诉讼诉前程序在案件“入口”处的分流作用。

2. 实现多元矛盾的实质性化解

随着合作国家的发展,现代行政已不再局限于命令性、单方性的行政活动,而是在权力行政、秩序行政、羁束行政之外演化出非权力行政、服务行政与裁量行政等多种行政活动方式,行政机关更多地通过理性协商、公私合作等方式实现行政管理目标。多样化的行政活动方式必然会产生多元矛盾,而传统的较为单一的纠纷解决模式已经不能满足实质化解多元矛盾的现实需求。因此,要将适宜调解的行政争议尽可能引导当事人通过诉前调解来解决,提高纠纷化解的便捷性与实效性。

---

① 程琥:《行政诉讼繁简分流程序构造》,载《人民法治》2016 年第 10 期。

② 江必新:《论行政争议的实质性解决》,载《人民司法》2012 年第 19 期。

(二)当事人视角:保障程序选择权与程序参与权

1. 保障当事人的程序选择权

实体正义与程序正义是检验纠纷化解机制生命力的重要标尺,程序正义是实体正义的重要保障。尊重当事人对繁简程序的选择权是实现程序正义的重要方面。当事人运用程序选择权可以平衡地追求实体权利与程序权利,防止适用程序不当造成程序利益的损害和程序外利益的损害。[①] 行政诉讼诉前调解机制的设立为当事人提供了更加多元的纠纷解决方式,当事人可以根据自己的实际诉求,在权衡利益冲突、成本支出、程序效率的基础上,选择更适合纠纷化解的程序。

2. 保障当事人的程序参与权

程序参与不单是形式意义上的参与,更重要的是要发挥参与的实效性,即各方当事人通过陈述事实与提出证据,对法官作出判断产生实质意义上的影响。司法实践中,一些与案件处理结果有利害关系或有助于查清案件事实的第三人不愿以诉讼当事人的身份参加到诉讼中来,尤其在与民事争议相关的行政诉讼案件中,这种"不参与"或"非有效性的参与"不利于法官全盘考虑各方当事人的意见及统筹把握案件事实。因此,有必要选择当事人易于接受的、简单便捷的化解模式,充分保障各方当事人的程序参与权。促进当事人对程序阶段的参与是调解的功能之一,[②]诉前调解在一定程度上有助于保障当事人程序参与的实效性,有利于实现行政争议的实质性化解。

(三)制度视角:探寻有效化解争议的规范化路径

1. 填补有效调解的规范空白

目前司法实践中的协调撤诉可以视为调解的变形与异化,"撤诉"的外

---

① 邱联恭:《程序选择权论》,台北,三民书局2000年版,第30页。转引自李浩:《民事程序选择权:法理分析与制度完善》,载《中国法学》2007年第6期。

② [日]小岛武司:《诉讼制度改革的法理与实践》,陈刚、郭美松等译,法律出版社2001年版,第177-198页。

衣掩盖了法院"调解"的实质。法院的"协调和解"虽然有一定的依据支撑，但以"撤诉"方式结案掩盖了协调处理的过程，极易威胁到协调处理的正当性。若将行政诉讼中的调解与协调撤诉进行一定的有效隔离，则可在一定程度上缓冲"撤诉"可能带来的不规范现象，甚至规避"非正常撤诉"可能产生的不良影响。行政诉讼诉前调解机制在时间上将调解过程予以前置，真正将调解与裁定准予撤诉作为独立、并列的结案方式，有利于规范与监督法院的调解活动，避免出现过程意义上的"调解"、实质意义上的"撤诉"结案，同时亦能提升规范化的行政诉讼调解适用率。

2. 促进司法规则的生成

司法规则的生成依赖于专业性、普适性与规范性，而与此相对应的是灵活性、个别性与便捷性。若在同一程序设计中兼顾复杂与简单、规范与灵活、裁判与调解、高成本与低成本，则司法的目标会在专业化与大众化、规范化与便捷化两个相反的目标上摇摆不定。① 高成本、"规范化"、低效率的诉讼程序无法满足灵活、简便的行政纠纷解决需求，同时也会导致规则在兼顾二者平衡的过程中向着非专业的方向发展。因此，有必要通过诉前调解等其他纠纷解决方式对简单案件与复杂案件进行分流，促进司法规则的生成与发展。

三、宏观架构：构建行政案件诉前调解的考量因素

《民事诉讼法》规定的"先行调解"在某种意义上等同于诉前调解，它是法院经过立案审查作出的一种处理决定。构建行政诉讼诉前调解机制时，要在"借鉴"与"模仿"的基础上实现有别于民事诉前调解的"超脱"与"创造"，因此要重点围绕行政争议的类型化、化解行政纠纷的社会成本及行政诉讼中双方当事人的力量结构等因素进行个性化考量（见图5）。

---

① 傅郁林：《"诉前调解"与法院的角色》，载《法律适用》2009年第4期。

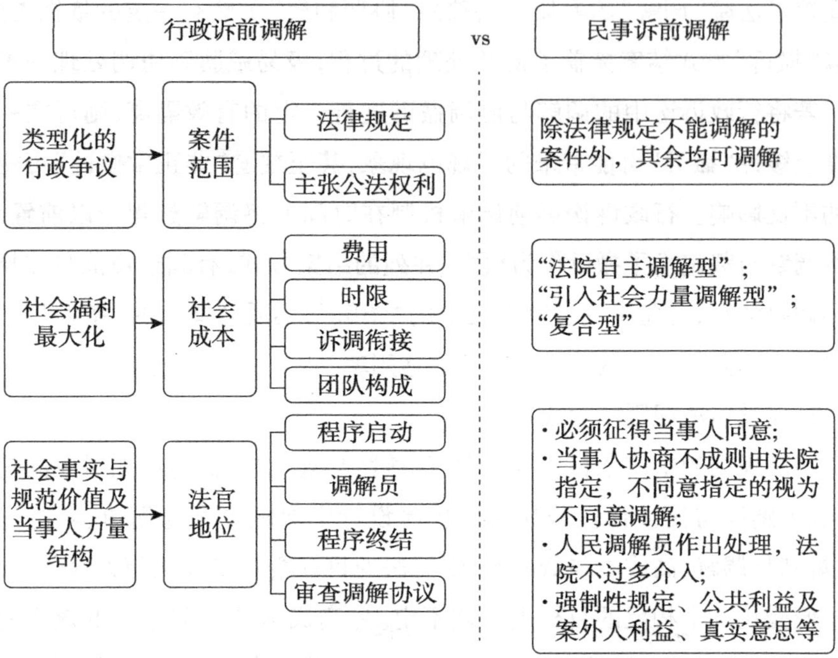

图5　行政诉前调解的考量因素及与民事诉前调解的区别

(一)“行政争议类型化解决”下的案件范围考量

1.类型化的行政争议

行政争议的类型化解决是行政案件繁简分流的理论基础,①而类型化解决的前提是存在类型化的行政争议。虽然我国《行政诉讼法》并未将行政审判对象界定为“行政争议”,但在我国行政诉讼类型化发展的大趋势之下,“行政争议”的提出有利于拓宽当事人司法救济的渠道,有效回应当事人的多元化诉求。最初的行政争议类型主要为国家公权力行使的行为,当事人以设定负担的法律行为或事实行为的合法性为争议对象,直接涉及的是该行为合法性的判断。随着现代行政的发展,行政争议的种类亦经历了一个由单一到多元的发展历程,出现了以行政协议、行政指导等为代表的非权力

---

① 刘行、刘明研:《行政诉讼速裁机制的探索与适用》,载《人民法治》2016年第10期。

行政。该类行政争议并非直接针对某法律行为或事实行为的合法性而展开,而是以当事人主张或确认某种公法上的权利为内容,如要求行政机关履行行政协议、要求行政机关作出行政赔偿等。由此可见,行政争议呈现出类型化、多元化的特征。

2. 对确定行政诉前调解案件范围的影响

行政争议的类型化特征对确定诉前调解的行政案件范围具有一定的理论意义。对民事案件而言,除法律明确规定不能调解的案件之外,其他案件均可基于当事人的意思自治进行调解。相比之下,行政争议的特殊性在于其是行政机关在行使行政权力、履行行政职责的过程中引发的争议,其中涉及国家公权力的行使或公法权利的主张,故在确定行政诉前调解的案件范围时,不能随意扩大调解范围,应当结合类型化的行政争议及行政争议的类型化解决进行考量。第一,对于因国家公权力行使而引发的争议,因属于秩序行政、权力行政的范畴,故该类型争议原则上属于调解的"禁区",除非涉及行政机关行使自由裁量权的情形;第二,对于因主张公法上的权利而引发的争议,由于其不涉及国家公权力的行使,且有的争议的矛盾症结点在于民事主体之间的民事纠纷,故该类型争议具有一定的调解空间。

在此意义上,可在《行政诉讼法》第60条规定的可以适用调解的案件范围的基础上,适当拓宽行政诉前调解的案件范围。

(二)"非零和博弈"下的成本考量

1. "非零和博弈"理论

从法经济学的角度看,提起诉讼是当事人以交易成本为核心,对成本和收益进行理性分析后作出的一种选择。[①] 若通过诉讼获得的预期收益大于诉讼成本,则被假定为理性人的当事人一般会提起诉讼,而不考虑被告的诉讼成本及社会总成本。通过诉讼途径或诉讼中的调解、协调等活动之后,可

---

① [美]理查德·A. 波斯纳:《法律的经济分析》,蒋兆康译,中国大百科全书出版社1997年版,第723-730页。

能会出现私人收益小于社会成本,或者私人收益与社会收益均为负值的情况,即“非零和博弈”中的“负和博弈”,这种博弈的结果不符合法律所追求的“社会福利最大化”。[①] 同理,行政案件诉前调解活动也会涉及私人收益、当事人成本、社会总成本等概念,故而在对行政案件诉前调解进行制度设计时,应当对影响诉前调解成本的因素进行考量。在既定的社会福利标准下,从调解费用、调解时限、诉调衔接等方面制定能够产生更高社会福利的制度设计,从而体现出行政诉前调解相较于诉中调解、开庭审理的制度优势。

2. 化解行政纠纷的社会成本考量

诉前调解行政案件涉及的成本包括但不限于调解费成本、当事人参与调解的时间成本、行政机关参与调解的人力成本、调解不成引发的诉讼成本、司法资源成本等,由此引出的是对调解费用、调解时限、诉调衔接、调解团队构成等方面的权衡。在对诉前调解的相关细节进行制度设计时,要从社会福利最大化的角度出发,在公共利益与个人利益之间、调解成本与收益之间寻找最佳平衡点。

(三)“纠纷三阶段”理论下的法官地位考量

1. “纠纷三阶段”理论

根据“纠纷三阶段”理论,纠纷的过程可以分为“不满”阶段、“冲突”阶段、“第三者介入”阶段。[②] “纠纷三阶段”理论强调纠纷不仅仅局限于明显或公开冲突的社会过程,同时也可能表现为某种潜在的状态。[③] 实践中,有的行政纠纷仅仅得到了表面上的处理,并没有真正实质性化解,也没有将可能给社会体系带来冲击或危险的纠纷予以分解或中和,进而将公权力与私权利之间的对峙演化为国家与社会之间的冲突。由此可见,若要通过诉前调解的方式达到实质性化解行政争议的目的,则需要考量各方当事人的力

---

① [美]斯蒂文·萨维尔:《法律的经济分析》,柯华庆译,中国政法大学出版社2009年版,第3页。

② 王亚新:《纠纷、秩序、法治——探寻研究纠纷处理与规范形成的理论框架》,载《清华法律评论》1999年第2辑,清华大学出版社1999年版。

③ 蔡仕鹏:《法社会学视野下的行政纠纷解决机制》,载《中国法学》2006年第3期。

量结构及其所处的具体境遇,并将这种社会事实层面的考察与法的规范价值相勾连,[①]此时,行政法官应当扮演的重要角色则不言而喻。

2. 对行政法官参与控制度的影响

相较于民事纠纷,行政纠纷中的双方当事人在诉讼地位、举证能力等方面存在结构性悬殊,双方力量结构的不均衡可能会导致调解地位的不平等。比如,在诉前调解的启动上,行政机关可能出于规避法律风险的考虑而拒绝适用调解程序,此时行政法官若能行使一定的控制权,则有助于促成适宜调解的纠纷得以实质性化解。此外,调解行政纠纷往往会涉及对行政机关解决纠纷的能力与态度、行政相对人的具体境遇与诉讼目的、纠纷实质性化解的可能性、对社会体系产生的实际影响等社会事实层面的考量,同时也会涉及法的规范价值的判断与考察,此时就更需要行政法官运用专业知识全方位权衡,从事实的判断、社会影响的预估、争议实质性化解的可能性等方面将一般问题个别化,个性化寻求具有实效性且不会对法秩序构成危险的争议解决方案。由此可见,相较于民事诉前调解,行政诉前调解中的法官应当占据更为重要的地位。

四、微观设计:行政案件诉前调解程序构建

笔者创设行政案件诉前调解"三阶段六步法",对行政诉前调解进行符合行政诉讼特质的模式构建(见图6)。

(一)第一阶段:识别案件与确定调解阶段

在决定是否启动诉前调解阶段,应当由一名行政法官负责甄别,并配备一名书记员完成记录、送达等工作。

1. 初步判断:分层次确定是否调解

在当事人向法院递交起诉材料后,首先由行政法官完成第一道"过滤",从案件类型上初步判断是否可以进行诉前调解。

---

① [德]哈特穆特·毛雷尔:《行政法学总论》,高家伟译,法律出版社2000年版,第66页。

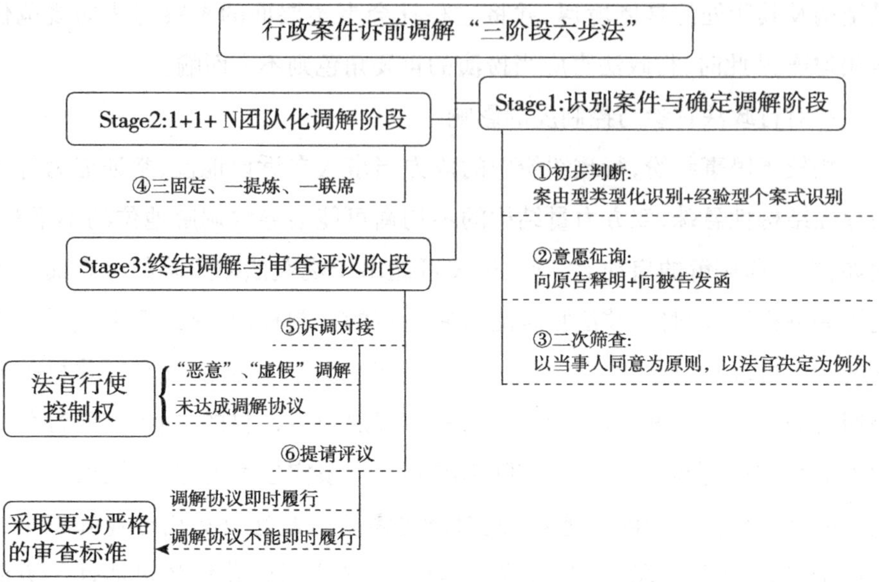

图6　行政案件诉前调解"三阶段六步法"

第一层次是案由型类型化识别。如前文所述,行政争议主要包括因国家公权力行使而引发的争议及因主张公法上的权利而引发的争议。除了《行政诉讼法》第60条规定的行政赔偿、行政补偿及行政机关行使自由裁量权的案件可以调解外,对于因主张公法上的权利而引发的争议,尤其是因民事纠纷引发的行政争议案件,可以通过诉前调解的方式化解。比如:(1)行政协议案件。行政协议的契约性决定了双方当事人在权利义务范围内享有一定的处分权,且有的行政协议案件的矛盾症结点在于民事纠纷,故行政协议案件适宜诉前调解。(2)行政裁决案件。行政裁决争议大多因民事纠纷所致,故若能通过调解的方式化解民事主体之间的民事争议,则可达到解决行政裁决纠纷的目的。(3)不履行法定职责案件。在起诉、审理、判决及行政机关依据判决履行职责之前,行政相对人的合法权益一直处于保护缺位的状态,故对于不履行行政职责纠纷,亦可通过诉前调解的方式及时解决。

第二层次是经验型个案式识别。案由识别标准是确定诉前调解案件范围的一般框架,而在案由识别标准的框定之内,还需结合实务经验对个案是否适宜调解、调解成功的可能性等进行个别化判断。在上述适宜诉前调解的案由范围内,可对不宜诉前调解的具体个案进行反向排除。比如,有的案件在法律适用上存在障碍,即使事实清楚、争议不大,也不宜诉前调解。因为该类案件在法律适用上存在探讨空间及指导意义,有的甚至须经审判委员会讨论决定,故不能以调解的方式简单结案。再如,双方当事人之间存在实质性争议,且该争议事实上可归为公法上的权利义务关系的主张或确认,即使不在上述案由框架范围内,也应当将其纳入诉前调解程序。

2. 意愿征询:法院释明并考察双方当事人的调解意愿

(1)向原告释明

在初步确定案件适宜诉前调解后,法官要组织原告进行谈话。一是辅助原告预判案件进入审判程序之后可能面临的裁判走向,鼓励当事人通过诉前调解的方式化解纠纷。二是"通过诉讼成本考量促使当事人当一个理性当事人",[①]从调解费用、调解时限、诉调衔接程序等方面做好释明工作。对于诉前调解的行政案件,可以免收调解费,这对于按标的额收取诉讼费用的行政协议等案件来说,具有明显的机制优势;调解期限原则上为30日,但双方当事人书面同意延长调解期限的除外;当双方当事人未达成调解协议时,要及时终止调解程序,启动审判程序,且诉前调解阶段的固定证据等工作可以大大简化诉讼阶段的庭前程序,等等。法官应将以上内容告知原告,并将原告是否同意诉前调解的意见记录在案。

(2)向被告发函

在收到原告的起诉材料后,法院应当在3日内向被告行政机关发送《行政案件诉前调解征询意向函》(具体格式见附件1),并将原告的起诉材料及相关证据一并送达被告。为提高诉前调解启动效率,可以要求行政机关在收到材料之日起5日内对是否同意诉前调解做出书面回复,并在15日内向法院提交答辩意见及做出行政行为的证据材料。

---

① 江必新:《论行政争议的实质性解决》,载《人民司法》2012年第19期。

3. 二次筛查:以当事人同意为原则,以法官决定为例外

行政诉讼诉前调解的启动以双方当事人同意为原则。纠纷处理的开始和最终解决方案的提示,都应获得当事人的合意,这种“合意的二重获得”是审判外纠纷处理机关发挥作用的最基本条件。[①] 但司法实践中,有的行政机关希冀通过直接执行生效判决来规避执法风险,故在选择诉前调解时表现出不配合的态度。因此,为了将适宜调解的行政争议尽量化解在诉讼之前,法院有必要对调解程序的启动进行适当干预,即法院有权自主决定启动调解程序。

经过意愿征询阶段后,根据双方当事人提交的诉辩意见及证据材料,由法官全方位权衡各项因素并作出二次判断。对于当事人不同意调解且确实涉及不宜调解的情形的案件,应当及时转入立案部门,启动诉讼程序;对于行政机关无正当理由不同意调解,但案件属于调解范围且调解为解决争议的最佳方案,则由法官决定启动调解程序。法官应当将纳入诉前调解的决定告知双方当事人,并通知其做好调解准备工作。若案件与第三人有利害关系或需第三人辅助查明案件事实,则应当将相关诉讼材料送达第三人,并通知其参加诉前调解。

(二)第二阶段:1+1+N 团队化调解阶段

1. 1+1+N 团队构成

如前文所述,行政案件诉前调解既涉及社会事实的考察,也涉及法的规范价值的权衡,故在调解团队构成上,可以考虑由法院内部的专业型人士与法院外部的经验型人士共同组成诉前调解团队。这里的“1+1”指的是一名行政法官与一名书记员,“N”指的是法院聘请的调解员(见图7)。“N”不是代指调解员人数,而是代表调解员的职业背景,即可以考虑通过购买调解服务等方式,聘请以下人员组建调解员队伍:(1)专家。专家可以对双方之间

---

① [日]棚濑孝雄:《纠纷的解决与审判制度》,王亚新译,中国政法大学出版社2004年版,第79页。

的不平等状态进行纠偏,[1]同时能够为当事人提供具有较大参考价值的专业性信息。法院可以从科研机构、高校及其他专业性组织中遴选专家调解员,建立专家智力库。(2)律师。具有丰富调解经验的律师能够精准把握双方的诉辩主张,做好信息传递与沟通工作,缓解当事人的抵触对立情绪。(3)退休行政法官。审判经验丰富的行政法官具有较强的政治责任感与风险预判能力,能指导行政机关在法律框架内灵活选择争议解决方式。

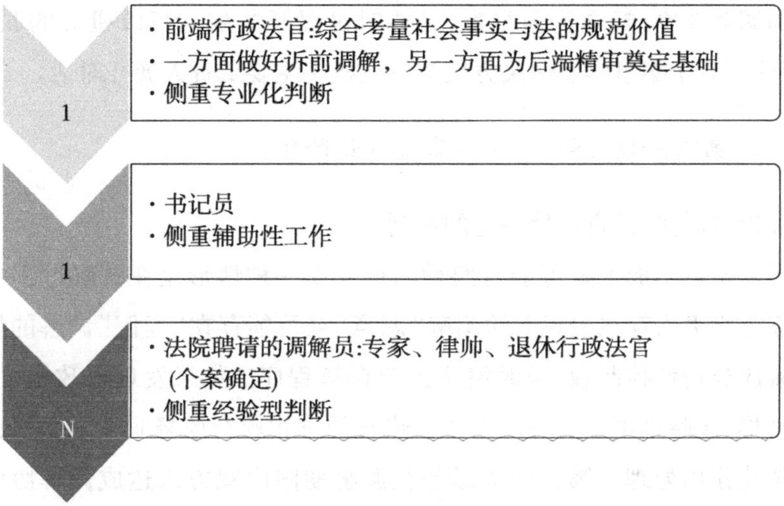

图7 1+1+N团队运行

在个案调解过程中,可以根据当事人协商选择的结果或案件的实际情况来确定调解员的具体人选。

2."三固定""一提炼""一联席"

调解团队应当做好调解前的准备工作,确认核实双方当事人及代理人的身份信息,确定调解的时间与地点,必要时可通知与纠纷具有利害关系的第三人或其他有助于达成调解协议的组织或个人参加调解活动。在调解过程中,法官应当做好"三固定"工作,即固定当事人的诉讼请求、固定双方提

---

① See Michael Supperstone, Daniel Stilitz and Clive Sheldon, ADR and Public Law, (2006) Public Law 299, at 312.

交的证据、固定无争议事实,一方面有助于提炼争议焦点,把握调解方向;另一方面为调解不成进入诉讼程序做好前期准备工作,即在立案之后可以直接进入开庭审理阶段,而无须重新交换诉辩意见及证据材料,从而提高审判效率,消除当事人对调解延误纠纷化解时效的担忧。在提炼出争议焦点后,法院要围绕争议焦点组织双方当事人开展调解工作。基于行政机关的特殊身份,作为代理人的律师或工作人员在具体解决方案上享有较小的话语权。为提高调解效率、畅通沟通渠道,必要时可召开法院与行政机关的联席会议,由法官就个案事实及解决方案与行政机关主要负责人展开对话。

(三)第三阶段:终结调解与审查评议阶段

1. 诉调对接:法官行使一定的控制权

诉前调解不成主要可能有两种情形。第一种情形是在调解过程中,一方或双方当事人存在主观上的调解"恶意"或可能存在"虚假"调解的情形,则法院应当行使控制权,及时终止诉前调解程序。如果发现行政机关存在上述情形,法院则可以通过发送司法建议的方式履行监督职责,并建议有关机关依法作出处理。第二种情形是在调解期限内双方未达成调解协议,此时应当终结调解程序,将案件相关材料移送立案庭,启动审判程序。基于"调审分离"的考量,承担诉前调解工作的法官不得参与后续的审判工作。

2. 提请评议:采取更为严格的审查标准

对于在调解期限内达成调解协议的案件,可以根据具体情况分别处理。第一种情形是调解协议可即时履行,当事人不再诉讼,此时要做好相关谈话笔录,将诉讼材料退回当事人,不再立案。第二种情形是调解协议不能即时履行,当事人要求出具行政调解书,赋予行政调解协议强制执行的效力。此时由调解团队的法官提请合议庭评议,由合议庭对行政调解协议进行审查。考虑到行政纠纷中双方当事人的力量机构及调解结果对社会体系可能造成的实际影响,对行政调解协议的审查应当采用比民事调解协议更为严格的审查标准(见图8),从当事人意思表示、社会公共利益、案外人利益、法律强制性规定、行政机关对行政权力的处分、对社会体系产生的影响等方面对行政调解协议进行审慎审查,从而防止行政机关随意处分行政权力、破坏类似案件的裁量标准,避免发生当事人恶意串通、损害公共利益及他人合法权益等情形。现通过拟定建议稿的形式进一步细化行政案件诉前调解的相关要点(见附件2)。

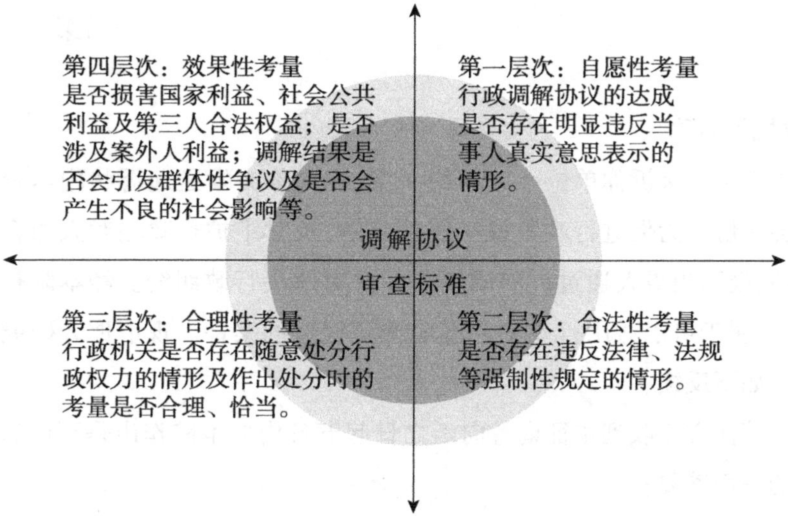

图8 行政调解协议的审查标准

结 语

行政案件诉前调解机制是在行政诉讼有限调解的基础上作出的延伸与补充,也是为充分发挥行政诉讼调解功能而进行的有益设计。诉前调解模式的构建不是对诉中调解的否定,而是在行政案件繁简分流的大背景下,对行政诉讼分层调解进行的积极探索,亦是为进一步促进行政争议实质性化解而进行的制度优化。调解的归调解、审判的归审判,这将成为构建行政诉讼诉前调解的努力方向。

附件1：

×××××人民法院

行政案件诉前调解征询意向函

[　　　]第　　号

(行政机关名称)：

关于×××诉你单位××纠纷一案，现向你方发送起诉状副本及证据材料各一份。为促进行政争议实质性化解，及时维护行政相对人的合法权益，本院鼓励当事人通过诉前调解程序及时解决行政纠纷。经本院初步审查，本案属于可以适用行政案件诉前调解程序的案件。现请你方研究决定后作出如下反馈：

1. 请你方于收到本征询意向函之日起五日内向本院作出是否同意诉前调解的书面答复；

2. 如不同意诉前调解，请书面陈述具体理由；

3. 请你方于收到本征询意向函之日起十五日内向本院提交答辩意见及作出行政行为的证据材料。

××××年××月××日

(院印)

附件2：

关于行政案件诉前调解程序的若干规定
（建议稿）

为进一步促进行政案件繁简分流，实现行政争议实质性化解，规范行政案件诉前调解活动，根据《中华人民共和国行政诉讼法》《最高人民法院关于适用〈中华人民共和国行政诉讼法〉的解释》，结合《最高人民法院关于人民法院特邀调解的规定》《最高人民法院关于人民法院进一步深化多元化纠纷解决机制改革的意见》等文件，制定本规定。

【调解主体及范围】

第一条 本规定中的“行政案件诉前调解”是指在当事人起诉之后、法院正式立案之前，由行政法官与法院委派的调解员对适宜调解的行政案件进行调解。

第二条 下列行政案件可以进行诉前调解：

（一）行政赔偿案件；

（二）行政补偿案件；

（三）行政协议案件；

（四）行政裁决案件；

（五）行政机关不履行法定职责的案件；

（六）行政机关行使法律、法规规定的自由裁量权的案件；

（七）其他由民事纠纷引发且适宜调解的行政案件。

【调解的启动】

第三条 收到原告的起诉材料后，人民法院应当在三日内将原告的起诉材料、相关证据送达被告，并就被告是否同意诉前调解征询意见。

被告应当在收到材料之日起五日内对是否同意诉前调解做出书面回复。

第四条 人民法院启动行政案件诉前调解程序以当事人的合意为原

则,以人民法院自主决定为例外。有下列情形之一的,人民法院可以启动诉前调解程序:

(一)一方当事人主动选择诉前调解程序且另一方当事人书面同意的;

(二)经释明,双方当事人书面同意诉前调解的;

(三)双方当事人虽未达成书面一致意见,但人民法院认为有必要进行诉前调解且当事人未明确反对的。

【调解的过程】

第五条 人民法院应当向当事人提供调解员名册,由当事人自主协商确定调解员,协商不成的,由法院指定。

人民法院应当将当事人享有的权利与义务、调解程序、调解期限、调解协议的效力、调解不成的诉调衔接等事项告知当事人。

第六条 调解团队应当做好调解前的准备工作:

(一)核实并确认双方当事人及代理人的身份信息;

(二)确定调解的时间、地点等事项,并通知各方当事人;

(三)必要时通知与纠纷具有利害关系的案外人或其他有助于达成调解协议的组织或个人参加调解;

(四)其他与调解相关的准备工作。

第七条 在调解过程中,人民法院应当做好起诉意见、答辩意见的交换工作及诉讼请求、证据材料、无争议事实的固定工作,并围绕争议焦点组织双方当事人进行诉前调解,必要时可以组织行政机关召开联席会议。

与纠纷具有利害关系的案外人的陈述与证明可以作为行政机关作出处分行为的依据。

第八条 行政案件诉前调解的调解期限为三十日,但双方当事人书面同意延长调解期限的除外。调解期限从立案部门收到起诉材料之日起开始计算。

第九条 行政案件诉前调解免收调解费,但在调解期限内未达成调解协议并转入审判程序的案件,应当按照《诉讼费用交纳办法》的规定缴纳相应的诉讼费。

【不同调解结果的处理情形】

第十条 人民法院应当根据案件的调解情况，分别作出以下处理：

（一）若当事人一方或双方存在恶意调解或虚假调解等情形，人民法院应当立即终止诉前调解程序，并向监察机关或上一级行政机关提出司法建议；

（二）若双方当事人在调解期限内未达成调解协议，则应当将案件移送立案部门进行登记立案，启动审判程序；

（三）若双方当事人在调解期限内达成调解协议，则可以不再立案，或者根据当事人的要求，在立案之后出具行政调解书。

第十一条 对于未达成调解协议的行政案件，参与诉前调解的调解员不得参与后续的审判活动，不得担任该案的证人、鉴定人、诉讼代理人及人民陪审员等。

对于在调解过程中一方当事人为达成调解协议而认可的案件事实，另一方当事人不得在后续的审判程序中作为对其有利的证据。

第十二条 人民法院在出具行政调解书之前，应当按照以下标准审查行政调解协议：

（一）是否存在明显违反当事人真实意思表示的情形；

（二）是否存在当事人恶意串通，损害国家利益、社会公共利益及第三人合法权益的情形；

（三）是否存在违反法律、法规等强制性规定的情形；

（四）争议的法律关系是否涉及案外人的利益；

（五）行政机关是否存在随意处分行政权力的情形及作出处分时的考量是否合理、恰当；

（六）调解结果是否会引发类似的批量性或群体性争议及是否会产生不良的社会影响；

（七）是否存在构成法律风险的其他情形。

第十三条 经过诉前调解程序形成的行政调解书，经双方当事人签收后即具有法律效力。

公民、法人或者其他组织拒绝履行发生法律效力的行政调解书的,行政机关可以向人民法院申请强制执行,或者由行政机关依法强制执行。

行政机关拒绝履行发生法律效力的行政调解书的,公民、法人或者其他组织可以向人民法院申请强制执行。人民法院可以向监察机关或上一级行政机关提出司法建议。

新型就业形态劳动者劳动权益保障的司法路径探析

——以众包骑手与平台之间法律关系为视角

李彦宏　李　卉*

随着互联网的兴起，平台企业吸收大量的灵活用工人员，解决了大量的劳动力就业问题。但是，当互联网介入劳动用工领域后，劳动力的组织和分配发生了根本变化，劳动者的工作不再局限于特定的场所，生产工具也不再是重要生产资料，雇主对雇员的管理也不再是直接的指示和监督。相对于传统工厂用工，劳动者的人身依附性程度明显减弱，但又不同于完全不受用工约束的劳务提供者，骑手等群体处在法律规范的模糊地带，给司法机关认定劳动关系带来了法律适用上的困难。如果不能将骑手纳入劳动法保护，那么骑手将得不到工时、工资标准、社会保险等方面的劳动保护，平台企业应承担的社会责任缺位，更与国家以人为本的发展理念相悖。因此，对于骑手群体的身份定位，急需建立统一的认定标准，对于不完全符合劳动关系认定标准，但是仍然存在一定从属性关系的骑手群体，应尝试性纳入劳动法的保护范围，给予其相应的职业保障，切实维护新就业形态劳动者合法权益。

---

* 李彦宏、李卉工作单位均为北京市东城区人民法院。

一、现状检视:众包骑手劳动关系认定争议大

(一)事实现状:众包用工模式基本样态

互联网介入流通领域产生了众包用工模式。众包(Outsourcing)最早的含义是将被分解成微小单元的工作通过互联网,向分散在世界各地的人进行“超级外包”①,人社部在2017年9月也赋予了骑手规范性称谓“网约配送员”,其正式成为一个新职业。众包网约配送员中,以闪送众包用工为例,平台实际上组织了货物运送的整个过程。客户将需求信息发布在平台上,配送员在看到任务后自己决定是否接单,并按要求完成任务,依单获得报酬。这一过程中,发布方(客户)与众包平台间建立了明确的运输合同关系,闪送员的作用在于提供货物运输服务,使平台得以履行运输货物之合同义务(见图1)。实践中,能否认定众包骑手与平台企业存在劳动关系争议较大,本文正是针对众包骑手②与平台之间是否存在劳动关系展开。

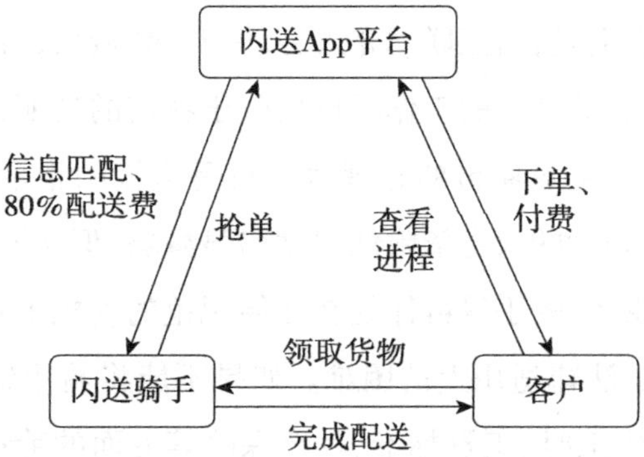

图1　众包配送模式图

---

① [美]杰夫·豪:《众包:大众力量缘何推动商业未来》,朱文静译,中信出版社2009年版,第26页。

② “众包骑手”是平台企业以自由自愿的形式外包给非特定自然人,由自然人在移动终端上注册App并获得通过后上岗的外卖骑手。

（二）司法图谱：法律性质认定差异明显

笔者以“闪送”作为研究众包用工模式的对象，在中国裁判文书网检索2017年至2021年12月，关键词为“闪送”“闪送劳动关系”的判决书，并针对此类案件数量最多的北京法院判决着重进行整理，分析审判实践中对众包用工下劳动关系的认定倾向及判决思路。

1. 案件趋势：纠纷数量逐年上升

检索发现，涉及“闪送”的纠纷、含有对众包用工关系性质认定的案件数量逐年上涨趋势明显，说明当前以“闪送”为代表的众包用工模式已经逐渐渗透到社会生活之中，其带来的纠纷隐患不容忽视（如图2所示）。案情常为闪送员在送货过程中发生交通事故，致自己或他人受伤，受害人作为原告，将闪送员、平台、保险公司起诉至法院要求损害赔偿；或骑手起诉平台要求确认与平台存在劳动关系，进而要求平台承担工伤赔偿责任。

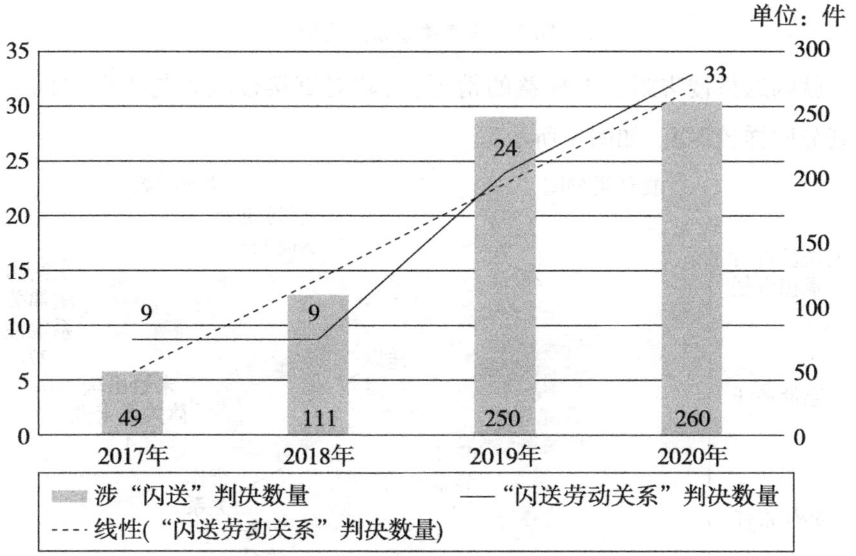

图2 判决数量柱状折线图

2. 关系性质：不同认定情况多样

截至2021年12月，全国各级法院涉及认定平台（同城必应公司）与闪送员之间法律关系及责任划分的判决书共82篇,在对北京法院的39篇判决进行分析发现,审判实践中作出的认定类型复杂多样,明显存在同案不同判的现象。其中,认定众包用工关系非劳动关系是总体趋势,但多数判决回避了判断众包用工究竟属于何种法律关系。如图3所示:

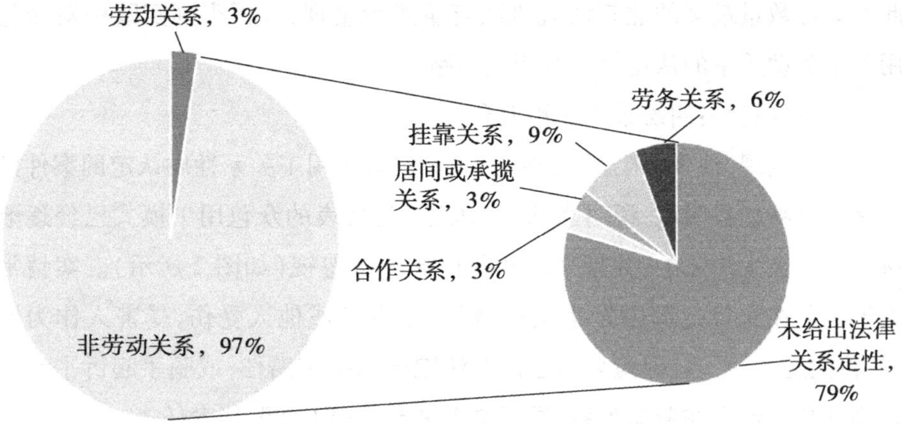

图3 法律关系认定比例

就闪送员侵害第三人权益的情形,法院对直接侵权人与平台之间的责任划分同样较混乱,如图4所示:

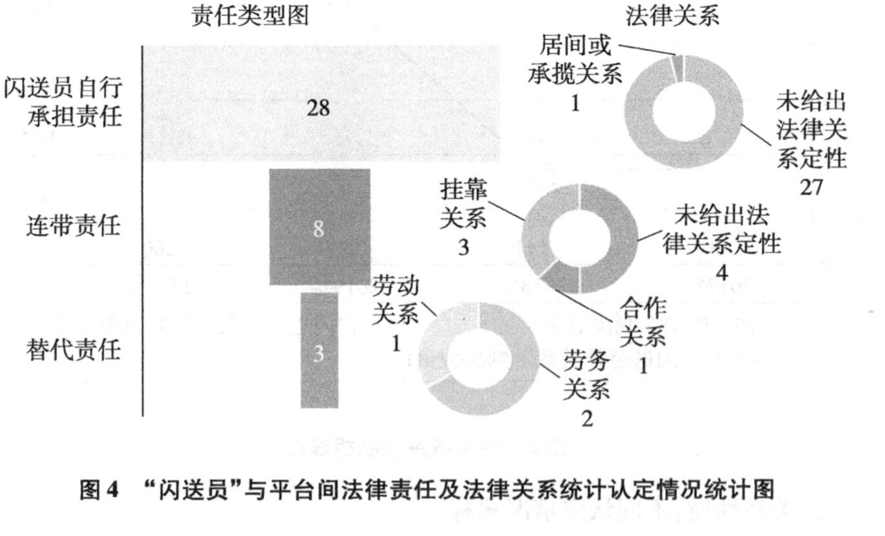

图4 "闪送员"与平台间法律责任及法律关系统计认定情况统计图

3.裁判结果:审判思路差异显著

仅北京市39篇判决的“本院认为”部分,对众包用工关系性质及责任承担的论述思路,就呈现出较大差异,见表1。

表1 判决认定结果及理由

	非劳动关系					劳动关系
	未给出法律关系定性	合作关系	居间或承揽关系	挂靠关系	劳务关系	
骑手自担责任	27件:①经济、人格从属性弱;②骑手在快递业务选择、工作时间和报酬分配等均不受平台管理和支配,自主选择权大;③劳动工具非由平台提供;④《闪送合作协议》约定双方非劳动或劳务关系		1件:未作详细论述,直接认定			
连带责任	4件:①平台对骑手有管理义务:允许骑手以“闪送”品牌名义从事运送经营,应审核用何种交通工具、是否有驾驶资质;②双方是服务统一体,骑手以平台名义执行任务、接受培训、监督,平台将收取的客户服务费打入骑手账户;③平台从骑手的配送活动中获益,骑手以平台名义对外经营活动,故双方承担连带赔偿责任	1件:比照服务合同关系。①平台应当知道送货服务具有一定危险性并可能危及公共安全;②用户基于对平台所提供的网络服务的信任,有理由相信从业人员有资格;③平台未尽到审核义务,应与侵权人承担连带赔偿责任		3件:事发时闪送员以闪送平台名义从事派送服务,双方符合挂靠关系外观		

续表

	非劳动关系					劳动关系
	未给出法律关系定性	合作关系	居间或承揽关系	挂靠关系	劳务关系	
替代责任					2件:①平台与客户系服务合同关系,骑手是履行合同义务的执行主体,提供的是平台业务组成部分;②平台规定并监督费用收取标准、服务流程、完成时限;③以报偿理论、风险开启与控制、用人责任为法理依据	1件:(2017)京0108民初53634号判决,对骑手与平台间的人格从属性、经济从属性作扩大解释,认为属于劳动关系

从对判决书的梳理来看,影响司法实务认定骑手劳动关系的因素有以下几个方面:首先,骑手与平台或平台外包服务商之间是否签订了书面协议,如果签订的是劳务协议或者合作协议甚至是承包协议,一般是以书面协议作为认定法律关系的依据,而不会透过书面形式进行实质用工要素的判断;其次,如果骑手在运送过程中发生事故,遭受严重的人身伤害,从保护骑手的角度,法官会倾向于认定为劳动关系,由用人单位承担工伤赔偿责任,通过赋予工伤待遇保障劳动者在劳动能力受限后获得失业和就医方面的救济;最后,如果骑手在运送过程中造成第三人人身受损,第三人起诉骑手承担侵权责任时,法官会倾向于从保护第三人权益角度,趋向于认定骑手与平

台之间存在劳务雇佣关系，认定骑手运送过程中的行为属于职务行为，由平台承担对第三人的侵权赔偿责任。从上述影响因素看，说明法官们也普遍认识到，骑手运送过程中的风险，不应由劳动者承担，特别是对骑手的人身保护方面，骑手也需要得到基本的保障与救济，但在现有的劳动关系认定标准下，劳动保护的标准并不适用于骑手这一新型用工群体。

（三）定性之辨：劳务关系抑或劳动关系

为更加清晰认定骑手与平台之间的法律关系，结合上述统计，依照现行法律对裁判中易混淆的几种法律关系做出梳理，如图5所示：

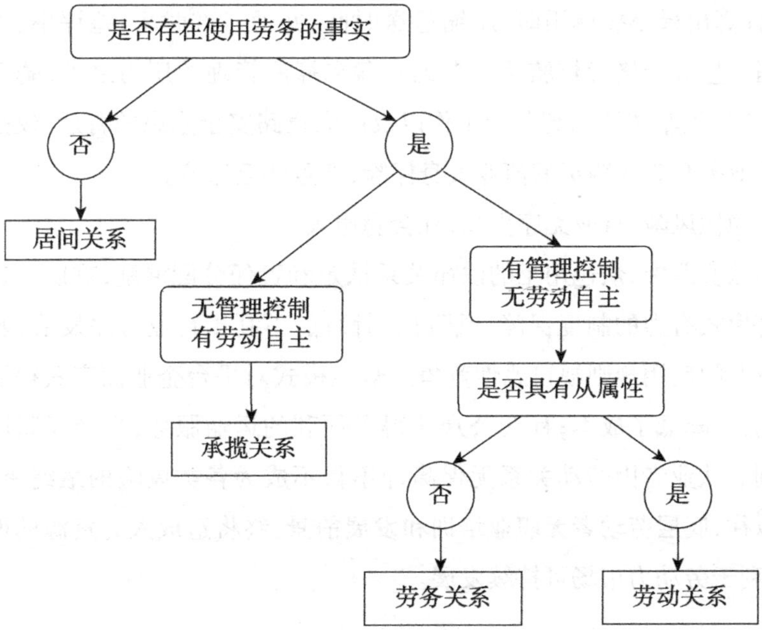

图5　法律关系逻辑判断一览图

因骑手的运输行为是为平台完成其与客户间的运输合同，故平台存在使用劳务的事实，不符合居间关系；根据《民法典》中关于承揽合同的规定可知，承揽内容以加工、定作、复制、修理、测试等为主，且承揽合同的标的物是劳动结果，而非劳动本身，这显然与平台介入众包骑手工作的现实状态相反。综上，对众包关系性质的判断范围应缩小在劳务或劳动关系之间。

(四)骑手困境:骑手群体劳动权益受损严重

1. 显性风险:骑手独担风险,劳动权益受损

截至2019年11月,仅在“闪送平台”注册的骑手已突破80万,从业者大多文化程度不高、从事各类底层服务业,缺乏固定工作,风险负担能力弱,在经济社会中处于弱势地位。众包用工模式下,骑手的各项劳动权利保障处于真空状态,最常见的是休息休假及劳动安全保障权利被长期忽视。据统计,“全国闪送员每天平均接单时长超过10小时的占比5%,6-8小时的占比35%,6小时以下占比60%”,[①]相反,平台依据大数据和人工智能的算法系统,计算出最小接单用时,压缩运送时间,并通过准时率、差评率、配送原因取消单量等严格考核骑手。在无底薪和算法管理的压力之下,骑手只得上演道路“飞车技能”,超负荷工作以及巨大道路安全隐患的背后,仅是平台以每单业务0.3元购买的商业人身保险,严重缺乏保障。

2. 隐性风险:行业无序生长,社会隐患大

司法实践中,众包用工的法律关系认定和责任分配混乱,难以给这一新兴经济模式有力的制度保障;风险预测性低,不利于行业有序发展,甚至引发同行业间利用规则缺口恶性竞争。众包模式对平台企业而言获得了廉价的劳动力,降低了成本;社会公众获得了便利的运输服务,享受互联网发展的红利。从业者因劳动关系无保障却不得不成为各类风险的最终承受者。长此以往,底层劳动者无职业培训和发展前景,终将造成人力资源的两极分化,不利于劳动力市场可持续发展。

二、追本溯源:众包骑手劳动关系定性难的原因

现有的劳动法对企业与劳动者的关系基本采用了劳动关系与劳务关系的二分法,对于劳动者的权益保障而言采取了“一刀切”的全有全无规则,而

① 《2020年全国闪送员数据报告》,载 https://www.sohu.com/a/435314628_253742,2020年11月23日发布。

互联网平台从业者的地位复杂多样，也给传统的劳动关系从属性理论[①]带来挑战。

（一）身份复杂：众包骑手用工样态差异明显

现实中，许多骑手在多家平台同时注册，或身兼数职。对于兼职骑手，能否认定其与平台之间存在劳动关系，在理论上还受制于双重劳动关系的限制，如有的骑手本身有正式职业，仅在业余时间，如晚间、周六日兼职。另外，据闪送平台统计，骑手平均工作时间 3 小时 45 分钟，但有 5% 的骑手日工作时间超过 10 小时，差异明显。在认定劳动关系时如何判断工作强度，是否需考虑工作时长，种种复杂情况都加剧了认定难度。

（二）合意模糊：形式合同回避用工性质

平台在招用众包骑手时，通常会与骑手签订《劳务协议》或者《合作协议》，并为骑手缴纳一定的商业保险。当骑手起诉要求确认劳动关系时，平台往往用形式合同进行抗辩。这一情况带给裁判实践的影响在于尺度难以统一：有的判决尊重双方签订的形式合同效力不支持劳动关系；也有判决以"事实优先原则"为准，根据骑手工作时间、报酬来源等作为实际用工的证据，否定形式协议。但学界在分析隐蔽雇佣关系时，如董保华教授认为"应从事实出发来确立形式与内容的关系，而不是由劳动关系双方使用的名称来决定"。[②]

（三）从属不明：物理表象遮蔽劳动从属性

传统劳动关系从属性理论注重用人单位的亲自管理和劳动者的亲自劳

---

① 《劳动和社会保障部关于确立劳动关系有关事项的通知》（劳部发〔2005〕12 号）第 1 条规定："用人单位招用劳动者未订立书面劳动合同，但同时具备下列情形的，劳动关系成立。（一）用人单位和劳动者符合法律、法规规定的主体资格；（二）用人单位依法制定的各项劳动规章制度适用于劳动者，劳动者受用人单位的劳动管理，从事用人单位安排的有报酬的劳动；（三）劳动者提供的劳动是用人单位业务的组成部分。"

② 董保华：《隐蔽雇佣关系研究》，载《法商研究》2011 年第 5 期。

动,即亲历性。互联网信息技术介入劳动过程后,用人单位与劳动者发生分离,此分离主要指物理层面分离:于平台而言,其与骑手间不再具有物理层面的直接联系,隐居其后,通过信息技术实现对骑手工作的管理,对骑手的监督、奖惩也是依靠客户评价、评级制度等;于骑手而言,其工作过程不受时间和空间的限制,自备工具、自由退出、自定工作量和收入,形式上脱离了平台企业对劳动过程的指示和管理,如图 6 所示:

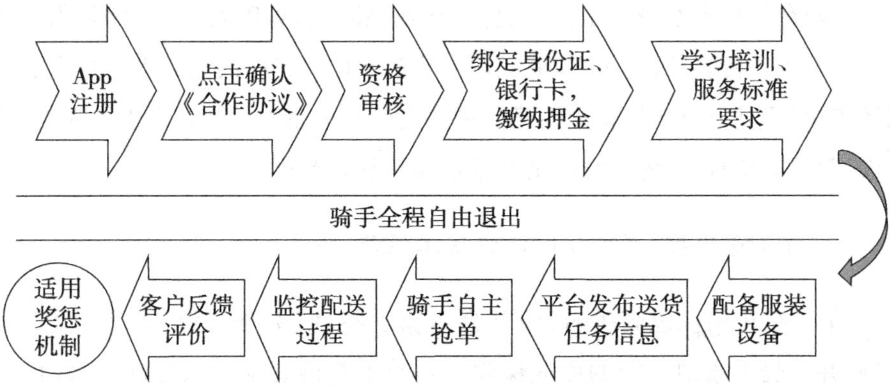

图 6　骑手管理流程

因此,受互联网影响的众包用工较传统劳动形式呈现出新颖性和技术性变化,隐蔽了平台和骑手之间的部分从属关系,让传统的劳动关系认定标准面临困境。学理和实务界对众包用工是否已完全突破从属性理论也有较大争议,坚持者与否定者均有。如常凯教授认为“互联网企业无时无刻不在对平台劳动者下达工作指令、进行工作指挥……互联网经济中的劳动者受到相比传统企业中的直接监控更加严格的人格约束”。于莹教授则认为“由于劳动提供者可以自己掌握工作的时间和强度,其人格的从属性很弱。在报酬上,劳动提供者一般是按次计酬,平台并不控制工资,经济上的从属性也相对弱化。另外,此时劳动提供者更是不从属于企业的体系,也未纳入企业组织之中,组织的从属性也较难符合”。[①] 理论分歧的焦点在于平台企业对劳动者的控制和劳动者参与劳动的自主性之间是否存在强制力。如果只从劳动者加入平台的初级劳动看,劳动者实际上拥有选择工作时间、地点、客户的自主性。但是劳动者持续加入平台组织后,平台运用算法和评价给骑手进行打分、评级,再根据不同的评级,给骑手分配接单的时间段及客户量,实际上间接地影响骑手的工作机会和收入水平,使骑手不得不更加努力工作,以获取更加多的接单机会和更多的报酬。这种持续性关系过程中,平台的管理使劳动者逐渐失去本初的自由,深陷平台企业的组织和管理中不能自拔。因此,判断平台与骑手之间的从属性关系,需要结合平台用工现状,从从属性的不同维度,分析众包骑手在劳动关系上的从属性变化。

三、理论还原:众包骑手劳动关系从属性判断理论之基

劳动的从属性,是劳动关系的本质特征。马克思最早提出“市场条件下工人与资本的关系是从属关系,劳动关系从属性理论是劳动法理论构建的基础理论”。[②] 平台用工对于传统劳动关系的解构不仅限于物理表象,更需从劳动关系从属性的本质特征进行分析。

(一)用人单位维度:控制管理

信息技术使平台从前台隐退幕后,淡化用工责任的同时,实则获得了强控制。党的十九届四中全会已将“数据”纳入生产要素范畴,正式将“数据”作为重要生产要素纳入市场化配置与分配机制。[③] 平台企业所掌握的信息、技术是劳动者个人无法掌握的重要生产资料,正是借助对此类要素的掌控

---

① 常凯、郑小静:《雇佣关系还是合作关系?——互联网经济中用工关系性质辨析》,载《中国人民大学学报》2019 年第 2 期;于莹:《共享经济用工关系的认定及其法律规则——以认识当前“共享经济”的语域为起点》,载《华东政法大学学报》2018 年第 3 期。

② 涂永前:《零工群体劳动权益保护研究:域外实践及我国的应对》,载《政法论丛》2021 年第 2 期。

③ 参见中共中央、国务院《关于构建更加完善的要素市场化配置体制机制的意见》,2020 年 3 月 30 日。

权,平台居于优势地位。技术进步带给劳动关系形式以诸多转变,但技术的本质始终是手持控制力而走向资本,“资本在购买劳动力……对于资本家来说,把劳动过程的控制权从工人手里转移到自己手里非常必要”[①]。

埃德沃兹“从控制系统”入手提出“控制系统”包括三个要素:“指导工人工作、评估工人表现和对工人实施奖惩”。[②] 实际上,平台对骑手的管理只是方式的改变,实则并未削弱控制管理力度,通过劳动理论中的技术控制能够得以验证。马克思指出技术的两种类型:一是劳动中的科学技术,二是劳动过程的组织技术。在科学技术层面,平台在互联网、定位导航、大数据分析等技术辅助下,对劳动过程完全可以实现精细掌控;就组织技术而言,平台对三种控制要素重新分配,将其全部应用在对骑手劳动过程的控制中。

具体来看,数据算法系统帮助平台对骑手实现管理,评价监督权亦转交给客户。平台收集客户、骑手多方数据信息,线上完成定价、匹配骑手、时间预定、路线设计等,同时,通过远程定位跟踪,消费者可在平台上实时查看骑手的轨迹、送达时间等服务过程,进而作出评价。平台通过制定严密的工作标准,包括服务流程、风险规避、事务处理、行为与规范、安全策略等,对骑手实现内部管理。因此,众包平台实际上把对骑手的管理交给了算法系统,而算法系统实质上由平台掌握,平台运用算法系统实现对骑手的控制和管理(见图7)。

(二)劳动者维度:受雇服从

从劳动者视角凝视劳动关系,“受雇”是核心定位。劳动关系学科认为,在劳动关系中,“劳动关系中的劳动者,是指在现代产业社会中受雇于他人,以劳动工资收入为基本生活来源的体力和脑力工作者”。[③] 此标准明确了“获得生存收入”是构成雇佣关系的关键。在劳动法律关系中,史尚宽先生

---

① [美]布雷弗曼·哈里:《劳动与垄断资本》,方生、朱基俊、吴忆宣、陈卫、张其骈译,商务印书馆1979年版,第54页。

② 陈龙:《“数字控制”下的劳动秩序——外卖骑手的劳动控制研究》,载《社会学研究》2020年第6期。

③ 常凯:《劳动关系学》,中国劳动社会保障出版社2005年版,第153页。

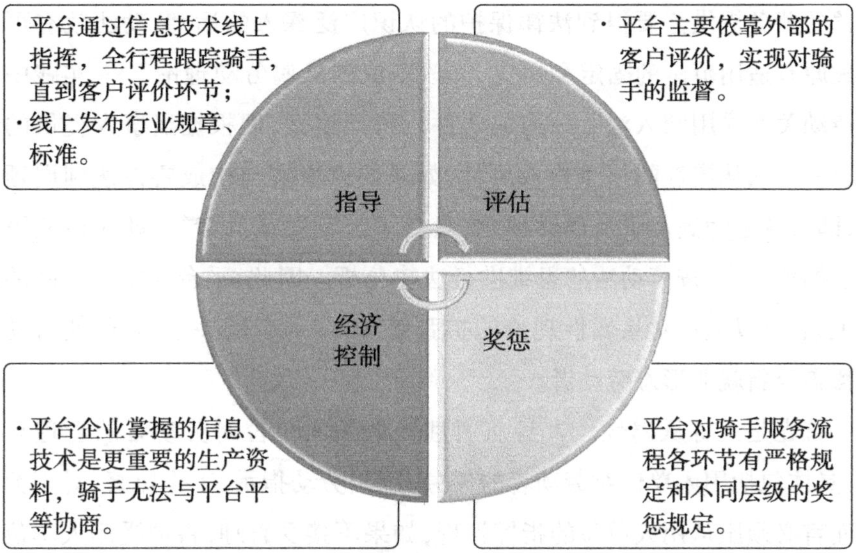

图7　平台众包用工模式隐藏从属性的“四转变”

同样认为,“受雇人谓服劳动法上劳动之人。何谓劳动法上之劳动,乃指‘基于契约上之义务在从属的关系所为之职业上有偿的劳动’而言”。[①]“受雇”之后,“服从”便紧随而来:因为劳动者并不拥有稀缺的生产要素,如资本、信息等,所以必须在用人单位之下,通过出卖劳动力谋生,在劳动关系中处于弱势——被指令或管理,这便是劳动者从属于资本的根本原因。

在平台众包用工关系中,骑手其实受雇于平台,并非所服务的客户。骑手获得的劳动报酬也是由平台核算后发放,并不是简单由客户直接支付。骑手的工作方式和路线要服从于平台的统一指挥和安排,服务质量要接受平台的考核,并且平台会根据考核等级给予骑手不同的接单机会。所以,众包平台中的骑手符合劳动者的法律特征,他们受雇于平台,并服从统一的管理。

（三）从属性扩张:众包用工下的劳动管理新诠释

“如果在劳动形态多样化以及劳务供给形态相互转换的过程中,对社会

① 史尚宽:《劳动法原论》,世界书局1934年版,第7页。

有益的劳务提供需要得到法律保护的认识广泛深入的话,劳动法就有可能突破原有适用范围的固定和僵化,修改既成的从属劳动理论”。[①] 实践中认定劳动关系采用归入法——构成要件+构成要素,即根据当事人提供的证据逐一归入从属性的三个构成要件,如果要素事实与构成要件达到周延对应,即可认定为满足了从属性要求,具备了劳动关系的特征,就应该从民事关系抽象出来,按劳动法的思维进行法律分析。因此,平台与骑手之间的法律关系,可以通过对从属性理论的扩张解释,归入劳动关系项下,使劳动保障覆盖至新就业形态劳动者。

首先是人身从属性。人身从属性强调用人单位对劳动者的管理与控制,具体包括用人单位对劳动者的任务分配、劳动指示、工作监督,对于劳动者而言必须服从用人单位的指挥管理,如果不接受管理,将遭受用人单位的纪律处分甚至解除劳动合同。在平台用工中,骑手电子注册时默认已接受相关管理规定,服务条款和评分机制约束劳动者,平台通过数据和远程技术实现对骑手工作的指示和管理,工作轨迹被实时监控,服务质量受到评价和考核,因此骑手接受了平台企业的劳动管理。

其次是经济从属性。经济从属性指劳动者通过向用人单位提供劳动获得劳动报酬作为其生活来源,劳动者的生产资料由用人单位提供,在经济上相对处于弱势地位。众包用工中,因平台掌握庞大数据、信息、资金等资源,在劳动关系中同样处于强势地位,骑手与平台间无法进行平等对话和进行直接议价;骑手提供劳动并非为自己经营,通过劳动获得经济收入的这一目的与传统劳动关系更是无异。因此,骑手对平台具有较强经济依赖性,符合经济从属性。

最后是组织从属性。组织从属性主要指劳动者参加用人单位有组织的劳动,劳动内容是用人单位的业务组成部分。众包平台并非简单的信息中介,而是运输活动的组织者,骑手提供的运输工作是其整体业务的组成部分,骑手在工作过程中使用公司的商标、名称,事实上也融入平台的生产组

---

① 田思路:《工业4.0时代的从属性劳动论》,载《法学评论》2019年第1期。

织结构中，具备组织从属性。

因此，平台与骑手之间并不是独立的承包关系，骑手提供的劳动也不属完全的自主劳动，平台对骑手进行一定程度的人身管理，双方具有一定程度的人身从属性，从经济来源、议价能力、劳动目的看平台与骑手存在较强经济从属性，骑手提供的是由平台组织的线下劳动，这种劳动内容与普通劳动者无异，因此不应否定骑手的劳动者身份，应将骑手纳入劳动法的调整范围，通过劳动法的思路解决骑手的劳动权益保护难题。

四、直击难题：众包骑手纳入劳动法保障的路径

2021 年 7 月 16 日，人力资源和社会保障部及最高人民法院等国家八部门联合发布《关于维护新就业形态劳动者劳动保障权益的指导意见》（以下简称《指导意见》），对于如何规范用工、如何补齐劳动者权益保障的短板、如何优化服务、完善权益保障工作机制提出了要求。《指导意见》体现了国家对于保障新就业形态劳动者的决心，是“以人民为中心”执政方针在劳动用工领域的体现。毫无疑问，《指导意见》在未来一段时间里将是规制平台用工的重要依据，在缺乏法律明确规定的前提下，《指导意见》也将成为人民法院审理平台用工争议的重要参照。其中指导意见确定了三类法律关系，包括完全符合确立劳动关系、不完全符合确立劳动关系（以下简称不完全劳动关系）及民事法律关系。其中对于不完全符合确立劳动关系情形但企业对劳动者进行劳动管理的，指导企业和劳动者订立书面协议，合理确定企业与劳动者的权利义务。从前后行文系统地进行分析，《指导意见》中所指的“劳动关系”即我们传统意义上的劳动关系，但是在广义上却另辟蹊径，提出了“不完全符合确立劳动关系情形”这一概念。这也为众包骑手等新型就业形态劳动者的劳动保护给出了新的路径。①

---

① 张弓：《平台用工争议裁判规则探究——以〈关于维护新就业形态劳动者劳动保障权益的指导意见〉为参照》，载《法律适用》2021 年第 12 期。

(一)众包骑手纳入劳动法保障的制度依据

前述分析中论证了平台与众包骑手间存在从属性关系,但是以传统劳动关系认定标准,众包骑手并不能纳入劳动法调整范围。然而,平台与骑手之间又存在不同于民事劳务雇佣关系的管理关系,因此众包骑手与平台之间符合不完全劳动关系的特征,对于骑手同样应通过劳动法的思路来解决骑手的劳动权益保障问题。

《指导意见》引入“不完全符合确立劳动关系情形”的概念,是基于互联网用工的新特点提出,之所以将部分新业态用工定性为“不完全劳动关系”,就在于平台从业者与传统劳动法意义上的劳动者存在一定的类似性,但其又有一定的灵活性。这种类似性就是因为平台用工还是带有劳动关系的部分属性,尤其是“企业对劳动者进行劳动管理”。但从业者一定范围内的劳动灵活性,又与传统劳动关系存在差异之处,因而选择了第三条路径。那么,这种“不完全劳动关系”与传统劳动关系究竟有何不同?从现实样态来看,主要体现在劳动者对劳动过程存在自主性的支配和选择,包括劳动者对工作时间可自己掌握,劳动者自己提供劳动工具,劳动者进入退出平台相对自由。但是劳动者参与的是平台有组织的劳动,在经济收入上受平台算法规制,因此骑手属于企业进行劳动管理的群体。对于此类群体的保护,在《指导意见》中,明确要健全制度,补齐劳动者权益保障短板,规定了公平就业、消除就业歧视、最低工资保障、休息制度、劳动定额标准、劳动安全卫生责任、完善基本养老保险、医疗保险、强化职业伤害保障、民主制定规则与算法等,实际上是参照劳动基准提出了解决新就业形态劳动者权益保障的思路,这也从反向说明了国家层面解决平台用工的问题,适用了劳动法的制度框架,因此,要系统性地解决新就业形态劳动者劳动权益保障问题,只能是适用劳动法的相关规定,尤其是劳动法的基本原则与主要制度。法院与仲裁机构在审理此类争议时,仍然应当以劳动法为主要法律依据。

通过引入“不完全劳动关系”路径,将平台劳动者纳入劳动法进行调整,实际上是建立了一种分层分级保护的思路,这种分层表现在对于在平台用工中符合传统劳动关系特征的劳动者,受到劳动法的全面保护,而对于具有灵活性的平台从业者,给予劳动者部分的权利保护,这也是平衡平台用工灵活性和从业人员就业安全性的需要而给予的最佳方案。事实上,我国《劳动合同法》第五章中,在标准劳动关系的形态外,还规定其他的特殊形态的劳动关系,后者不具备或不完全具备标准劳动关系的特征。比如,劳务派遣、非全日制用工等补充用工形式,这些特殊的用工形态就是为灵活用工提供更多制度选择,而众包用工正是典型的灵活用工,在用工形式上会有许多相似之处,如建立劳动关系并不要求书面形式要件,解除劳动关系方面任何一方可以随时提出,工资支付形式方面可以计件发放等,因此对于缺少标准劳动关系形式要件的用工关系,并不影响将从事灵活用工的劳动者纳入劳动法保护范畴来给予保护。

(二)众包骑手纳入不完全劳动关系的认定标准

众包骑手背景复杂,用工形式多样,管理松紧不一,有兼职劳动、有独立承包,也有全职劳动,因此并不是所有的骑手均应纳入不完全劳动关系范畴,而是需要兼顾骑手的职业背景、工作目的、收入来源、受制于平台的管理强度等因素,进行身份识别。对于全职骑手属于劳动关系本文不再详述。那么对于其他类型的骑手也就是本文所称的众包骑手,如何来确定有劳动管理的骑手范围,可参照衡量劳动量和劳动强度的两个标准也即工作时间、收入来源,来对骑手进行分类。

1. 标准之一:日工作时间与累计工作时长

劳动关系是持续性的法律关系,劳动者只有在用人单位持续工作较长时间才能形成固定的法律关系。因此,如骑手只是兼职劳动,或短时工作,均无法与用工平台之间形成不完全劳动关系。参照劳动法已有规定,非全日制用工平均日工作时间不超过 4 小时、每周累计不超 24 小时,而全日制工时标准为日工作时间 8 小时、每周工作时间 40 小时;同时,我国劳动合同法还规定了试用期最长时间为 6 个月。除法律层面的考虑,根据《2019 闪送员数据报告》显示,全国闪送员每天平均接单时长为 3 小时 45 分钟;超过 10 小时的占比5%,6－8小时的占比35%,6小时以下占比60%。[①]

将法律与实际数据结合,建议将众包骑手纳入不完全劳动关系的时间标准确定为骑手在同一平台日工作时间不少于4小时,每周不少于5天且每周不低于24小时,同时在同一平台持续工作6个月。满足上述工作时间标准的骑手,可纳入不完全劳动关系的调整范围,参照劳动法上的劳动权益保障标准给予骑手劳动保护。

2. 标准之二:收入来源与收入水平

判断众包用工模式劳动性质时,经济从属性是骑手与平台存在劳动管理关系的最重要指标,而骑手的经济收入又受到接单量和工作时间的影响,只有连续长时间为平台提供劳动的骑手才能保证其收入水平,并且与平台建立相对稳定的用工关系。根据《2020年全国闪送员数据报告》以月收入6000元、10000元为标准,将不同收入区间的骑手群体有效分为三类:有其他稳定工作改善生活者、有固定时间用于闪送但无法长时间接单者、全天接单且有时间保障者。其中,月入过10000元的闪送员占比23%,他们几乎每天都做到全天接单。[②] 结合数据及工作时间可合理推断,从同一平台获得的收入占个人全部收入的50%,或仅从该平台获得的收入达到当地人均月收入标准的骑手,可以纳入不完全劳动关系的劳动者主体范畴,给予相应劳动权益保障。

骑手加入平台后,在市场的优胜劣汰之下,最终会形成相对稳定、与平台保持固定关系的一部分劳动者群体,他们拥有丰富的工作经验,对平台的工作安排、工作标准较为熟悉,能够为客户提供优质的服务,为平台提供稳定的劳动力支持。因此,建立以工作时长和收入为标准的外观判断标准,将具有部分从属性和管理关系的骑手纳入劳动法的保护范围,既能保护劳动者的权益,也满足了平台的基本用工需求。在具体案件审理过程中,法官也

---

① 《2019闪送员数据报告》,载https://www.dsb.cn/110179.html,2019年11月24日发布。

② 《2020年全国闪送员数据报告》,载https://www.sohu.com/a/435314628_253742,2020年12月8日发布。

应积极适用事实优先原则，①超越合同本身，审查双方当事人的实际合同履行状况，根据具体的要素事实判断是否构成不完全劳动关系而非民事关系。具体的裁判要件构成如图 8 所示：

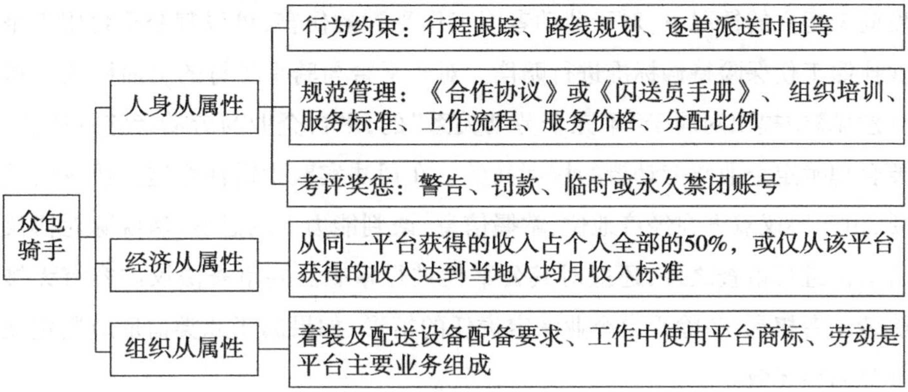

图 8　骑手身份范围的认定标准

（三）骑手与平台争议纳入劳动争议处理的程序设计

“不完全劳动关系”与“民事关系”的本质区别在于不完全劳动关系范围内的劳动者与用工企业之间存在劳动管理，而劳动管理的特征就是劳动者与用工企业之间具有一定程度的从属性，正如前述在论证中所证成的，平台企业与骑手之间仍然存在从属性关系，双方之间的法律地位并不平等，骑手对于平台而言处于弱势地位，无论是经济上还是在谈判能力上均处于一种弱势，因此在确定“不完全劳动关系”中平台企业与劳动者之间的权利义务时，就应当以保护弱势的骑手权益为原则，这也是劳动法与民法之重要区别，因此对于骑手与平台之间的争议应当适用劳动法的“倾斜保护原则”。这种倾斜保护具体表现在实体法律适用和诉讼程序两方面。

一是实体法律适用方面，应当比照劳动合同法中用人单位规章制度的

---

① 最高人民法院贺小荣副院长表示：“对于平台与从业者之间能否构成劳动关系，要根据劳动者的工作时长、工作频次、工作场所、报酬结算、劳动工具等，企业对劳动者的监督管理程度、惩戒措施等因素综合认定。”来源：21 世纪经济报道。

告知、民主程序要求对于平台企业单方制定的规章制度,包括算法规则,由法院主动介入就相关规章制度的制定程序和实质合理性进行审查。平台企业负有劳动安全保护的义务,以降低职业伤害的风险。在职业伤害保险制度尚未建立的情况下,对于劳动者因工作受到的伤害,可以判令平台用工企业比照工伤保险待遇标准进行赔偿。对于平台与骑手签订的书面协议,《指导意见》中提出对属于"不完全劳动关系"的,平台企业与劳动者签订协议,要合理确定企业与劳动者的权利义务。在司法实践中需注意这类协议的性质,由于协议双方在经济地位、掌握信息、谈判能力上的悬殊,法院除对协议合法性进行审查之外,还应对其公平性进行审查。要审查协议内容有无排除劳动者权利,免除平台企业法定责任的情形,如果属于此类情形应判定该部分内容无效。

二是诉讼程序方面,应将平台与骑手之间的争议按劳动争议纠纷进行处理,在劳动行政申诉方面,骑手权益受损时,包括拖欠工资、未提供劳动保护时,可以向劳动监察部门进行申诉,由行政执法介入先行予以处理。在骑手与平台发生争议时,应该先行经过仲裁程序,由劳动仲裁委先行处理,对于仲裁裁决不服的可以提起诉讼。通过劳动行政部门的先行处理,可以及时纠正用工企业的违法行为,及时保护劳动者的合法权益。在提起诉讼时,对于诉讼费可以比照劳动争议收取,降低劳动者的诉讼成本。在举证责任分配方面,由于平台企业掌握有用工数据,掌握有算法规则,在工作时间、工作收入等方面可以适用举证责任倒置原则,加大平台企业的举证义务,降低骑手的举证责任。因此,平台企业应举证证明双方不符合标准劳动关系、分配给劳动者的劳动定额是否合理,劳动者的工作强度和工作时间是否超过了法定标准,劳动者的工资收入是否符合最低工资标准等。

(四)骑手劳动权益的保护模式构建

根据《指导意见》将平台从业人员划分为劳动关系、不完全符合确立劳动关系情形、普通民事关系三种类型,并且根据法律关系类型,提出分层分类予以劳动保障的解决思路。因此,对于归入不完全劳动关系范围的骑手群体，为了保障用工灵活性，在完全劳动关系保障范围以外，除了强制书面劳动合同形式要件、法定劳动合同期限、法定解除事由等制度要求外，对于骑手可享受工时、最低工资标准、劳动保护等法定基准劳动保障。对于劳动基准保障之外的更高权益，可由骑手与平台企业之间进行协商解决。具体的劳动权益保障范围构建如下：

1. 最低工资保障

骑手登录众包平台后，平台随时会给分配工作任务，但存在等待订单的待工期，没有任务时骑手可能意味着无任何经济来源。因此，平台应给骑手最低工资保障，包括两方面：一是保障按时足额支付劳动者应得工资，不得拖欠；二是针对劳动者订单任务不饱和时，平台发放工资不得低于当地最低工资标准。同时，应设计“削峰填谷”制度，如个人遇接单任务多、收入较高的月份（平台可利用自己的大数据系统，计算出某地区、某时期高收入金额作为标准），可以在该月的收入中扣除一定数额的工资，作为平台对该个人最低工资的填补。但若劳动者退出平台，应将先前所暂时扣减的金额一次性返还。

2. 最长工作时间保护

骑手在平台算法的驱使下，出现任务量过高、超时疲劳工作的状态，有些骑手的工作时间已远超劳动法规定的法定工作时间①，既严重侵害劳动者的身体健康，也不利于公共安全。因此，建议平台企业明确劳动定员定额标准，科学确定劳动者工作量和劳动强度，可以根据全行业平均日接单量和工作时长确定工作定额，利用信息系统设置劳动时间超长提醒机制，对疲劳工作的骑手实行任务熔断，临时暂停给其派单；企业应该根据业务高峰期，分时分段合理分配配送人员，制定企业排班轮休制度，保障骑手的休息休假权。在法定节假日安排工作的，应依法支付一定比例高于普通工作日的派单费。

---

① 详见《劳动法》第36条、第41条。

3. 职业安全卫生保护

用人单位有义务为劳动者提供符合国家安全卫生标准的工作条件,同时也要对劳动者进行安全教育、职业培训。骑手作为一种高风险行业,平台企业除制定行业安全标准,工作流程,还应给予骑手与工作环境相配套的工作条件和劳动保护,包括定期开展教育培训、考试上岗制度,提供符合标准的劳动工具、定期进行健康检查、提供必需的劳动防护用品、给付高温作业津贴等。

4. 职业伤害保障

骑手的职业伤害保障是解决骑手社会保护的关键点。工伤保险建立在劳动关系人身从属性的基础之上,由用人单位缴纳保费,属无过错补偿保险。我国劳动用工史上对于建筑领域农民工的权益保护也曾遭遇相同的困境:农民工流动性强、在同一工地劳动时间相对较短,工程层层转包、分包导致用工责任主体不明,发生工作伤害时难以认定工伤。但国家相关部门通过加大对工程发包单位、总包单位的管理来保障农民工工资支付,规定按照建筑工程来预先缴纳工伤保险费用,使这一领域的农民工劳动者权益保障问题基本得到解决。对平台从业劳动者的权益保障可以参考这一解决方案。对于不完全劳动关系范围内的骑手,可以强制要求平台依法为其参加工伤保险;在具体的形式上,可借鉴建筑业工人参加工伤保险的方式,①由平台企业按单位或项目为骑手参加集体工伤保险。

5. 加入工会和集体协商的权利

平台对骑手的管理是通过算法进行,但是算法是由平台企业单方制定,骑手作为独立的个体,无法参与到算法规则的制定中,也没有能力与平台进行协商,因此需要骑手通过参与工会,由工会代表与平台进行集体协商,对有关进入退出、工作分配、工作时间、工作报酬、工作标准和奖惩等规则与平台进行讨论,代表骑手参与决策,争取权益。工会作为劳动者的代表、权益维护者,应积极吸收新就业群体,指导新就业群体通过法律渠道争取权利,

---

① 参见人力资源和社会保险部等《关于进一步做好建筑业工伤保险工作的意见》第2条。

维护权益,[①]因此骑手作为重要的劳动者群体,应该赋予其加入工会的权利,通过产业工会、楼宇工会等行使集体协商权利。

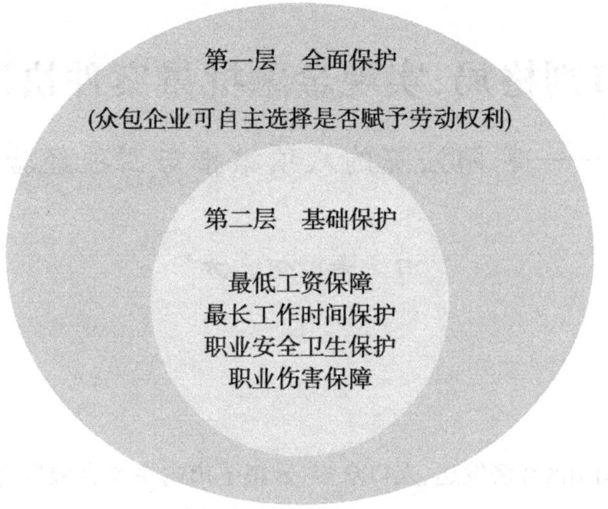

图9　骑手劳动权益范围

结　语

法律的稳定性与社会的发展变化之间往往存在冲突。法官面对法律空白时,需发挥能动性,在现有框架下对法律条文进行扩张解释,使法律与现实生活关系之间实现周延。平台运用算法系统实现对骑手的控制,使平台企业由台前隐居幕后,在技术中立的遮蔽下,让我们失去了判断。但是,必须明确看到平台系统掌握在用工企业的手中,并非中立的管理者。法官不能为表面所遮蔽,而应该揭其面纱,直探众包骑手仍是劳动者的本质属性,给予其合法劳动权益保障。

① 参见《工会法》第3条第2款:工会适应企业组织形式、职工队伍结构、劳动关系、就业形态等方面的发展变化,依法维护劳动者参加和组织工会的权利。

重构审判格局:实现金融批量案件快速流转

——朝阳法院的八项举措与四项经验

田 青 何 方*

北京市朝阳区经济发达、人口众多,云集了市内主要金融机构、地区总部和大型国企、央企,且民营企业发展迅速。北京市朝阳区人民法院(以下简称朝阳法院)是北京市收结案量最多的基层法院,在民商事案件特别是金融批量案件快速审理与结案方面具有独特的举措和经验。批量案件通常指指一方当事人完全相同、案由相同,且具有一定数量的类型化案件。金融案件则因一方当事人多为金融机构,同一类纠纷的诉讼请求相同且案件数量大,类型化特点较为显著。本文通过分析2017年至2021年朝阳法院金融批量案件的审理情况并发现审理中的问题,意在介绍朝阳法院金融批量案件快速周转的举措与经验。

一、朝阳法院金融批量案件审理概况及审理中发现的问题

(一)金融批量案件审理概况①

1. 案件数量快速增长、居高不下

2017年至2021年朝阳法院共受理金融案件82114件,其中2017年受理

---

* 田青,北京市朝阳区人民法院民事审判第四庭法官。何方,北京市朝阳区人民法院民事审判第四庭法官助理。

① 参照《北京市朝阳区人民法院金融风险防范白皮书(2016年度—2018年度)》及《北京市朝阳区人民法院金融审判白皮书(2019年度—2021年度)》。

案件12248件;2018年受理案件14777件,同比增长20.65%;2019年受理案件18688件,同比增长18.6%;2020年因新冠疫情暴发,受理案件18189件,同比略有下降;2021年受理案件18212件,同比继续增加。2017年至2019年受理案件数量的年均增速为18.26%,处于快速增长阶段;2020年至2021年受理案件数量保持稳定。这一方面与朝阳区的区情定位密切相关,另一方面在当前国内宏观经济形势下市场主体违约率持续攀升,导致金融批量案件数量与日俱增。

2.案由分布较为集中,金融借款合同纠纷占比半数以上

统计期内,朝阳法院受理金融批量案件案由主要为金融借款合同纠纷、小额借款合同纠纷、融资租赁合同纠纷、信用卡纠纷,其中2019年至2021年,金融借款合同纠纷案件数量为28276件、小额借款合同纠纷案件数量为4393件、融资租赁合同纠纷案件数量为3511件、信用卡纠纷案件数量为3237件,稳居前四名。2017年至2021年,金融借款合同纠纷案件数量分别为9593件、9414件、8451件、10217件、9608件,占受理案件数量的一半以上。最近两年,追偿权纠纷、保险人代位求偿权纠纷案件数量大幅增加,其中2021年追偿权纠纷案件数量为380件、保险人代位求偿权纠纷案件数量为631件。均位于当年受案数量的前六名。

3.诉讼标的额10万元以下案件占比较多

统计期内,诉讼标的额处于10万元以下案件占比超过50%。其中,2021年审结的18223件案件中,诉讼标的金额在5万元以下的案件占比29.36%;5万元至10万元以下的案件占比22.49%;10万元至100万元以下的案件占比38.74%;100万元至500万元以下的案件占比6.87%;500万元至1000万元以下的案件占比1.17%;1000万元至5000万元以下的案件占比1.28%;5000万元及以上的案件占比0.09%。

4.程序适用以简易程序为主,小额诉讼程序占比显著提升

2019年审结案件17770件,适用小额程序结案0件,适用简易程序结案9226件,占比51.92%,普通程序结案8541件,占比48.06%;2020年审结案件17319件,适用小额程序结案950件,占比5.49%,适用简易程序结案

13559 件,占比 78.29%,普通程序结案 2735 件,占比 15.79%;2021 年审结案件 18223 件,适用小额程序结案 2497 件,占比 13.7%,适用简易程序结案 10040 件,占比 55.1%,普通程序结案 5320 件,占比 29.19%。

5. 结案方式以判决为主,调撤案件数量稳中有升

2019 年审结的 17770 件案件中,判决结案 12589 件,撤诉结案 2706 件,按撤诉处理结案 122 件,调解结案 853 件,判决率 70.84%,调撤率 20.71%;2020 年审结的 17319 件案件中,判决结案 13325 件,撤诉结案 2454 件,按撤诉处理结案 118 件,调解结案 744 件,判决率 76.94%,调撤率 19.15%;2021 年审结的 18223 件案件中,判决结案 12880 件,撤诉结案 2553 件,按撤诉处理结案 271 件,调解结案 1071 件,判决率 70.68%,调撤率 21.37%。

2019 年至 2021 年金融案件仍以判决为主要结案方式,总计占比 72.76%,其次为调解撤诉,调撤率合计占比 19.47%。

(二)审理中发现的问题

1. 部分金融批量案件调撤率低

金融批量案件的结案方式以判决为主,调解和撤诉较少,尤其是融资租赁合同纠纷及汽车金融借款合同纠纷,调撤率均不到 10%,主要原因为:一是这类案件的被告大多数位于外地,到庭率低,不具备调解基础;二是金融机构普遍认为在执行阶段判决书的执行力度更强,对当事人更具威慑力,故调解意愿较低、倾向法院作出判决而不是调解。

2. 选择适用非诉程序较少

金融批量案件涉诉当事人更愿意通过诉讼方式解决纠纷,在诉讼同时申请财产保全,选择非诉程序解纷的意愿不强。第一,在司法确认程序中,因申请条件较高,需要双方当事人共同提出申请,但是多数金融批量案件因无法送达被告,导致此种方式解决纠纷适用较少。第二,仲裁程序具有灵活简便、审理高效及一裁终局的优势,但当事人选择适用仲裁程序需要订立仲裁协议或是在合同中增加送达条款,增添了当事人的负担,且金融批量案件中 10 万元以下的小标的案件占多数,这类案件适用仲裁程序解纷的费用较

高,加之仲裁程序中组成仲裁庭及案件审理期限较长,故当事人较少选择适用。第三,公证债权文书同样具有高效、便捷的优势,但是申请执行公证债权文书需到财产所在地或是被执行人所在地,而部分金融批量案件特别是汽车金融借款案件中,被告及其财产均在外地,当事人申请执行的费用及时间成本同样较高,故当事人较少适用该种方式。

3. 审判辅助力量不足

虽然金融批量案件的事实简单,法律关系单一,但是该类案件送达排庭、外出调查、保全鉴定、宣判报结、上诉移转、卷宗扫描、文书公开、编页归档等相应事务性工作量较大,审判人员除开庭、撰写判决之外尚需花费大量时间精力处理前述审判辅助工作,耗时耗力。

4. 部分金融批量案件约定送达适用率低

约定送达条款在银行、汽车金融公司及融资租赁公司等传统金融机构订立的合同中较为常见,但是在案件数量较少的金融公司制定的合同中适用较少。主要原因为:第一,部分金融公司未在合同中增加约定送达条款,致使法院在直接送达及邮寄送达均不能的情况下进行公告送达,诉讼周期较长;第二,即使在合同中制定约定送达条款,因约定送达条款未加组加黑或是内容不完整等原因未对当事人尽到提示说明义务,导致无法适用;第三,约定送达条款载明的送达方式通常以邮寄送达及电话、短信通知为主,较少约定以电子邮箱、微信送达,即使在合同中约定适用电子送达,该约定也较为笼统,未准确记载当事人电子邮箱、微信账号。

二、八项举措助力金融批量案件快速流转

(一)加强党建统领,打造优秀党小组

针对金融批量案件的特点,朝阳法院民事审判第四庭分别成立各具特色的党小组。党小组讲政治、顾大局、重学习,定期召开党小组会议,学习党的最新理论方针与重要会议精神。党小组成员冲锋在前,积极有为。疫情期间,由于居家办公当事人联系法官较为不便,党小组主动请缨接听电话、成为当事人与法院沟通的纽带,方便当事人及时联系法官,最大程度地减少

疫情对于办案的影响。同时,党小组注重将审判工作、延伸职能和助力"六保""六稳"等工作纳入总体党建布局,通过走访银保监会、保险业协会以加强党建共建,推动金融监管与金融司法的有效互动与深层交流,确保金融审判与监管政策同步而驰。

(二)集约处理金融审判辅助工作,设立审判事务组

金融批量案件具有案件量大、工作高度重复的特点,为提升事务性工作运转效率、快速周转批量案件,民事审判第四庭设立审判事务组,集中办理送达排庭、外出调查、保全鉴定、宣判报结、上诉移转、卷宗扫描、文书公开、编页归档等10余项事务性工作。审判事务组设专职组长1人,由具有多年法院工作经验的事业编书记员担任,另有5名司法辅助人员及若干外包人员。在组长统筹协调下,5名组员各司其职,各自负责1至2家金融公司的全流程事务性工作。同时,审判事务组结合金融批量案件运转流程和特点,制定《审判事务组关于金融批量案件运作流程》《汽车金融案件送达流程规范》《审判事务组集约送达操作指南》《商事案件卷宗管理规定》,规范金融批量案件快速流转。2022年至今,审判事务组电子送达4万余次,发送司法专邮5万余份、办理公告1000余份、发送调查函70余份、外出出差43次,卷宗归档3000余件,使案件平均审理周期缩短近30%。

(三)集中办理金融批量案件,组建调解速裁团队

民事审判第四庭配齐配强金融批量案件办案人员力量,成立2个批量案件速裁团队及1个其他金融案件速裁团队。其中两个批量案件速裁团队均由1名具有丰富金融审判实务经验的法官带队,每个团队均配备2名法官助理,集中审理金融借款合同纠纷、信用卡纠纷及融资租赁纠纷案件。2022年上半年,2个批量案件速裁团队共计审结金融批量案件2700余件,占民事审判第四庭结案数量的近一半。随着保险人代位求偿权案件的增多,民事审判第四庭成立集中审理该类案件的速裁团队,由1名初任法官、1名聘用制法官助理及1名调解员组成。2022年上半年,该团队审结案件351件。速

裁团队内部也存在明确分工，在审判事务组对批量案件中的共性及事务性工作进行剥离基础上，团队会进行内部的再次集约，审务助理负责庭审准备与流程、批量案件文书的草拟与制作，事务助理负责案件二次送达、报结、文书上网及上诉工作，团队成员注重相互配合与协作。

（四）加强与调解组织对接，提高诉前调撤率

随着金融业体量不断增加，朝阳区独特的区情亦导致金融纠纷数量居高不下，加强诉源治理成为目前工作的重点。依托金融审判专业化建设，加强与相关金融行业调解组织的对接，将部分案件委派北京秉正银行业消费者权益保护促进中心、北京多元调解发展促进会调解中心等机构开展调解工作，并由专业审判团队对接行业组织，以"诉前调解 + 司法确认"高效化解纠纷，创造了半天调解 30 件信用卡纠纷的"朝阳速度"。此外，通过金融办、金融商会搭建的平台提供精准司法定制服务，设立法官工作站，强化调解指导，并鼓励银行、小贷公司向中小微企业提供信贷支持，通过调解达成展期协议。

（五）简化庭审流程，开展要素化审判与模板化判决

金融批量案件的涉诉原告通常均为同一汽车金融公司、融资租赁公司、保险公司或是银行，同一类纠纷的诉讼请求高度相似，类型化特点较为显著。按照不同案由，金融速裁团队分别制作使用"涉汽车金融借款合同案件审理要素表""涉融资租赁合同案件审理要素表""涉信用卡案件审理要素表""涉小额借款合同案件审理要素表"等表格，每类要素表分别区分为原告版与被告版，自案件受理后即引导当事人提前录入基本身份信息、诉讼请求、证据名称和证明内容及基本事实等要素信息，为要素化审判及文书制作奠定基础。庭审过程中，如无被告到庭答辩、申请调解及鉴定评估等情形，审判员将根据原告提交要素表对案件进行批量审理与快速查明；如被告到庭，以金融借款合同纠纷为例，则引导当事人在庭前就要素表中贷款金额、贷款期间、逾期时间、违约金标准和担保情况进行勾选，以区分案件是否存

在实质争议,若被告认可原告诉讼请求则越过举证质证和事实查明环节直接快速审理,若不认可原告诉讼请求则结合要素表中固定事实和争议焦点进行重点审理。同样,金融速裁团队参考优秀裁判文书整理出了一套文书模板,其中涵盖了金融借款合同纠纷、融资租赁合同纠纷及信用卡纠纷等常见的速裁案件类型,同时区分不同金融公司、有无担保制作不同文书模板,最大程度简化裁判文书中的事实理由、事实查明和本院认为部分。在文书撰写方面,金融速裁团队通过使用自研小程序批量生成文书,文书平均撰写时长缩短30%。

(六)注重信息化技术应用,提升批量案件立案与审判效率

针对金融批量案件的特点,民事审判第四庭组织各金融机构与技术公司进行对接,技术公司制定技术标准、提供技术问答,审判庭则提供证据标准与证据要素,在运用区块链技术推进批量立案方面提供要素及规则支持,并为金融机构上链前的准备工作予以进一步沟通与指导。金融审判团队与技术公司共同开发了“汽车金融案件办理系统”,探索建立立案、送达、审理、判决一站式解决平台,目前已实现庭审笔录、裁判文书批量化自动生成,助力该类案件规范高效办理。疫情期间,金融速裁团队通过在审判系统中把批量案件标记为串案并运用“北京法院云法庭”进行批量调解与开庭、使用庭审录音录像代替庭审笔录等技术手段,最快纪录是10分钟审理近200件案件。团队成员也积极使用手机端“案件空间”小程序、互联网诉讼平台和审判系统等最新开发的应用来办理案件,通过移动办公利用碎片化时间不断提升工作效率。此外,金融速裁团队也积极使用电话录音、短信批量送达、电子送达、司法专邮系统、事务性文书的批量制作等应用,并与技术部分持续沟通以不断改进此类应用。

(七)制定金融批量案件工作流程规范,重视量化考核

为提升司法服务、优化营商环境,朝阳法院出台《关于优化营商环境提供司法保障的意见》《商事审判优化流程提速增效工作办法》,工作办法就立

案及诉前保全、分案及领案、诉前调解、收案审查、保全、送达、管辖、鉴定评估、调查、庭审及文书制作、审批及登记各个环节和流程予以规制指导。审判庭则对商事审判工作办法进一步细化、明确工作流程标准,针对金融批量案件制定《汽车金融案件送达流程规范》《闪送事务组集约送达操作指南》《商事案件卷宗管理规定》,出台《商事案件卷宗管理规定》《审判质效奖励办法》《审判团队管理暂行办法》,建立全程留痕、错误反馈机制,规范审判团队运行。

(八)深入基层开展金融普法宣传,注重办案成果转化

针对金融消费者风险意识不足、风险承受能力较弱的问题,民事审判第四庭积极开展普法宣传,帮助人民群众增强法律意识。具体举措包括:第一,组建普法宣传小分队,自制法制宣传材料,围绕委托理财、民间借贷、银行卡盗刷等贴近百姓生活的金融纠纷,多次深入街乡社区进行普法交流;第二,录制关于新能源车、保险理赔、投资理财等主题的网络公开课,多次发布金融普法文章,引导群众警惕和防范金融诈骗等违法活动;第三,定期举办审判庭法官会议、金融法律课堂等活动,邀请法律专家讲授专业知识和形势政策。

三、朝阳法院金融批量案件快速流转的四项经验

(一)推广要素式审判

要素式审判指的是根据类型化案件的特点和规律,提取类案审理中必备的事实和法律要素,简化无争议要素审理程序,重点围绕争议要素进行审理并撰写裁判文书的一种审判工作方法。[①] 这是对类型化案件审判方式的一种变革,是一种新型案件审理方法,其内容主要包括要素式庭审和要素式裁判文书制作两个方面。具体而言,就要素式庭审而言,当事人在庭前填写要素表,法官在庭审过程中对当事人无争议的要素事实直接确认,对存在争议的要素逐一进行重点审理,不受庭审程序的制约,并组织双方进行证据交

---

① 黄振东:《要素式审判:类型化案件审判方式的改革路径和模式选择》,载《法律适用》2020年第9期。

换;对于要素式文书制作,不再按照当事人诉辩意见、审理查明和本院认为传统文书写作顺序和格式予以撰写,而是针对争议要素事实进行发表观点,其形式简便灵活。

要素式审判其实与案件速裁存在共通性,追求的司法价值是一致的,适合速裁的民商事案件特别是金融批量案件都可以尽量进行要素式审判,实现案件快速审理。金融批量案件的要素式审判需要在以下几方面特别注意:第一,在庭前准备阶段,需要引导当事人特别是被告规范及时填写案件要素表,对争议要素事实予以归纳。第二,庭审启动之后,在保障当事人诉讼程序权利的前提下,应在实体审理阶段简化审判流程,一旦案件进入实质性审理阶段,应当围绕争议要素展开质证和辩论意见,同步进行法庭调查和法庭辩论,可以当庭宣判。第三,撰写要素式裁判文书时,文书应当简化,对于无争议要素事实可以用一句话概括,对于有争议的案件要素,简要表述双方陈述意见或举证、质证意见并简要说理。

(二)集约处理事务性工作

司法实践中的审判事务可以区分为审判核心事务与审判辅助事务。当前法院改革的一项重要任务是将审判辅助事务从审判核心事务中剥离,并实现集约化管理。审判辅助事务集约化管理,强调的是在个案中对具体的事务性工作进行集中管理,减少非核心事务对法官精力的消耗。①

一般而言,诉讼案件处理的基本流程主要包括立案审查、案件排期或移送、文书送达、阅卷、保全、鉴定、先予执行、调查取证、庭前会议、调解、开庭审理、裁判、案卷归档、裁判文书上网等事项。根据各环节性质,明确需要法官行使审判权来运行的事项主要是开庭审理和作出裁判,可以归为审判核心事务。其他环节事项可以统一划归到审判辅助事务范畴,像案件排期与移送、文书送达、庭审记录、案卷归档等不要求较高专业技术的纯粹事务性

① 石春雷:《论审判辅助事务的集约化管理》,载《西南民族大学学报(人文社会科学版)》2020年第12期。

工作则可以进行社会化外包。

按照集约化办理金融批量案件的思路，一方面是审判辅助事务集中办理，在“1+1”传统审书搭配模式基础上组建“1+N+1”的集约化审判团队，将审判辅助工作从审判核心工作中分离出来交由审判事务组专门处理，实现“事务专办”；另一方面是审判人员集中管理，统一整合调解员、送达员、调查员、协执员、归档员、扫描员、诉讼辅导员、技术保障员和志愿者为主体的审判辅助人员队伍，将有关审判辅助工作交由上述人员负责，规范辅助人员引进、培训、考核、续用、退出等环节。

（三）完善多元共治商事解纷机制

多元化纠纷解决机制是指在一个社会中，诉讼和非诉讼纠纷解决方式各以其特定的功能和特点，结成一种互补的、满足社会主体多样需求的程序体系和动态的运作调整系统。[①] 我国的多元化纠纷解决机制可以分为诉讼和非诉讼两类方式，诉讼方式即法院裁判，非诉讼方式包括调解、当事人和解、行政裁决、行政复议、仲裁、信访等。

就商事案件解纷而言，结合金融批量案件特点，相应调解与诉讼对接机制应更具针对性。商事调解难度大、专业性高，且案件数量较多，专业金融调解组织及行业协会因其自身专业化程度较高、调解人员实务经验丰富，相较于基层政府与人民调解会员会具备专业优势，且金融类调解组织普遍报酬较高，调解员工作积极性得以提升。因此，应推进多元共治商事解纷机制改革，加大多元解纷制度供给，包括行业协会、消费者协会、人民调解委员会及基层党委及政府应形成制度合力。商事多元解纷机制的构建，特别是非诉解纷机制的构建，则能给处于相对弱势地位的金融消费者提供更为灵活、便利的选择途径，提升纠纷解决的效率，更为高效地保护金融消费者的合法权利。[②]

---

① 滕鹏楚：《人民法院在多元解纷机制中的角色定位》，载《人民司法》2020年第16期。

② 孙磊、孔燕萍：《反思与重塑：国际金融中心背景下多元解纷机制构建之实证探索》，载《法律适用》2013年第7期。

(四)加强审判流程管理

审判流程管理是将案件的审理过程按时间先后顺序划分为若干环节并规定各环节完成的时限,根据司法公正和审判效率的要求,由法院各职能部门综合运用计划、人事、组织、监督、控制和奖惩等手段,对案件的运行情况进行严格的跟踪、监督和管理的制度。[①] 在金融批量案件中,加强审判流程管理有利于全面提升审判质效,保证该类案件又快又好处理。

通过"区块链""电子卷宗扫描与深度应用""类型化案件办理软件"等信息化手段支持,以信息化提高批量案件审判效率,应用区块链技术实现诉源治理,使审判流程管理向纵深方向发展。为推进和实现审判流程信息的有效利用,应当在以下方面着力:第一,制定统一的针对金融批量案件的审判流程信息公开标准,实现数据生成的规范化。第二,改进法院审判流程信息管理系统,实现金融批量案件的数据自动输入和统一分类。第三,深入挖掘分析金融批量案件审判流程信息,实现数据服务司法管理与司法决策的目标。通过智慧法院与办案平台搭建审判管理提供抓手,电子卷宗技术提供数据源泉,智能审判模块提供自我管理,审判大数据分析提供管理数据。第四,加强审限管理,不符合法定事由不得随意扣除审限。

结　语

朝阳法院的金融批量案件数量常年处于高位运行,但得益于有针对性的举措,通过推广要素式审判、集约处理事务性工作、完善多元共治商事多元解纷机制以及加强审判流程管理,该类案件得以快速周转,创造出了朝阳速度。限于篇幅,本文尚未就如何实现金融批量案件审判质效双优,如何推动金融审判专业化建设,金融批量案件快速审理机制如何建设等问题进行探讨,待另外撰文深入论述。

---

① 李晓倩:《信息公开与审判流程管理的转型升级》,载《法律适用》2018年第17期。

民事法治

试析《民法典》关于网络侵权责任的法律规范

于雯雯*

《民法典》第7编“侵权责任”第3章“责任主体的特殊规定”第1194条至第1197条规定了网络侵权责任。从民事单行法到法典化的过程来看,《民法典》关于网络侵权责任的规定是在《侵权责任法》(已失效)第36条的基础上发展而来的。与《侵权责任法》的规定相比较,《民法典》的规定不仅条文数量增加,而且内容更加丰富完备。

一、网络用户、网络服务提供者的直接侵权责任

《民法典》第1194条规定了网络用户、网络服务提供者的直接侵权责任。所谓直接侵权,是指行为人自己的行为本身构成侵权法上的侵权行为。[①] 该条对应于《侵权责任法》第36条第1款,修改变化之处在于增加了“法律另有规定的,依照其规定”。这种情形如《著作权法》第24条规定了12种合理使用方式,《信息网络传播权保护条例》在此基础上,将合理使用制度延伸适用于网络媒介下。如果满足合理使用条件,将排除直接侵权责任。《民法典》这四个条文中,共有两处增加了“法律另有规定的,依照其规定”。另一处是第1195条第3款关于错误通知的损害赔偿责任。法律另有规定的

* 于雯雯,北京市社会科学院法治研究所副研究员,法学博士。

① 最高人民法院侵权责任法研究小组编著:《〈中华人民共和国侵权责任法〉条文理解与运用》(第2版),人民法院出版社2016年版,第263页。

情形如《电子商务法》第 42 条第 3 款规定，“因通知错误造成平台内经营者损害的，依法承担民事责任。恶意发出错误通知，造成平台内经营者损失的，加倍承担赔偿责任”。

这里需要注意两个问题：一是《民法典》所规定的是“法律”另有规定的情形，并没有明确地包括“行政法规”或者其他。二是没有规定“法律另有规定的，依照其规定”的部分是否当然适用《民法典》的规定？笔者认为，还是需要具体问题具体来分析。举例来讲，《民法典》规定权利人的“通知”应当包括构成侵权的初步证据和权利人的真实身份信息。而《电子商务法》规定知识产权权利人的“通知”仅需包括构成侵权的初步证据。因为《电子商务法》第 44 条还规定了“电子商务平台经营者应当及时公示收到的本法第四十二条、第四十三条规定的通知、声明及处理结果”。如果按照《民法典》的规定，需要将权利人个人身份信息也予以公示，显然并不利于个人信息的保护。此时按照《电子商务法》的规定进行较为妥当。

二、通知—移除规则

《民法典》第 1195 条和第 1196 条是关于通知—移除规则的规定。《民法典》在《侵权责任法》第 36 条第 2 款的基础上对“通知—移除规则”进行了较大的修改和完善。

(一)将有权发出通知的主体由“被侵权人”修改为“权利人”

《电子商务法》与《信息网络传播权保护条例》所使用的称谓都是“权利人”。《民法典》将有权发出通知的主体由“被侵权人”修改为“权利人”，保持了法律体系上概念称谓的一致性。

(二)明确了权利人通知的内容

通知应当包括构成侵权的初步证据及权利人的真实身份信息。需要注意的是，在《民法典》颁布以前，《信息网络传播权保护条例》《电子商务法》《最高人民法院关于审理利用信息网络侵害人身权益民事纠纷案件适用法律若干问题的规定》已对“通知”的内容和形式作出了不同程度规定：

表1　关于“通知内容和形式”的法条比较

《侵权责任法》(2009)	(无)
《信息网络传播权保护条例》(2013)	第14条　……通知书应当包含下列内容:(一)权利人的姓名(名称)、联系方式和地址;(二)要求删除或者断开链接的侵权作品、表演、录音录像制品的名称和网络地址;(三)构成侵权的初步证明材料。权利人应当对通知书的真实性负责
《最高人民法院关于审理利用信息网络侵害人身权益民事纠纷案件适用法律若干问题的规定》(2014)(已失效)	第5条　……被侵权人以书面形式或者网络服务提供者公示的方式向网络服务提供者发出的通知,包含下列内容的,人民法院应当认定有效:(一)通知人的姓名(名称)和联系方式;(二)要求采取必要措施的网络地址或者足以准确定位侵权内容的相关信息;(三)通知人要求删除相关信息的理由。……
《电子商务法》(2018)	第42条第1款　……通知应当包括构成侵权的初步证据
《民法典》(2020)	第1195条第1款　……通知应当包括构成侵权的初步证据及权利人的真实身份信息

既有立法及实践发展为《民法典》的制定提供了“依据和资料”,而由于《民法典》的规则设计具有保护民事权益的一般性,因此又需要在上述立法基础上提取“最大公因数”和发展完善。因此,《民法典》将通知的内容规定为“构成侵权的初步证据及权利人的真实身份信息”,并且未对通知形式作出要求。

(三)明确规定了网络服务提供者的转送通知义务

网络服务提供者接到通知后,应当及时将该通知转送相关网络用户。虽然《侵权责任法》没有规定转送通知义务,但是《信息网络传播权保护条例》和《电子商务法》都规定了网络服务提供者的转送通知义务。《民法典》关于转送通知义务的规定弥补了《侵权责任法》的不足,体现了其作为基础性立法的包容和完备。

表 2 关于“转送通知义务”的法条比较

《侵权责任法》(2009)	无
《信息网络传播权保护条例》(2013)	第 15 条 网络服务提供者接到权利人的通知书后,应当立即删除涉嫌侵权的作品、表演、录音录像制品,或者断开与涉嫌侵权的作品、表演、录音录像制品的链接,并同时将通知书转送提供作品、表演、录音录像制品的服务对象;服务对象网络地址不明、无法转送的,应当将通知书的内容同时在信息网络上公告
《最高人民法院关于审理利用信息网络侵害人身权益民事纠纷案件适用法律若干问题的规定》(2014)(已失效)	第 7 条第 2 款 被采取删除、屏蔽、断开链接等措施的网络用户,请求网络服务提供者提供通知内容的,人民法院应予支持
《电子商务法》(2018)	第 42 条第 2 款 电子商务平台经营者接到通知后,应当及时采取必要措施,并将该通知转送平台内经营者;未及时采取必要措施的,对损害的扩大部分与平台内经营者承担连带责任
《民法典》(2020)	第 1195 条第 2 款 网络服务提供者接到通知后,应当及时将该通知转送相关网络用户,并根据构成侵权的初步证据和服务类型采取必要措施;未及时采取必要措施的,对损害的扩大部分与该网络用户承担连带责任

转通知义务是一项需要网络服务提供者主动承担的法律义务,而非依用户申请或请求承担,无论是作为后来立法还是基础立法,《民法典》生效后,审理利用信息网络侵害人身权益民事纠纷都应当适用《民法典》的规定。从《最高人民法院关于审理利用信息网络侵害人身权益民事纠纷案件适用法律若干问题的规定》(2020 年修正)的内容来看,已经删除了“被采取删除、屏蔽、断开链接等措施的网络用户,请求网络服务提供者提供通知内容的,人民法院应予支持”的规定,因此这类纠纷也将适用《民法典》关于转通知义务的规定。

(四)增加了网络用户的反通知权利

网络用户接到转送的通知后,可以向网络服务提供者提交不存在侵权行为的声明。声明应当包括不存在侵权行为的初步证据及网络用户的真实身份信息。《民法典》增加了网络用户的反通知权利，用于对抗权利人做出的不实甚至恶意通知。网络服务提供者接到声明后，应当将该声明转送发出通知的权利人，并告知其可以向有关部门投诉或者向人民法院提起诉讼。网络服务提供者在转送声明到达权利人后的合理期限内，未收到权利人已经投诉或者提起诉讼通知的，应当及时终止所采取的措施。这里需要注意两点：一是对于声明包括的内容和形式方面，《信息网络传播权保护条例》第16条规定声明需采用书面形式，书面说明应包括：服务对象的姓名（名称）、联系方式和地址；要求恢复的作品、表演、录音录像制品的名称和网络地址；以及不构成侵权的初步证明材料三项内容。《电子商务法》第43条对声明的形式没有明确要求，内容上仅要求包括不存在侵权行为的初步证据。二是对恢复的时间要求方面。根据《信息网络传播权保护条例》第17条的规定，网络服务提供者接到服务对象的书面说明后，应当立即恢复，同时将服务对象的书面说明转送权利人。《电子商务法》第43条第2款规定，电子商务平台经营者接到声明后，应当将该声明转送发出通知的知识产权权利人，并告知其可以向有关主管部门投诉或者向人民法院起诉。电子商务平台经营者在转送声明到达知识产权权利人后15日内，未收到权利人已经投诉或者起诉通知的，应当及时终止所采取的措施。这里存在15日等待期。《民法典》规定了网络服务提供者接到声明后的转送义务及告知义务，同时规定了合理期限恢复。这里“合理期限”考虑到受侵害民事权益的不同类型以及服务类型的不同需求。

《民法典》赋予网络服务提供者“转送通知”的义务和网络用户“反通知”的权利，更好地平衡了对权利人的救济与对网络用户的权益保障之间的关系，同时也表明了网络服务提供者并非民事纠纷的裁判者，当网络用户行使反通知权利，做出有效声明时，表明了网络用户并不认可权利人的通知内容，此时网络服务提供者所承担的义务是转送声明及告知投诉或起诉，由有权机关进行处理，而非对权利人和网络用户之间的民事纠纷进行裁判。

(五)增加错误通知的损害赔偿责任

权利人因错误通知造成网络用户或者网络服务提供者损害的,应当承担侵权责任。之所以如此规定,是因为实践中特别是在商业往来中出现了大量的虚假投诉、恶意投诉和职业化投诉,目的在于利用通知—移除机制来损害竞争对手的商业利益和商业信誉。同时,也滋生了网络灰产,不合理地耗费了平台投诉处理资源和行政及司法公共资源,破坏了网络空间的秩序和生态。

(六)明确了采取必要措施的依据

网络服务提供者接到通知后,应当及时将该通知转送相关网络用户,并根据构成侵权的初步证据和服务类型采取必要措施。明确将服务类型作为判断措施合理性的依据。这是因为网络服务提供者所提供的诸如传输通道、存储空间、搜索链接等服务类型不同,其所能够提供的必要措施存在差异,而且随着一些新的技术和服务方式的出现,有可能出现新的措施手段或者既有必要措施不再具有合理性。司法实践中已经出现涉及云存储及小程序的相关案件。如在北京焦点互动信息服务有限公司南京分公司诉北京百度网讯科技有限公司(以下简称百度公司)侵害信息网络传播权纠纷案中,二审法院从网盘中文件存储的唯一性特点和删除后果角度,阐释了服务商采取删除措施的不合理性,即如果百度公司根据前述不当通知,删除了百度网盘服务器中的某一文件,则所有存储该份文件的网盘用户的存储空间中的这一文件均将被删除,可能损害未实施侵权行为普通网盘用户的相关权益,导致信息存储空间网络服务提供者、信息存储空间网络使用者(网络用户)、作品权利人三方主体之间的利益失衡。① 又如,在杭州刀豆网络科技有限公司与长沙百赞网络科技有限公司、深圳市腾讯计算机系统有限公司侵害作品信息网络传播权纠纷案中,二审法院分析了整体下架涉案微信小程

---

① (2018)苏民终1514号。

序措施的不合理性。同时指出依法采取必要措施,综合考量相关网络服务的性质、形式、种类,侵权行为的表现形式、特点、严重程度等具体因素,以技术上能够实现,合理且不超必要限度为宜,以实现权利人、网络服务提供者、网络用户之间的利益平衡。[①]

"通知—移除"规则是在权利人、网络服务提供者、网络用户(疑似侵权人)之间建立的对于网络侵权的民间投诉处理机制。该机制具有一个隐含前提,即网络服务提供者是作为通道或者平台的第三方服务提供者,在网络侵权中没有主观过错,所免除的是间接侵权责任。因此,如果网络服务提供者的行为构成直接侵权,那么将按照《民法典》第 1194 条的规定来承担直接侵权责任;如果网络服务提供者存在主观过错,那么将按照《民法典》第 1197 条的规定承担间接侵权责任;"通知—移除"并非权利人寻求法律救济的必经程序。

三、网络服务提供者的间接侵权责任

《民法典》第 1197 条是关于网络服务提供者的间接侵权责任的规定。所谓间接侵权,是指网络服务提供者的行为本身不构成侵犯他人的权利,但是对直接侵权人的行为起到了诱导、帮助作用,因此应承担侵权责任。[②] 该条规定对应于《侵权责任法》第 36 条第 3 款,修改之处在于增加了"应当知道",明确了网络服务提供者承担侵权间接责任的主观构成要件不仅包括故意而且包括过失,也就是说,网络服务提供者在提供网络服务的过程中需要承担合理注意义务。如何认定"应知"是司法实践中的一个关键问题,同时也是网络服务提供者法律合规的难点。对此,我国通过司法解释的形式在特定类型民事纠纷中对"应知"进行了要素化的细化和规范。但是合理注意义务的标准并非一成不变,而是随着技术水平、服务能力、管理能力的提升而发生变化,这也为司法推进法治进步提供了发展空间。

---

① (2018)浙 0192 民初 7184 号。

② 最高人民法院侵权责任法研究小组编著:《〈中华人民共和国侵权责任法〉条文理解与运用》(第 2 版),人民法院出版社 2016 年版,第 265 页。

表 3 部分司法解释中对"应知"的认定比较

《最高人民法院关于审理侵害信息网络传播权民事纠纷案件适用法律若干问题的规定》(2020 年修正)	第 9 条 人民法院应当根据网络用户侵害信息网络传播权的具体事实是否明显,综合考虑以下因素,认定网络服务提供者是否构成应知:(一)基于网络服务提供者提供服务的性质、方式及其引发侵权的可能性大小,应当具备的管理信息的能力;(二)传播的作品、表演、录音录像制品的类型、知名度及侵权信息的明显程度;(三)网络服务提供者是否主动对作品、表演、录音录像制品进行了选择、编辑、修改、推荐等;(四)网络服务提供者是否积极采取了预防侵权的合理措施;(五)网络服务提供者是否设置便捷程序接收侵权通知并及时对侵权通知作出合理的反应;(六)网络服务提供者是否针对同一网络用户的重复侵权行为采取了相应的合理措施;(七)其他相关因素
《最高人民法院关于审理利用信息网络侵害人身权益民事纠纷案件适用法律若干问题的规定(2020 年修正)》	第 6 条 人民法院依据民法典第一千一百九十七条认定网络服务提供者是否"知道或者应当知道",应当综合考虑下列因素:(一)网络服务提供者是否以人工或者自动方式对侵权网络信息以推荐、排名、选择、编辑、整理、修改等方式作出处理;(二)网络服务提供者应当具备的管理信息的能力,以及所提供服务的性质、方式及其引发侵权的可能性大小;(三)该网络信息侵害人身权益的类型及明显程度;(四)该网络信息的社会影响程度或者一定时间内的浏览量;(五)网络服务提供者采取预防侵权措施的技术可能性及其是否采取了相应的合理措施;(六)网络服务提供者是否针对同一网络用户的重复侵权行为或者同一侵权信息采取了相应的合理措施;(七)与本案相关的其他因素

结　语

《民法典》是民事生活的基本法,其第 1194 条至第 1197 条是网络媒介下侵害民事权益承担侵权责任的一般性规则。根据《民法典》第 1 编"总则"第 5 章专章的规定,既包括对传统权利类型的侵害情形,也包括对新型的数据、网络虚拟财产、个人信息等权益的侵害情形。对于广大网络用户来说,在日常的网络交往中,应当自觉提高守法意识,依法、审慎发表网络言论和提供信息，避免对他人合法权益造成侵害。对于网络服务提供者来说，因为提供的服务类型不同，其所面临的法律风险和合规重点也存在差异。一般来讲，内容提供者应将合规重点放在对提供的内容进行实质性审查，确保提供的信息中不包含侵权内容，否则将承担直接侵权责任。对于通道、存储、链接或者平台等服务提供者而言，则一方面需要建立完善的通知—移除—反通知—恢复流程和制度，为网络用户提供方便获得、能够有效使用的投诉处理机制；另一方面需要承担合理的注意义务，力所能及地采取针对侵权的防控措施。

房屋租赁合同纠纷的诉源分析与治理路径

——以北京市某区近三年相关案例为基础的考察

罗瑞芳*

随着城镇化建设的全面加速、社会经济结构的优化发展，加之受国家房地产调控政策因素影响，房地产市场逐步迈入存量时代。一线城市房地产租赁交易异常活跃、市场迎来蓬勃发展。与此同时，与房地产租赁相关的纠纷数量也随之大幅上升。根据威科先行相关数据统计①，近年来北京市审结的房屋租赁合同纠纷案件数量呈逐年上升态势。就某区法院审理的房屋租赁合同纠纷案件情况而言，也基本上呈现同比例上升态势，2021 年审结案件数量相比 2018 年上升了将近 51%。房屋租赁纠纷频发，法院承办相关案件的数量呈递增之势力。这不仅给司法工作造成很大压力，而且直接影响了租赁市场的稳定性，不利于“租购并举”的住房制度改革要求的实现。全面分析房屋租赁合同纠纷类型，深入剖析纠纷诱因，加强矛盾纠纷多元化解，研究相应的治理对策，对于深化诉源治理、助力市域社会治理现代化具有重要的意义。

---

* 罗瑞芳，北京市社会科学院法治研究所副研究员，经济学博士。

① 在威科先行案例数据库中选中如下检索条件：“审理法院：北京市；案由：房屋租赁合同纠纷”，显示裁判日期 2018 年为 17112 件，2019 年为 17950 件，2020 年为 19011 件，2021 年为 21091 件。将审理法院选择为某区人民法院，显示 2018 年为 2834 件，2019 年为 3395 件，2020 年为 3889 件，2021 年为 4268 件。检索日期：2022 年 6 月 7 日。

一、房屋租赁合同纠纷案件特点分析

（一）纠纷主要涉及合同继续履行与解除之间的利益冲突

房屋租赁纠纷多与合同解除请求相关。通过威科先行案例数据库进行检索[①]，近三年来某区人民法院审理的房屋租赁合同纠纷案件中，涉及合同解除问题的在判决结案案件总量中占比约为85%。其中，一方明确主张合同继续履行，另一方明确主张合同解除的案件占比约达41%。由此可见，在房屋租赁合同纠纷中合同继续履行与解除之间的利益冲突具有典型性。

有承租方主张解除的，也有出租方主张解除的。承租方主张解除合同，多涉及以下几方面事由：第一，有的承租方承租房屋是为了满足特定经营用途需要或为公司注册地址办理营业执照等需要，后因无法实现该特定经营目的，故主张解除合同。第二，有的因为承租房屋存在消防、漏水等房屋质量不合格、装修存在污染等问题，承租人主张解除合同。第三，近三年来受疫情影响以及"双减"政策等因素影响，许多承租人或因此导致经营困难，或夹杂其他原因不想再继续承租房屋，故主张解除合同。第四，因经济不景气，有的承租人无力按照原约定的房租价格继续承租使用，故而只得解除租赁合同。第五，因为租赁市场不景气，租金价格下调，承租方出于经济利益最大化的考虑，解除原租赁合同。

出租方主张解除合同，多涉及以下几方面事由：第一，承租方未按照约定支付租金达到约定解除条件；第二，转租合同的出租方因业主收回房屋而与实际承租人解除合同[②]；第三，涉及土地征收或整理等情形下出租方解除租赁合同。

在转租情况下，同一个租赁房屋之上建立了上下游两个租赁合同，任何

---

① 在威科先行案例数据库中选中如下检索条件，"审理法院：北京市某区人民法院；案由：房屋租赁合同纠纷；裁判日期：最近三年；文书类型：判决书"，检索结果显示案件数量为4884件；再增加"解除"这一全文搜索条件，检索结果显示案件数量为4135件；再增加"继续履行"这一全文搜索条件，检索结果显示案件数量为1697件。检索日期：2022年6月7日。

② 参见（2019）京0105民初3676号、（2021）京0105民初11641号等。

一个租赁合同被解除都会连锁引致另一个租赁合同被解除。作为中间人的承租方本应起到稳固双重租赁关系的角色作用,但受利益诱使或其他原因所致也会成为房屋租赁合同纠纷的诱发主体。比如,在北京市对群租房、隔断房进行整治的严监管措施下,诸如自如等租赁企业因房屋内优化间被大批拆除,导致预期经济收益出现重大影响,故而引发了大量违约解除合同的诉讼纠纷。又如,蛋壳公寓暴雷事件导致一系列的房屋租赁合同违约解除事件。

(二)纠纷涉及标的金额不大,通过调解等非判决方式解决纠纷的比例相对较高

通过某区人民法院立案庭抽样统计分析发现,纠纷涉及标的金额较小,10万元以下的占比58%左右,500万元以下的占比96%左右。

在威科先行案例数据库中检索[①]发现,近三年以来某区人民法院受理的房屋租赁纠纷案件中,撤诉结案的将近17%,法院出具调解书结案的将近10%。

(三)纠纷中本诉反诉合并审理情形占比较高、纠纷对抗性较强

虽然房屋租赁合同纠纷的标的金额不算太大,但出租方和承租方的利益冲突却是比较明显的。在威科先行案例数据库中检索[②]发现,近三年某区人民法院审理并判决的房屋租赁合同纠纷案件中,近24%的案件存在提起反诉的情况。

房屋租赁合同为双务有偿性质的合同。于房屋产权人(出租方)而言,

① 在威科先行案例数据库中选中如下检索条件,“审理法院:北京市某区人民法院;案由:房屋租赁合同纠纷;裁判日期:最近三年”,检索结果显示案件数量为10625件,文书类型为裁定书的有2354件,调解书的为1090件。再增加“撤诉”这一全文搜索条件,检索结果显示案件数量为1756件。检索日期:2022年6月7日。

② 在威科先行案例数据库中选中如下检索条件,“审理法院:北京市某区人民法院;案由:房屋租赁合同纠纷;裁判日期:最近三年;文书类型:判决书”,检索结果显示案件数量为4878件;再增加“反诉”这一全文搜索条件,检索结果显示案件数量为1178件。检索日期:2022年6月7日。

将所有或可使用之房产出租他人，旨在获取租金收入，这是房屋租赁合同缔结的根本目的。于房屋使用人（承租方）而言，旨在通过支付租金对价以获取房屋使用之特定用途，或为居住使用，或为特定的商业用途使用。包括转租方在内的出租人，在房屋租赁法律关系中具有一定的产权优势，可能利用此地位上的不对等优势，以非法转租、非法群租、恶意上涨租金、恶意解约、怠于履行租赁合同义务等不当手段侵害承租方利益。而承租方，虽然在租赁关系中处于被动、弱势地位，但因实际占有房屋，也可能会出现未经同意非法转租、未经许可改变房屋结构、迟缴或拒缴租金、损坏房屋设施或占用房屋不搬离等情况。房屋租赁纠纷产生的背后，通常存在"一个巴掌拍不响"的情况，出租方有其租金利益主张，而承租方也认为其有可抗辩及利益受损的情形。双方各认为其占有理据，在实践中通常表现为一方提起本诉的同时，另一方也会提起反诉。

同时，因为各方纠纷对抗性问题，在实际的履行处理过程中也存在权利不当行使导致纠纷扩大的问题。据粗略统计，某区人民法院近三年审理的房屋租赁合同纠纷案件中约有3%涉及损失扩大的问题。[①] 比如，在某案件中，承租方自如生活公司主张解除合同，并且在2020年12月29日将涉案房屋的电子锁密码发送给出租方，而出租方在明知承租方单方要求解约、逾期支付租金的情况下，没有采取适当的措施积极收回涉案房屋，此期间产生的损失属于扩大损失，应自行承担。

（四）涉及特定纠纷主体的案件呈现批量性特点

批量性案件可能涉及纠纷一方主体为住房租赁经营企业、房地产经纪公司等特定主体的案件。因经营业务特点决定所涉及签署的住房租赁合同本身存在批量性特点，故而涉纠纷的比例必然较高，加之在特定的政策因素

---

① 在威科先行案例数据库中选中如下检索条件，"审理法院：北京市某区人民法院；案由：房屋租赁合同纠纷；裁判日期：最近三年"，检索裁判案件10625件；再分别以"扩大损失"和"损失扩大"为精确检索条件在结果中进行精确搜索，显示裁判案件分别为78件和287件，同时满足"扩大损失"和"损失扩大"检索条件的精确搜索结果为31件。

或外部影响因素等作用下,必然存在批量性、集中性的特点。比如,对威科先行案例数据库中就某区人民法院近三年审理的案件进一步检索[①]发现,北京中天置地房地产经纪有限公司为纠纷一方主体的案件有 147 件,北京自如生活企业管理有限公司的有 147 件,达人(天津)网络科技有限公司的有 124 件,城城不动产管理有限公司的有 82 件,北京爱家营企业管理有限公司的有 100 件,美联美家房地产经纪(北京)有限公司的有 47 件。

因特定的背景原因,诸如征地拆迁等引发的特定区域的房屋租赁合同纠纷案件也具有批量性特点。例如,根据检索发现,2021 年以东五环朝悦百惠(北京)商业有限公司为被告的房屋租赁合同纠纷案件多达 30 多件。纠纷的背景是东五环朝悦百惠(北京)商业有限公司承租了王四营乡的集体土地建造商场后分摊位出租给不同的个体经营户等,后根据某区王四营乡政府通知,要启动孛罗营新村建设项目,商场所在土地被列入规划范围内,通知要在一个月以内将土地腾退。

(五)近三年因疫情原因导致房屋租赁合同纠纷案件比例较高

据粗略统计,某区人民法院近三年审理的房屋租赁合同纠纷案件中有 10% 涉及疫情问题[②]。疫情问题对于房屋租赁合同的影响在于承租方可能会提出减免租金、延期支付租金或解除合同的抗辩或请求。在司法实践中,法院虽然会将疫情认定为不可抗力因素,但是也会区分来看其是否构成对房屋租赁合同履行本身的直接影响。即便对租赁合同履行有一定的影响,但因为租赁合同属于继续性合同,合同的履行是一个长期的过程,在合同履行的不同阶段,受新冠肺炎疫情的影响程度并不相同,新冠肺炎疫情并非必然导致租赁合同的目的无法实现的,法院一般采取分阶段租金减免或违约

---

① 在威科先行案例数据库中选中如下检索条件,"审理法院:北京市某区人民法院;案由:房屋租赁合同纠纷;裁判日期:最近三年",再分别以不同的主体名称进行结果检索,可以显示不同主体涉及的纠纷案件数量。检索日期:2022 年 5 月 28 日。

② 在威科先行案例数据库中选中如下检索条件,"审理法院:北京市某区人民法院;案由:房屋租赁合同纠纷;裁判日期:最近三年",检索裁判案件 10625 件;再以"疫情"为精确检索条件在结果中进行精确搜索,显示裁判案件为 1105 件,比例为 10.4%。检索日期:2022 年 6 月 7 日。

金减免的方式给予承租人救济，而不是解除房屋租赁合同。

新冠肺炎疫情对出租人和承租人的经济收入都造成了巨大的影响。因疫情原因引发的租赁合同纠纷，在法律裁判的视角下，不会一味地偏向某一方，而是基于公平原则，在出租人和承租人之间进行不幸分配，公平保护出租人和承租人的合法权益。

二、房屋租赁合同纠纷成因分析

在把握房屋租赁合同纠纷特点的基础上，进一步厘清房屋租赁合同纠纷的成因，也是进行诉源治理的前提。基于某区近三年房屋租赁合同纠纷案件相关司法实践和现实情况，总结分析纠纷产生的原因包括以下几方面：

（一）行业层面：租赁市场经营乱象

2015年以来国家多次明确提出要培育和规范发展住房租赁市场、建立租购并举的住房制度。北京市住房租赁市场发展迅速，规模庞大，已成为市民实现“住有所居”的重要途径。与此同时，庞大的住房租赁规模和复杂的住房租赁关系引发大量矛盾纠纷，接诉即办涉住房租赁类诉求居高不下，“黑中介”“群租房”问题屡禁不止，新兴住房租赁经营业态中甲醛超标、违规使用租金贷、哄抬租金、抢占房源等乱象时有发生，这些都是引发房屋租赁合同纠纷的重要原因。

1.“二房东”转租监管不严格

不规范的转租是导致房屋租赁合同纠纷问题的重要原因之一，且因为转租关系牵扯到两个独立合同问题，引发的纠纷也具有连锁性。特别是还有利用信息不对称，实行违法诈骗等行为现象，更进一步加剧了纠纷的严重性，甚至引发社会稳定性问题。

2021年10月30日，据中央广播电视总台中国之声《新闻纵横》报道，有百余位在北京望京地区租房的租客遭遇“二房东”跑路事件。据悉，这位跑路的“二房东”精心“布局”超过三年，他从中介和房东手里把房子收过来，以低于市场价20%的价格租给客户，采取“收租户年付租金，月付给中介”的方式,套取资金后“人间蒸发”。一些租户甚至被骗走十几万元的租金,有部分租户在事发后还遭遇了中介或业主的暴力清退。

2. 住房租赁企业不规范经营,出现“长租公寓”暴雷及违规使用“租房贷”等问题

近年来“长租公寓”租赁经营的模式成为租赁市场的热门产品,借此模式发展起来的住房租赁企业也不在少数,对于租赁行业的发展具有重要的影响作用。不规范经营“长租公寓”进而引发暴雷事件的本质也是利用“二房东”转租的空间赚取租金使用空间并挪用资金而导致,即租赁企业按月付房主的租金,却按年收租客的租金,利用“长收短付”之间的“时间差”,把租客交来的租金挪作他用了,没有支付给房东。租赁企业“卷钱”走了,或是资金链发生断裂的情况下,自然成为批量性住房租赁纠纷产生的重要原因。

“长租公寓”下引发的纠纷还多与“租房贷”交织在一起。自如、蛋壳公寓、我爱我家“相寓”、湾流国际公寓、“爱上租”等租赁企业均有“租房贷”。很多“长租公寓”租约合同中都涉及“与第三方金融机构合作的分期产品”的房租支付方式,这实际上一种消费贷款,承租方在办理“租房贷”之后,网贷机构会将租期内的全部房租一次性转给租赁企业,成为承租方的债权人。租赁企业资金链断裂以后,房东要收回房子和租户继续居住的矛盾就无法避免,“长租模式”难以为继的同时,承租方还面临着借贷纠纷问题。

3. 群租房、甲醛房及黑中介等行业问题

群租房,是将住宅通过改变房屋结构和平面布局,把房间分割改建成若干小间分别按间出租或按床位出租。群租房空间狭窄、人员复杂,存在严重的消防和安全隐患。甲醛房也是新型租赁业态下普遍出现的另一乱象,因此出现的纠纷问题也不在少数。北京市针对群租房等问题开展了多次专项整治活动,但也还存在屡禁不止的问题。很多黑中介也在此过程中起到推波助澜的作用。

(二)市场层面:商业租赁市场低迷与住房租赁市场供求失衡

商业房屋租赁是房屋租赁合同中的重要组成部分,受疫情影响商业房

屋租赁成为一类典型的爆发式纠纷类型。疫情对于商业房屋租赁市场的影响主要体现在两方面:从直接影响的角度来看,因国家采取疫情防控的措施和手段,在一定时间内要求企业员工居家办公,严格控制企业到岗率,致使租赁房屋处于空置状态;从间接影响的角度来看,在疫情影响下,很多企业特别是中小企业由于自身风险识别和防范能力不足,抗风险能力弱,生存环境面临严峻的挑战,导致履行租赁合同面临困难。疫情影响下,对出租方和承租方来说都是不得不面对的风险挑战,除了涉及租金减免等方面的纠纷外,还面临租赁合同无法履行,以不可抗力为由要求解除的纠纷。

在住房租赁领域,在"租售并举"的住房保障原则下,仍然存在租赁市场供求失衡的问题,存在高租赁需求与低租赁房屋供应间的冲突,垄断性控制房产资源的出租方惯性推动租赁价格只增不降,高租金利益诱惑下影响租赁关系的稳定性,诱发租赁纠纷问题。

(三)政策层面:政府调控政策的负面效应及规范管理政策作用的转型阵痛

政府调控是指政府通过采用"行政调控"、"法律调控"和"经济调控"等方法与手段,通过一定的传导机制,作用于调控对象,以达到预期的调控目标。但必须意识到的是,国家的经济、社会、民生等是一个综合体系,特定的调控目标得到实现的同时,都有可能传导性引发其他非目标效应,可能是正面效应,也有可能是负面效应。比如,为整顿目前不规范的学科教育培训产业,为促进学生回归符合正常成长规律的学习教育目标,中共中央办公厅、国务院办公厅印发了《关于进一步减轻义务教育阶段学生作业负担和校外培训负担的意见》、市场监督管理总局等八部门联合发布了《关于做好校外培训广告管控的通知》、教育部颁布"睡眠令"等。这一系列雷霆管控政策的出台,导致一时间诸多校外培训机构面临无法经营的窘境,继而也引发了系列减租或退租的房屋租赁纠纷。

除了诸如"双减"这一针对特定行业产业的调控政策外,还有针对特定地块的拆迁等具体的行政行为也是可能引发在特定区域内的房屋租赁合同纠纷的原因。此外,还有因为针对房屋租赁产业的相关治理政策本身,也在规范转型的过程中引发了一些纠纷问题,我们可以将其概括为转型阵痛期纠纷。比如,在北京市对群租房、隔断房进行整治的严监管措施下,许多违约解除合同的案件都是由北京自如生活企业管理有限公司等类似租赁企业主动发起而引发的。

(四)个人层面:法治意识责任不足及追逐利益最大化的诱惑

房屋租赁合同是对出租方和承租方相关责权利最直接的规范和约束。签订合同之时各方当事人就应当仔细阅读并清楚在合同项下应当履行的义务和负担的责任,并以此严格约束自己的行为。但是,在实践中却存在很多违反合同约定的行为。出现这些行为或者是由于在签订合同时没有仔细阅读并理解其中的条款,或者是根本不关注合同条款对自己的约束,或者是认为有其他可乘之机可以不按合同履行。比如,有的因承租方存在损坏房屋设施,出租方扣留押金、主张损失而引发的纠纷;又如,有的因出租方未按照约定提供相关服务或其他配合义务,承租方不按照约定支付租金;再如,疫情发生以来,很多承租方认为疫情可以是其公然违约的理由,借此不按时向出租方缴纳房租而引发的纠纷。这些行为都是法治意识淡漠的表现,也是引发租赁纠纷的重要原因。

三、房屋租赁合同纠纷的诉源治理路径

房屋租赁合同纠纷的特点和成因分析,从不同侧面表明纠纷的发生有一些多元化的内外因素影响,仅通过法院裁判处理此类纠纷存在局限性。对房屋租赁合同纠纷分类施策、多管齐下,作用于纠纷的预防以及诉讼外化解之道,是构建诉源治理机制的应有之义。2022 年 5 月出台的《北京市住房租赁条例》对房屋租赁市场乱象作出很多规制性的规定,如对“长租公寓”监管、租金贷、网络房源发布、群租房、甲醛房等热点问题均予以规范,还规定了当租金快速上涨时,主管部门可以采取措施稳定调控,这些对于稳定租赁关系,减少租赁纠纷的发生都有积极的作用。除了以法律规则的全面完善

作为化解房屋租赁纠纷冲突的利器以外，在具体的纠纷治理和化解路径方面还可以从以下几方面作出努力。

（一）加强法制宣传，强化诚信守约的法治观念

诚实信用是人类社会普遍崇尚的基本价值，作为社会关系中的一种最基本的道德标准和规范要素，要求行为人恪守诺言、诚实不欺。在民事法律领域，要求所有民事主体在从事任何民事活动时，包括行使民事权利、履行民事义务、承担民事责任时，都应该秉持诚实、善意，信守自己的承诺。依法缔结成立的合同对当事人具有法律约束力，严格遵守合同约定是诚实信用的法律原则的要求。

但现实中，有的民事主体不能正确认识合同约束力，没有形成诚信履约的法治素养，导致合同履行纠纷频出。比如，在疫情情况下，租赁合同履行确实存在一些客观障碍，但疫情带来的暂时性困难对合同双方都是有损失的，合同双方当事人更应该通过积极协商履行合同来分担疫情造成的损失，践行诚实信用原则。实际情况是，有一些合同当事人却以疫情为由，行违约之实，将风险转嫁给对方，明显违反了诚信履约的要求。例如，在（2021）京0105民初14043号案中，在出租方针对承租人营业额下降、资金回笼困难等实际，主动延迟缴租时间、合理降低租金标准、积极推动合同继续履行的情况下，承租方没有积极拓展新的经营模式创收，以推动合同继续履行，而是“闭门谢客”闲置租赁房屋，延期缴纳租金并拒绝与出租方进一步沟通合同履行相关事宜。因此，法院认为承租人是合同不履行的主要原因及直接责任人，构成根本违约。

加强法制宣传教育，使出租人和承租人对相互之间的法律关系有恰当的定位，明确各自的权利和应履行的义务，是减少房屋租赁合同纠纷的重要基础。加强法制宣传教育的方式和途径可以是多方面的，既需要社会性的普法宣传教育，也可以充分调动社区宣传力量进行有针对性的讲解教育，还应当充分发挥房屋中介服务机构的作用，指引其在促成房屋租赁交易的同时，向承租方和出租方充分释明其签署合同的关键性权利义务及责任规定，

包括针对其促成的交易的特殊性进行有针对性的法律规定及普法性判例的说明,促使房屋租赁合同缔结规范化、对合同约束力明确化以及相关权责利认知清晰化、内在践行化。

(二)坚持调动多元力量,将房屋租赁合同纠纷的化解纳入基层社会治理中统一部署

《北京市住房租赁条例》第 8 条规定:“街道办事处、乡镇人民政府加强对本辖区内住房租赁的日常监督管理,指导居民委员会、村民委员会、村集体经济组织做好住房租赁相关工作。”第 9 条规定:“居民委员会、村民委员会在街道办事处、乡镇人民政府的指导下,协助做好住房租赁管理和服务工作,组织制定管理规约,加强自治管理,预防和化解矛盾纠纷。”

房屋租赁矛盾纠纷的预防和化解是基层社会治理的一项重点、难点工作。基层社会对于了解矛盾纠纷的根源具有极大的便利性和优势性,但是具体的治理过程还需要调动多元力量共同参与。首先是主体多元。街道办事处、社区居委会虽然是房屋租赁管理和服务工作的直接责任主体,但具体到预防和化解矛盾纠纷的工作,可以充分调动包括社区物业服务企业、社区志愿者、人民调解员、律师等力量共同参与其中。其次是纠纷治理形式多元。只有将情理法融合于房屋租赁合同纠纷的化解过程中,才能实现保护各方利益的双赢。基层法院的人民法庭可以充分发挥纽带作用,建立与街道、社区之间的指导、协作关系,一方面引导社区自治,另一方面指导社区法治。基层法院要加强对参与调解人员的业务指导和培训,针对调解中出现的疑难问题,要及时提供法律指引和示范案例,推动形成相关处理规则。这样一方面使社区主导的民间调解能够在合同纠纷化解中充分发挥治理潜能,另一方面强化了人民法庭的公信力。最后是纠纷治理路径多元。不仅限于对已发生纠纷的化解,还包括提前对社区内房屋租赁情况进行了解,对社区业主及租户的人员情况进行掌握,充分调动基层网格员的作用,定期分析可能存在的矛盾纠纷情况,提前做出诊断和处理。

（三）充分发挥行业组织力量，将规范管理、能动调解、行业信用评估等措施手段服务于诉源治理全过程

《北京市住房租赁条例》第 10 条规定："住房租赁、房地产经纪等行业组织应当加强行业自律，建立健全行业服务标准、行为规范、职业道德准则等行规行约，定期开展从业人员专业技能培训和评价，加强住房租赁纠纷的行业调解。"第 11 条规定，"因住房租赁发生纠纷的"，当事人"可以向有关协会、行业组织或者有关政府部门、人民调解组织申请调解"，并明确"从事住房租赁经营的企业、房地产经纪机构、互联网信息平台应当建立投诉处理机制，及时妥善化解租赁矛盾纠纷"。房屋租赁及经纪行业的经营乱象本就是造成房屋租赁纠纷的重要原因之一，《北京市住房租赁条例》对于规范行业管理提出了明确的要求，这也是治理行业乱象，减少房屋租赁合同纠纷的支撑力量。除了以行业自律规范等手段进行规范化管理外，我们认为，还可以考虑以行业信用评估等方式对房屋租赁相关服务企业的经营行为进行正向激励与反向惩罚相结合的督促。

北京房地产中介行业协会由从事房地产经纪、房地产租赁、房地产咨询等活动的有关单位和个人自愿结成的全市性、行业性社会团体，是非营利性社团组织。协会是接受党建领导机关、有关行业管理部门、北京市民政局的业务指导和监督管理的中介行业组织。北京市目前还没有成立专门的房屋租赁行业组织，而在深圳、南京、杭州等地区已有专门的住房租赁行业协会。2022 年 5 月 31 日深圳市房屋租赁行业协会还正式揭牌设立了行业协会人民调解委员会。我们认为，应当从专业化的角度引导分别设立中介行业协会和房屋租赁行业协会，并在协会内综合行业专家学者、律师、协会专职工作人员成立专门的调解团队，定期派驻法律专业人员入驻协会调解中心负责专业委员会的调解工作。相关派驻人员要求具备与调解工作相适应的专业素质、沟通能力，熟悉各类法律法规，一方面精通处理租赁案件各类纠纷的处理程序，在调解特定领域的矛盾纠纷时，能够更加了解案件可能的走向，引导双方当事人选择能够接受的、有利于彼此的调解方案，促成调解；另

一方面可以定期对相关纠纷特点进行研究、总结并提供书面的报告和相关防范建议,以供相关部门或单位参考。

(四)完善决策稳定性风险评估机制,将可能引发的涉众性租赁合同纠纷纳入评估体系,做好引导性预案

决策稳定性风险评估,是指在决策过程中,对可能影响社会稳定、公共安全等方面的因素开展系统调查,科学预测、分析和评估,制定风险应对策略和预案。包括宣传解释沟通过程、全面沟通后的风险识别过程和对决策事项进行风险管理的建议完善过程,三者缺一不可。房屋租赁合同纠纷虽然涉及的标的额不大,但是可能会成为影响社会稳定的潜在因素,因此在涉及出台“双减”政策、征收政策、土地整理等政策时,应当对租赁合同情况及可能引发的纠纷情况予以考虑,并提前做出预案,以社会治理的视角引入多元化解手段,充分避免涉及大规模诉讼的可能。

(五)提高房屋租赁纠纷审判质效,做好纠纷相关行为引导和风险提示

诉源治理并不拒绝法院裁判,在审判过程中提高质效,使当事人服判息诉,提高撤诉率或诉讼调解结案率也是诉源治理的内涵,且对在诉讼中形成的典型判例进行总结并形成一定的规范指引,进而使之成为指导调解的重要依托。

《民法典》人格权编与侵权责任编的衔接适用问题研究

——以网络侵权案件中个人私密信息保护为视角

刁　天　廖清顺*

引　言

《民法典》创新性地将隐私权客体"个人信息中的私密信息"与个人信息区分开来，明确规定"个人信息中的私密信息，适用有关隐私权的规定"。随着互联网信息技术的发展，网络用户非法侵入他人电脑、非法截取他人传播的信息、擅自披露他人个人信息等网络侵权案件层出不穷，个人私密信息受侵害问题引发了社会公众的普遍关注。

本文从互联网侵权案件出发，以人格权编与侵权责任编的衔接适用为切入点，针对互联网侵权案件中个人私密信息的认定范围不明确、标准不统一以及侵权责任分配不科学等问题，提出私密信息应进行适当扩张，将读书记录、网页浏览信息、社交关系、地理信息等也纳入私密信息的范畴，认定标准不能以单方面是否具有"不愿为他人知晓"的意愿为标准来确定哪些是私密信息，而应当从社会公众的一般认知和价值权衡角度出发，逐一认定案涉个人信息是否属于私密信息；在侵权行为发生后，应根据网络用户和网络服

* 刁天，北京金融法院综合办公室三级法官助理，法学硕士。廖清顺，北京金融法院立案庭三级法官助理，法学硕士。

务提供者在侵权案件中所起的客观作用出发,科学分配侵权责任。

一、互联网侵权案件个人私密信息保护存在的问题

《民法典》人格权编第1032条至第1039条是关于隐私权和个人信息保护的规定,其中第1032条至第1034条直接对私密信息作了规定,分别涉及自然人隐私权保护、侵害隐私权的主要行为类型、自然人个人信息受法律保护;第1035条至第1038条虽然没有专门对私密信息进行规定,但是也为个人私密信息的保护构建了制度规范,包括处理个人信息的原则和个人信息处理的含义与范围,处理自然人个人信息免责事由,个人对其信息的查阅、复制权以及更正、删除权,信息处理者承担义务等内容①。《民法典》侵权责任编第1194条至第1197条是对网络侵权责任的规定。为了更好地保护权利人的利益,平衡好网络用户和网络服务提供者之间的利益,侵权责任编细化了网络侵权责任的具体规定,完善了权利人通知规则和网络服务提供者的转通知规则,并对侵权责任的承担进行了规定。上述规定为网络侵权案件中个人私密信息保护提供了基本遵循和依据。

(一)基于个人私密信息的典型案例分析

案例1:孙某某诉中国联合网络通信有限公司上海分公司侵犯隐私权纠纷案②。2002年4月20日,原告与被告的前身中国联通有限公司上海分公司签署CDMA移动电话初入网登记表,成为被告的手机用户,号码为×××××××××××。上述登记表的“户名”“电话号码”“身份证号”“地址”“邮政编码”“联系电话”栏内登记了原告的相关个人信息。2008年9月5日,原告接到主叫号码为×××××××××、自称为上海联通客服服务专员的来电,向原告赠送一份海康人寿提供的公共交通意外伤害保险。在告知该保险相关事项并对原告出生日期、住址进行核对后,该人为原告开通了上

① 参见姚佳:《论个人信息处理者的民事责任》,载《清华法学》2021年第3期。

② (2009)浦民一初字第9737号。

述免费保险服务，进而向原告推销海康人寿的其他保险产品。此后，原告收到了中国联通上海分公司联通理财俱乐部发出的“专享保障献礼”信函。

判决结果：(1)被告中国联合网络通信有限公司上海市分公司在本判决生效之日起10日内向原告孙某某书面赔礼道歉；(2)驳回原告孙某某的其他诉讼请求。案件受理费人民币50元，减半收取计人民币25元，由被告中国联合网络通信有限公司上海市分公司负担。

法院认为：私人信息是隐私权益的主要内容，包括个人的姓名、性别、职业、学历、联系方式、家庭住址、婚姻状况等与个人及其家庭密切相关的信息。本案中，原告孙某某签署了中国联通有限公司上海分公司CDMA移动电话初入网登记表，提供了个人的姓名、地址、电话号码、身份证号等私人信息，对于这些信息被告负有保密义务，未经原告许可被告不得将原告的信息披露给第三人，也不得逾越收集的目的而利用原告所提供的信息；被告将上述信息提供给具有独立法人资格的联通新国信通信有限公司之分支机构上海分公司，新国信上海分公司利用所得到的信息筛选客户资料，用以与案外人海康人寿合作，因此本院认定被告未经原告许可将其所知悉的原告的私人信息提供给他人的事实成立，被告的行为构成对原告隐私权的侵犯。

案例2：凌某某在手机通讯录除本人外没有其他联系人的情况下，使用该手机号码注册登录抖音App后，被推荐大量“可能认识的人”，凌某某认为抖音App非法获取其个人信息，侵害其个人信息权益和隐私权，将抖音App的运营者北京微播视界科技有限公司诉至北京互联网法院。2020年7月30日，北京互联网法院对该案进行一审宣判，认定微播视界科技有限公司在未征得凌某某同意的情况下处理其个人信息，构成对其个人信息权益的侵害，但未侵害其隐私权①。

判决结果：微播视界科技有限公司于判决生效之日删除2019年2月9日前收集并存储的凌某某姓名和涉案手机号码的个人信息；微播视界科技有限公司于判决生效之日删除未经凌某某同意通过抖音软件收集并存储的

---

① 《北京互联网法院一审认定抖音侵害用户个人信息》，载《人民日报》2020年7月30日。

其地理位置信息;微播视界科技有限公司于判决生效之日起 7 日内以书面形式向凌某某道歉;微播视界科技有限公司于判决生效之日起 7 日内赔偿凌某某经济损失 1000 元及维权合理费用 4231 元;驳回凌某某的其他诉讼请求。

法院认为:凌某某的姓名和手机号码属于个人信息,微播视界科技有限公司构成侵权。在处理手机通讯录中联系人的姓名和手机号码时,一般情况下应征得手机用户及联系人的双重同意。但如果要求在任何使用场景下都必须严格征得双重同意,有可能会导致具体场景下利益的失衡。因此,需要在具体应用场景中考察是否存在构成个人信息合理使用的情形。本案中,微播视界科技有限公司读取及匹配通讯录的行为不会对凌某某产生打扰,通常亦不会不合理地损害其利益,且可满足其他有社交需求用户的利益和行业发展的需要,属于对该信息的合理使用。该合理使用应符合必要原则,在凌某某未注册时,其没有在抖音 App 中建立社交关系的可能,微播视界科技有限公司从其他用户手机通讯录收集到凌某某的姓名和手机号码后,通过匹配可以知道软件内没有使用该手机号码作为账户的用户,应当及时删除该信息。但直至凌某某起诉时,该信息仍然存储于抖音 App 的后台系统中,超出必要限度,不属于合理使用,构成侵权。

凌某某的社交关系属于个人信息,微播视界科技有限公司构成侵权。社交关系表现为在其他用户手机通讯录中存储了凌某某的姓名和手机号码,此信息分布记录于其他用户的手机通讯录中,凌某某与存储其信息的其他用户之间存在手机通讯录层面的社交关系,虽然并未以列表形式体现,却能够体现出凌某某的社交关系,属于凌某某的个人信息,构成侵权。

凌某某的"地理位置"属于个人信息,微播视界科技有限公司构成侵权。位置信息能够起到识别个人特征的作用,属于个人信息,与该位置的精确程度并无直接关系。IP 地址并不必然等同于地理位置,即使通过 IP 地址分析用户所在地理位置,亦属于对信息的进一步处理和使用,需征得同意。微播视界科技有限公司在未征得凌某某同意的情况下,收集凌某某地理位置信息,构成侵权。

案例 3:因认为微信读书在未经其有效同意的情况下获取其微信好友关

系，为其自动关注微信好友，并向共同使用微信读书的微信好友默认开放其读书信息构成侵权，黄某于2019年将微信读书软件、微信软件的开发者、运营者腾讯科技（深圳）有限公司、腾讯科技（北京）有限公司、深圳市腾讯计算机系统有限公司诉至法院。7月30日，北京互联网法院作出一审判决[①]，认定腾讯公司侵害原告黄某个人信息权益，但未侵害其隐私权。

判决结果：深圳市腾讯计算机系统有限公司停止微信读书软件收集、使用原告微信好友列表信息的行为，并删除微信读书软件中留存的原告的微信好友列表信息；解除原告在微信读书中对其微信好友的关注；解除原告微信好友在微信读书中对原告的关注；停止将原告使用微信读书软件生成的信息（包括读书时长、书架、正在阅读的读物）向原告的微信好友展示的行为；腾讯科技（深圳）有限公司、深圳市腾讯计算机系统有限公司向原告书面赔礼道歉；三被告连带赔偿原告公证费6600元；驳回原告的其他诉讼请求。

法院认为：本案中，微信读书为用户自动添加好友、微信好友之间的读书信息默认开放的行为构成对原告个人信息权益的侵害。首先，微信读书、微信在应用软件中为两款独立的应用，显示的开发者并不相同，两个软件共同好友的关系并不符合一般用户的合理预期。其次，读书信息可能构成对用户的“人格画像”，在互联网时代，用户应享有自主建立或拒绝建立信息化“人设”的自由，而这种自由行使的前提是用户清晰、明确地知晓此种自由。但是，微信读书在用户协议中并没有就应对好友列表、读书信息的处理方式等重要事项进行充分告知，易让用户对微信和微信读书两个软件中的“好友”产生混淆，因此，不能视为获得用户有效的知情同意，构成对原告个人信息权益的侵害。

案例4：原告程先生称被告魏先生通过“黑暗骑士”“凤凰阿陋”两个账号在blued社交软件上持续散布程先生个人隐私，给程先生造成一定恶劣影响。程先生提交了魏先生用“黑暗骑士”“凤凰阿陋”两个账号发布的针对自

---

① （2019）京0491民初16142号。

己的侵权信息打印件,但是魏先生否认以上两个账号发布的侵权信息是自己发布的。经法院调取两个涉案账号的后台信息显示:“黑暗骑士”已被销户,查无此人;“凤凰阿陋”用户设置了禁止应用访问 IMEI,且后台无法显示出用户真实身份信息。同时,能够证明被告侵权身份的证人阿亮亦不愿意出庭作证。

判决结果:原告程先生提供的证据尚不能达到盖然性证明标准,不能证明被告系本案的侵权人及其实施了侵权行为,故驳回了原告的诉讼请求。

法院认为:根据民事案件的举证责任规则,侵权事实必须有相应证据予以证明,如果被侵权人没有及时、有效地对侵权信息进行固定取证,对涉嫌的网络用户的被告资格不能提出证据予以确认,法院就不能够支持被侵权人的诉讼请求。

(二)互联网侵权案件中对个人私密信息保护存在的问题

1. 认定范围不明确。结合案例 1 和案例 2 可以得知,互联网中存在的大量个人信息,当遭受侵犯时,有的可以主张隐私权进行救济,有的则需要以个人信息权益遭受侵权为由主张救济。存在这种现象的原因,在于对互联网上私密信息的认定存在范围不明确的问题。互联网用户通过注册会员、填写问卷、浏览网页等行为均有可能暴露自己的姓名、电话、社交关系、地理位置等,这些信息在通常情况下并不具有传统意义上的“私密性”(如个人健康隐私等),但是在互联网环境下就存在被他人获取、利用的可能性,从而违背该用户保持相关信息不被他人知晓的意愿。两个案件中对权利人的姓名、电话、住址等信息分别认定为隐私权和个人信息,虽然在很大程度上支持了原告的诉讼请求,但是并没有结合互联网侵权案件的特点对个人私密信息的范围作出一致认定,反映出司法实践中对个人私密信息的认定范围还存在不明确的问题。

2. 认定标准不统一。结合案例 3 可以发现,目前在司法实践中,对于互联网侵权案件中究竟何谓私密信息尚有争论,在认定标准上也存在不统一的问题,造成了同案不同判的实际问题。隐私主要是防御性权利,注重精神利益;个人信息权益注重预防侵害,同时有财产利益,有积极利用的可能。判断是否构成隐私,需要符合社会一般理性标准,强调其"不愿为他人知晓"的"私密性"。案例3中,对于读书信息,用户可能存在不愿为他人知晓的期待,也可能存在知识共享、文化交流甚至商业回报等积极利用的期待,不同用户对于读书信息的隐私期待有所不同。该判决认定不构成一般意义上的"私密性"是否合理尚有疑问,在认定标准上仅以单方面具有"不愿为他人知晓"的意愿并不合理,在客观上不利于个人私密信息的保护。

3. 责任分配不科学。案例4中,法院以原告无法举证证明被告实施侵权行为为由判决驳回诉讼请求,虽然在形式上符合"谁主张,谁举证"的证明规则,但是却忽略了互联网侵权案件的特殊性,即被侵权人是自然人时,在证明能力上天然具有不对等性。互联网具有及时性、技术性和海量性的特征,个人信息一旦被泄露,在很短时间内就被转发成百上千次,且侵权行为、相关记录很容易通过技术手段进行"隐匿",这给被侵权人的举证带来很大的困难。如果还以"谁主张,谁举证"的证明规则要求被侵权人,将明显有失公允。

二、个人私密信息保护的理论基础

个人私密信息为什么需要特别予以保护,对其进行保护的理论基础和思想源头是什么,个人私密信息保护与隐私权保护的法理基础是什么,对于以上一系列问题的探索和研究有利于对于个人信息保护提供系统的理论支撑,并且在一定程度上也能够探寻个人信息保护的逻辑起点,为构建系统完备的个人信息保护机制提供思想和理论根基。本部分内容主要从个人私密信息保护的理论探究、法理基础、机制障碍等多个层面进行分析和论证,对个人私密信息保护的理论基础进行系统梳理,为进一步明确个人私密信息的范畴以及个人私密信息相关问题的研究奠定良好基础[①]。

---

① 郑维炜:《个人信息权的权利属性、法理基础与保护路径》,载《法制与社会发展》2020年第6期。

(一)个人私密信息保护的理论探究

当今社会是一个高度信息化的时代,海量的信息传播为人类生活提供了便利,能够为人们提供大量的需要的信息,保障人们生活的需求。但是在享受信息化、高科技、大数据带来的便利的同时,人们也面临着个人信息被泄露和不当使用的困境。个人信息保护中私密信息更是涉及个人信息的核心,涉及公民个人生活的最为秘密的部分,需要得到特别的保护。

一般认为,对个人信息的保护起源于美国。到20世纪后期,随着信息技术的革新,对个人信息的收集、使用已经形成一个巨大的信息产业,美国和欧盟均已在立法层面将个人信息纳入法律保护的范畴。我国学界对于如何界定个人信息权的属性仍有争议,一直以来存在多种不同主张。探本溯源,这些理论学说都回归到权利本源的讨论,即自然人对其个人信息是否享有权利的问题。如果享有,如何在法律上界定该种权利的属性?如果不能究其本源,那么相关的立法将成为无源之水、无本之木。关于公民个人信息的性质有广义隐私权说、财产权说、独立人格权说三种主要说法。我国《民法典》人格权编第1032条第2款规定的"隐私权"的保护对象仅是隐私,即自然人的私人生活安宁和不愿为他人知晓的私密空间、私密活动、私密信息。可以看出,该条文将生活中大量存在的公开的个人信息排除在隐私权的保护范围之外,导致这些公开的个人信息无法被归入隐私权的保护范围从而获得法律的保护。以王利明教授为代表的学者们主张,隐私权仅作为一种精神性的人格权,是一种消极的防御性权利,擅自公布他人隐私的行为构成侵权,但在隐私权被侵害之前,权利人无法采取积极主动的保护方式。独立人格权说符合个人信息权的内在属性,因此,个人信息权作为权利在属性上应被认定为一项独立的人格权①。

个人私密信息保护是基于信息的非公开性而展开的,并且该类信息往

① 王利明:《论〈个人信息保护法〉与〈民法典〉的适用关系》,载《湖湘法学评论》2021年第1期。

往带有专属性质,体现个体特征。比如,一个人的位置信息、行动轨迹、饮食习惯、健康状况、身体特征等,往往能够锁定一个人,相关信息的保护是保证私人生活安宁的重要保障。个人私密信息往往需要限定在特定的范围内,如果超出特定范围,私密信息就会遭到不当的利用,给权利人造成损害。

(二)个人私密信息保护的法理基础

保护个人信息利益是信息时代发展中的重要内容,其核心价值在于维护人的自主性以及人格尊严,这些价值正是人格权的奠基性价值。因此,对个人信息利益的保护应当被认定为一项独立的民事权利,通过创制个人信息权来保护个人信息,是一般人格权在信息时代发展中所形成的新的社会形态的具体展现。在法律上创制个人信息权,可以更好地满足自然人对个人信息利益的保护诉求,并且能够与人格权的根源和内在要求相契合①。

个人私密信息则是个人信息中最为核心的内容,具有私密性、非公开性、专属性。在互联网信息技术高速发展的今天,几乎每个人都需要接触到大量的个人信息,不断获取他人个人信息的同时也在向他人提供个人的信息,在信息的交换和传播的过程中就需要对相关的信息进行分类保护,避免个人信息被不当收集、运用。个人私密信息保护也是人格权的重要内容,体现人格利益,也体现出对人格尊严的保护。人格权的法哲学基础根源于人的本质属性。人具有社会性,处在一定的社会关系中且具备认识能力和行为能力。在此基础上,人还具备使其能够确立权利主体地位的本质属性。在康德看来,这种本质属性正是人的理性,人的理性既包括客观上认识世界的能力,也包括主观上领会道德要求并根据道德要求行为的能力。正是在具备理性能力的基础上,人具备了理解、接受和践行道德规范的可能性,才最终确立了自己的绝对价值,即人的尊严。对人的尊严的尊重,是道德的基本要求,因此,康德提出了"人是目的而非工具"的"人性公式",并要求"你要

---

① 张新宝:《从隐私到个人信息:利益再衡量的理论与制度安排》,载《中国法学》2015 年第 3 期。

如此行动,即无论是你的人格中的人性,还是其他任何一个人的人格中的人性,你在任何时候都同时当作目的,绝不仅仅当作手段来使用”。任何人的人格尊严和人格利益都应当处于其自身的整全性支配之下,不应当受到他人的干涉和阻碍;同时,任何人都应当尊重他人人格尊严和人格利益的独立性和完整性,履行不干涉和不阻碍他人人格的义务。个人信息权以个人的自决权为基础,符合人格权对人格独立性、自主性和整全性的内在要求。作为尊重人格尊严和保护人格利益的一种表现形式,个人信息保护集中体现为具备主体性的个体对其信息的自由意志。“个人信息自决属于私人生活自主决定权的范畴,其目的在于保护个人对其私生活事务的自主决定。在私生活领域,只要不影响公共利益,就应当尊重个人对其私生活的判断和决定。”根据《民法典》人格权编第 1035 条第 1 款第 1 项的规定,处理自然人个人信息必须“征得该自然人或者其监护人同意,但是法律、行政法规另有规定的除外”。这一关于使用者“知情同意”授权的规定强调了对人格独立性和自主性的尊重。由此可见,通过创制个人信息权的方式保护个人信息,能够充分尊重个人在私人生活中的自由意志,从而保护人格尊严。

(三)个人私密信息保护的机制障碍

当前关于个人私密信息的规定中并未明确个人私密信息内涵的具体边界,在个人私密信息的认定上存在模糊化的特点。另外,个人私密信息的保护目前还存在认定标准的不统一,例如,在个人私密信息的保护原则上仅仅是宣示性的规定,没有具体规定侵犯个人私密信息应当承担的主要责任,当事人的举证责任分配,有效的责任分担机制还没有正式形成①。

另外,在互联网网络平台侵权行为的认定中尤其凸显出个人私密信息保护的不足,由于网络的虚拟性和信息传播的高速度,侵权行为表现为隐蔽性,并且网络侵权往往是互联网网络平台占据绝对的主导优势,利用信息、技术等多方面的优势非法搜集网络用户的个人私密信息。在此过程中,公

---

① 金耀:《个人信息私法规制路径的反思与转进》,载《华东政法大学学报》2020 年第 5 期。

民个人对于信息收集的时间甚至都不知晓，更无法对相关的信息进行自主处理。比如，在网络格式条款中，网络服务提供者往往会要求读取公民的个人通讯录、位置信息等信息，如果不同意，网络服务提供者则拒绝提供相关服务，这就在很大程度上限制了个人在私密信息上的处置权①。通常的情况是，相关主体在收集个人信息时做出要求，要求必须提供个人的位置信息、手机通信信息甚至健康信息等信息，但是并未在相关的约定或者合同条款中明确对于相关信息的合理、合法的使用，也未明确具体的保密义务，以及信息泄露或者被非法利用的具体责任追究方式等。

三、构建个人私密信息保护机制的具体举措

（一）适当扩大个人私密信息范围

《个人信息保护法》摒弃了"私密信息"这一外延高度不确定的概念，转而采取了"一般信息—敏感信息"的分类方式，其第 2 章第 2 节明确以"敏感个人信息的处理规则"为标题，并且在第 28 条中明确列举个人生物特征属于敏感信息。相比较而言，"敏感信息"的概念内涵更为明确具体（如种族、政治与宗教信仰、生物识别信息、健康信息、性取向等）；而"私密信息"在边界上则较为模糊，可涵盖所有未公开的个人信息，包括在特定范围内（如家庭成员、朋友间）分享的所有信息。从客体范围的确定性角度来看，《个人信息保护法》的做法似更可取。另外，该法第 26 条针对公共场所的图像采集、个人身份识别设备的规定，可以直接关联到人脸识别技术，足见该法对于这一特殊信息处理技术的关注和区别性规制。

《民法典》中仍然使用了私密信息的概念，并且明确个人私密信息主要包括个人生理信息、身体隐私、财产隐私、家庭隐私、通讯秘密、谈话隐私、个人经历隐私、其他有关个人生活的隐私。具体而言，私密信息包含的范围非常广泛，任何私人不愿意公开的信息都可以构成私人的秘密信息。只要这种隐匿不违反法律和社会公共道德，都构成受法律保护的隐私。综合《民法

① 张凌寒：《数据生产论下的平台数据安全保障义务》，载《法学论坛》2021 年第 2 期。

典》和《侵权责任法》关于个人私密信息的规定,个人私密信息的范围主要限定在个人的隐私信息,体现的是生活的隐私。但事实上,个人私密信息应该更加广泛,只要是能够体现一个人的独特性、专属性且不愿为他人知晓的个人信息,且对该信息的私密拥有不违反法律和社会道德的要求,就应当受到保护。

个人私密信息的范围不能仅仅以具有生活隐私性作为判断标准,核心的判断标准应当是信息对于个人私生活安宁以及人格利益的影响,尤其是相关信息被传播或者非法利用可能造成的个人损害的角度进行综合判断。[①]但是个人私密信息的范围又不能过于宽泛,否则就会导致社会治理成本加大,信息流通效率降低,影响正常的社会发展,不利于经济的健康发展。必须在综合考虑社会发展阶段、科技发展水平、民族宗教信仰等多种因素,动态把握个人私密信息的具体范围,适时调整个人私密信息的保护范围和规则,推进个人私密信息的适当的扩充,更好地保护公民的隐私权利。

(二)全面认定个人私密信息的标准

知情同意原则是个人信息保护的基本原则,即数据控制者在处理个人信息时,应当履行告知义务,获得个人信息主体明确、具体的同意。《民法典》关于个人私密信息的认定标准则是以"不愿为他人知晓"作为具体判断依据。这样的判断依据缺乏必要的可操作性,完全是主观标准,难以为司法提供较为明确的指引,且在具体运用证据进行证明时也会出现证据收集的困难,难以形成证据体系。

笔者认为,全面认定个人私密信息应当从以下两个层面、四个方面进行综合考量,综合进行认定:

在主观层面上主要表现为两个方面:其一,该信息是否处于个人私密空间,具有专属性。个人私密信息往往处于个人私密空间之内,如个人的日记本,个人的思想、个人的宗教信仰等,往往体现一个人的内心的思想活动,与

---

① 冉克平:《论〈民法典〉视野下个人隐私信息的保护与利用》,载《社会科学辑刊》2021 年第 5 期。

外界相对隔离,具有专属性,个人不愿该信息被公众知晓或者传播,信息往往处在一定的范围内。其二,该信息的所有者是否有处置能力,能否认识到该信息的私密性质。该标准主要是要考虑信息所有者的具体精神状态、行为能力,能否有效地保护自身的私密信息。比如,未成年人或者无行为能力人,虽然同意处置个人较为私密的信息,但该同意是无效的。

在客观层面上也表现为两个方面:其一,该信息通常是处于何种状态,是否处于隐秘状态。如果相关信息在通常情况下均是处于未公开状态,并且与个人紧密联系,就应当认定该信息属于个人私密信息。其二,该信息可能进行的处置行为是否会造成个人的相关权利受损,影响个人私生活的安宁。在这个层次上主要是考虑在具体的侵权案件中造成的后果,是在行为结果层面进行的认定。

除上述标准之外,社会公众的一般认知也应当是认定个人私密信息的重要标准,符合社会公众的一般认知也是较为基本的要求,能够契合具体的行为特征。

(三)科学分配侵害个人私密信息的责任

《民法典》人格权编和侵权责任编均对个人私密信息保护作出了较为概括性的规定。但是具体到侵害个人私密信息的法律规制方面并没有作出较为明确的规定。从上述案例的分析中可以看到,关于个人私密信息的认定标准不统一,处理规则也不明确,尤其是在责任分配方面,仍然适用的是"谁主张,谁举证"的一般民事诉讼规则,没有考虑侵权案件双方的具体情况,尤其是侵权行为实施者大多属于公权力机关或者网络信息平台等优势地位者,双方在举证能力、经济水平、信息掌握程度以及责任承担能力多方面均存在较大差异。

鉴于在互联网大数据时代个人信息侵权的具体特点,在侵害个人私密信息的责任分配上,应根据网络用户和网络提供者在侵权案件中所起的客观作用出发,客观科学地分配侵权责任。具体而言,应当从以下三个层面出发,构建科学合理的责任分配体系:

1. 采用“举证责任倒置”规则,全面保护个人私密信息。侵犯个人信息的案件往往是发生在不平等主体之间,即便是发生在平等主体之间,双方也存在信息不对称的问题。信息优势一方往往会利用自身的信息资源及能力优势,通过格式条款或者多种方式侵犯个人私密信息。由于个人在信息掌握、举证能力等多方面的天然劣势,在发生个人私密信息侵权纠纷时,往往难以有效证明侵权行为的存在,更遑论证明侵权行为的具体内容以及程度。比较而言,侵权行为者往往处于信息优势地位,有着技术和信息的垄断地位,由其进行举证更能够保障个人私密信息。

2. 区分责任行为主体以及行为作用。个人私密信息保护应当区分责任行为主体,区分具体行为类型,在此基础上进行有针对性的责任分配,更能够体现具体的侵权行为特征,也能够在很大程度上避免个人私密信息侵权行为保护的泛化。

3. 明确侵害个人私密信息的处置规则,提高惩治力度。明确侵害个人私密信息的处置规则关系到最终的保护力度。当前法律对侵害个人私密信息的保护力度还远远不够,对于侵害个人私密信息的证明标准、举证方式、救济路径等多方面均缺乏系统规定。《民法典》人格权编和侵权责任编虽然都规定了对个人私密信息的保护,但是对于具体的保护路径、相关的规则体系以及最终的认定思路均缺乏系统阐述,这部分需要司法解释以及后续的相关法律规定予以进一步的明确。

结 语

个人信息保护关系到每个人的核心利益,随着互联网信息技术的不断发展,个人信息的传播途径不断拓宽,信息泄露的风险空前加大。在互联网侵权案件中如何有效防范个人信息尤其是个人私密信息的泄露至关重要。本文的探索是从司法实践和理论研究两个层面挖掘网络侵权中个人私密信息的概念、保护路径等方面存在的问题,探索行之有效的治理路径,同时也从法律协调的角度构建个人私密信息保护网,希望能为个人信息保护的发展贡献绵薄之力!

刑事法治

涉私募非法集资犯罪刑事司法政策的观察、批判与建构

常秀娇*

私募投资基金，是指以非公开方式向投资者募集资金设立的投资基金①。我国的私募基金发展的起步时间最早可以追溯到1985年3月，中共中央发布的《关于科学技术体制改革的决定》明确提出可以为高技术开发工作设立创业投资给予支持，依据该政策，私募股权基金具有了操作的空间②。私募基金行业发展至今，已成为我国资管行业第二大支柱行业③，在国家经济发展中扮演着重要角色。但由于我国私募行业监管起步晚、层级低、效能差，私募基金在开展经营活动中容易触碰刑法红线或以私募基金为名行非法集资之实，往往构成非法吸收公众存款罪、集资诈骗罪等罪名，所以对于私募基金领域的非法集资行为，凡是符合我国刑法非法吸收公众存款等犯罪构成要件的，具有刑事可罚性的，统称为涉私募非法集资犯罪。

结合监管机构对私募企业行政处罚披露的违法事实和违规执法数据来看，我国涉私募非法集资犯罪存在较大黑数，一旦全面暴雷可能危及人民群

---

* 常秀娇，北京市社会科学院法治研究所助理研究员，法学博士。研究方向：犯罪治理、社会治理。

① 常秀娇、张志富：《私募基金与非法集资犯罪的法律边界》，载《南都学坛》2017年第4期。

② 王燕辉：《私人股权基金》，经济管理出版社2009年版，第278页。

③ 《证监会副主席方星海在2022青岛·中国财富论坛发表演讲》，载新浪网，http://finance.sina.com.cn/hy/hyjz/2022-07-30/doc-imizirav6063115.shtml。

众的财产安全。据笔者检索统计,2017 年至 2021 年我国共判决 492 件涉私募非法集资犯罪①,其中 2018 年是最高点,较 2017 年增长 51%,之后虽有所回落,但也一直保持在较高位,年均 127 件左右,犯罪形势较为严峻。为维护金融安全,全国自上而下开展了多轮打击金融犯罪的专项行动,特别是自 2018 年 P2P 暴雷以来办理了大量非法集资案件,对民间投资领域的金融环境进行了肃清,但涉私募基金的犯罪发展态势并没有明显好转,暴雷危机依然存在。在此有必要对我国涉私募非法集资犯罪的刑事司法政策其指导下的司法实践进行总结、批判、反思,建构针对涉私募非法集资犯罪的具体刑事政策体系。

一、我国涉私募非法集资犯罪刑事司法政策政策观察

我国尚无专门针对涉私募非法集资犯罪的刑事政策,由于这类犯罪发生在私募活动中或以私募的名义展开,涉嫌的罪名主要是非法吸收公众存款罪、集资诈骗罪等非法集资犯罪,所以相关刑事司法政策体现在我国关于非法集资犯罪、金融犯罪和涉众型经济犯罪等类罪的司法解释、指导判例和规范性文件中。

(一)"从严从重"是我国涉私募非法集资犯罪刑事司法政策的基调

涉私募非法集资犯罪是一种破坏金融管理秩序,侵害人民群众财产权的犯罪,这种犯罪扰乱金融市场,破坏金融稳定,影响金融从业机构信用和声誉,降低社会公众对于金融机构的信心,应当依法严厉惩治与打击。《最高人民法院关于贯彻宽严相济刑事政策的若干意见》第 9 条对集资类犯罪等严重危害金融秩序的犯罪作出规定:"……要依法从严惩处,维护国家的经济秩序……"我国这种"从严从重"的刑事司法政策,主要体现在以下几个方面。

① 数据来源于威科先行裁判文书数据库收集的公开上网的判决书,统计口径为公司或自然人违法进行私募活动,被法院判处非法吸收公众存款罪、集资诈骗罪的案件数。

1.犯罪漏斗口径较窄,但一旦进入刑事司法程序,涉私募非法集资犯罪的定罪率高。

我国涉私募基金的监管领域倾向于"以罚代刑",大量可能触犯刑事法律红线的私募融资活动未走入刑事程序,存在较大犯罪黑数。如果将整个违法犯罪行为比喻为一个漏斗,只有少部分行为能够通过较窄的口径筛入刑事程序。但一旦进入刑事司法程序,我国在司法实践中采取严厉的刑事司法政策的导向,涉嫌犯罪的定罪率很高,出罪的空间小,无罪案件罕见。例如,天津市第二中级人民法院于2015年发布的《涉私募基金刑事审判白皮书》显示,在涉私募基金刑事案件中,非法吸收公众存款罪的定罪率达到了100%。

2.涉私募非法集资犯罪的刑罚配置较重,一旦构成集资诈骗犯罪重刑率高、监禁刑率高。

我国涉私募非法集资犯罪适用的罪名主要是非法吸收公众存款罪、集资诈骗罪。以非法吸收公众存款罪为例,我国刑法一直在提高该罪名的法定刑,《刑法修正案(十一)》将非法吸收公众存款罪的法定刑增设至三档,第三档即数额特别巨大或者有其他特别严重情节的,处10年以上有期徒刑,并处罚金。该修改使该罪的法定最高刑由原来的10年有期徒刑调整为15年有期徒刑。与国外相比,我国对非法吸收公众存款罪配置的刑罚量较重,而国外则明显更轻。例如,日本对于非法吸收存款的,最高刑仅为3年惩役。再如,德国对于未取得《信用业法》许可而故意从事银行业务如吸收不特定多数人钱款的行为,最高刑亦为3年有期徒刑。

行为人以非法占有为目的实施非法吸收公众存款行为的,则进一步升级构成集资诈骗罪,我国刑法对集资诈骗罪设置了更重的刑罚量,一度还曾在较长时间内对该罪名保留了死刑。根据我国刑法对集资诈骗罪数额巨大的就能够判处法定最高刑无期徒刑,而涉私募非法集资犯罪涉案数额动辄上亿,远远超过法律规定的数额巨大的标准,这些原因都导致涉私募活动一旦构成集资诈骗罪,被判处轻罪的可能性就被大大限缩了,往往要被科以重刑。这一结论得到了司法实践数据的印证,根据最高人民法院披露,2015年至2018年,集资诈骗犯罪案件的重刑率连续4年均超过70%,监禁刑率连续4年均超过90%,远高于同期全部金融犯罪案件的重刑率和监禁刑率。

(二)建立在"犯罪人分链分层"基础上的"宽严相济"和"区别对待"

宽严相济刑事政策是我国的基本刑事政策,最早是在2004年12月的全国政法工作会议中提出的,是对之前惩办与宽大相结合的刑事政策的承继和发扬,具有更为辩证、深刻的内涵。宽严相济刑事政策作为基本刑事政策贯穿于刑事立法、司法和执法的始终,具有重要的指导作用。宽严相济的含义就是:针对犯罪的不同情况,区别对待,该宽则宽,该严则严,有宽有严,宽严适度[①]。裁判者在综合适用宽松刑事政策与严格刑事政策的互济过程中,实现二者的相互依存、相互补充、相互协调、有机统一,实现刑法公正。宽严相济刑事政策指导刑事司法实践,也当然适用于涉私募非法集资犯罪这一类罪的审理活动。

宽严相济刑事政策落实到涉私募非法集资犯罪,集中体现为"区别对待"原则。最高人民法院、最高人民检察院、公安部联合印发的《关于办理非法集资刑事案件若干问题的意见》(以下简称"两高一部"《意见》)规定,办理非法集资刑事案件,应当依法合理把握追究刑事责任的范围,做到惩处少数、教育挽救大多数。要按照区别对待原则分类处理涉案人员,做到罚当其罪、罪责刑相适应。

涉私募非法集资犯罪的区别对待是建立在"犯罪人分链分层"的基础之上的。笔者尝试对涉私募非法集资犯罪集团内部及其相关人员的分链分层的一般情况进行总结,并对应地分析呈现出的司法裁判规律[②]。

1. 链条分布和层级划分。

整体而言,涉私募非法集资犯罪集团及其相关人员按照分工和发挥作

---

① 高铭暄:《宽严相济刑事政策与酌定量刑情节的适用》,载《法学杂志》2007年第1期。

② 以下为司法实践中的一般规律,用以说明涉私募类非法集资犯罪案件整体上以分链和分层来划定刑事打击范围的司法实践现状,但具体案件中不同链条上不同作用人员的刑事责任问题,还要结合主客观构成要件要素和在案证据进行综合判定。

用的不同,可以分为两条链条:一条是业务链(或包括技术链),层级由高到低依次分别包括公司的法定代表人或实际控制人、业务链的公司主管、业务主管、业务口的工作人员等。另一条是辅助链,层级由高到低依次包括为公司运行提供支持和帮助的行政或财务的公司主管、行政或财务主管、行政或财务工作人员等。

2. 针对不同链条和层级的司法裁判一般规律。

涉私募基金非法集资犯罪中不同链条上和不同层级人员的刑事责任不同,这是由我国刑法规定的主客观要件认定决定的,下文总结的司法裁判规律是对一般情况下刑事打击范围的概述。

(1)就业务链而言,司法实践中一般情况下业务主管及以上会被纳入追究刑事责任的范畴,但对一般业务骨干人员是否追究刑事责任,则根据案件情况有所差别。这种刑事司法实践中把握的差别往往以业务骨干人员的收入方式为关键点,若业务骨干人员抽取高比例的佣金,收入水平远远高于同行业的标准,则有可能推定其具有犯罪的故意而追究其刑事责任。如果公司募集资金的方式主要是通过互联网实现的,则技术链的刑事追究范围基本可以参照业务链。至于总公司和分公司业务线的刑事打击层级,跟案发情况有较密切的关系:一种情况是在总公司案发,则分公司打击的链条上的层级往往较高,一般到实际控制人,更低层级则不追究刑事责任,司法实践中也存在对分公司不追究刑事责任的情形。另一种情况是在分公司案发,则分公司的打击链条相对完整,同样总公司也会受到较为全面的刑事处罚。

(2)就辅助链而言,司法实践中就对于行政辅助人员或财务人员是否要追究刑事责任存在较大的分歧,一般情况下,如果有充分证据证明公司的行政主管人员或财务主管人员明知公司进行的是非法集资犯罪,仍提供公司日常运营或财务支付的管理和支撑,则认定其构成共同犯罪中的帮助犯,其往往被认定为从犯,而总公司案发的情况下,分公司的行政管理或财务链一般不会被追究刑事责任。

综上,可以说刑事司法在涉私募非法集资犯罪的不同链条之间存在打击范围的错位,而在不同链条上的不同层级之间存在区别基础上的宽严相济,具体可见图1。

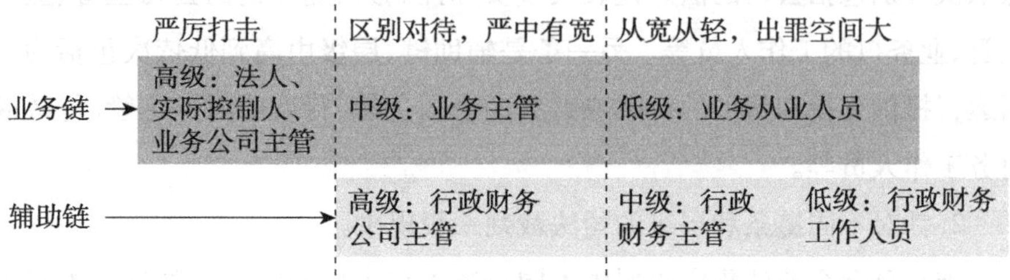

图1　涉私募犯罪内部不同链条层级上刑事司法政策的体现

(三)严厉打击核心骨干人员,宽缓刑事政策主要适用于低层级人员

由于涉私募非法集资犯罪多数是以组织化的公司形态出现,犯罪集团内部会有分工合作,不同的犯罪嫌疑人发挥的作用和行为的社会危害性程度有显著的差别,所以在刑事司法政策上采取区别对待的原则,严厉打击的是涉私募非法集资犯罪的核心管理层人员和骨干人员,一般是指业务链的中高级管理人员和辅助链的高级管理人员。应依法严惩非法集资犯罪中的主犯,对于具有犯罪数额特别巨大、引发群体性事件、严重扰乱金融秩序等情节的主犯,坚持从严打击。最高人民检察院于2017年6月2日发布的《关于办理涉互联网金融犯罪案件有关问题座谈会纪要》(以下简称最高人民检察院《座谈会纪要》)在规范文件层面明确指出,涉互联网金融犯罪案件涉案人员众多,要按照区别对待的原则分类处理,对核心管理层人员和骨干人员,依法从严打击。宽缓的刑事政策主要用于非核心低层级人员。主要是指业务链的从业人员和辅助链的中低级工作人员。上述刑事司法政策适用上的差别在司法实践中表现为对不同层级人员的抗辩理由的采纳、主观的认定和犯罪金额的计算等方面。

1. 核心骨干人员关于主观无罪或罪轻的抗辩,如无其他有力证据,很难被采纳,他们往往被追究刑事责任,而业务链上的低层级人员或行政链上的人员的主观抗辩,被采纳的空间更大。

第一,根据最高人民检察院《座谈会纪要》,低层级犯罪嫌疑人如无相关职业经历、专业背景，且从业时间短暂，在单位犯罪中层级较低，纯属执行单位领导指令的犯罪嫌疑人提出辩解的，如确实无其他证据证明其具有主观故意的，可以不作为犯罪处理。

第二，涉私募非法集资犯罪嫌疑人为了取得投资人的信任使其自愿交付资金，往往会采取一定的蒙骗性手段，往往会制作或拿出所谓政府有关部门的批准文件等虚假证明文件进行对内或对外的宣传。根据最高人民检察院《座谈会纪要》，层级较低的犯罪嫌疑人提出因信赖行政主管部门出具的相关意见而陷入错误认识，不具有犯罪的主观故意的，如果上述辩解确有证据证明，一般不应作为犯罪处理。较高层级的犯罪嫌疑人往往知晓推动的集资活动与行政部门出具意见所涉及的行为不一致、故意向行政主管部门虚构事实等以骗取证明文件、通过利益输送等行为干扰获取证明材料的公正性，因此其在主观故意上的抗辩很难被采纳。

第三，非法占有的认定是区分非法吸收公众存款罪和集资诈骗罪的关键点，在全案可能构成集资诈骗罪的前提下，较低层级的犯罪嫌疑人以不具有非法占有目的进行的抗辩，具有采纳的空间。司法实践中，不同层级的被告人之间存在主观认识上的不同，或者犯罪目的发生转化，应当根据被告人的主观故意来认定罪名。基于此，同案的共同犯罪人中，高层级的犯罪嫌疑人构成集资诈骗罪，而低层级的犯罪嫌疑人构成非法吸收公众存款罪这一轻罪，并非罕见。

2. 高层级人员的定罪率高，而业务链上的低层级人员或行政链上的人员，存在出罪和罪轻的司法空间。

刑事司法实践中，要根据行为人的客观行为、主观恶性、犯罪情节及其地位、作用、层级、职务等情况，综合判断行为人的责任轻重和刑事追究的必要性。犯罪行为人的层级低或者从事与犯罪相关性更小的活动，就基本能够表明行为人的地位低、作用小、层级低等，往往认定其为发挥次要作用的从犯，在定罪量刑的过程中有罪轻甚至无罪的可能。但核心骨干人员出罪的概率很小，司法实践中的高定罪率就是典型例证。

(1)从罪轻层面上看，最高人民检察院《座谈会纪要》明确指出，对犯罪情节相对较轻、主观恶性较小、在犯罪中起次要作用的人员依法从宽处理。

(2)从无罪层面上看,"两高一部"《意见》明确指出,对于涉案人员积极配合调查、主动退赃退赔、真诚认罪悔罪的,可以依法从轻处罚;其中情节轻微的,可以免除处罚;情节显著轻微、危害不大的,不作为犯罪处理。最高人民检察院发布的典型案例即刘前进等集资诈骗案①,也在"典型意义"部分明确传达了对低层级犯罪嫌疑人宽缓的刑事司法政策要义,即若雇佣人员仅仅是提供劳务、领取工资,虽然其职务、岗位职责与犯罪活动密切相关,但其与主管人员没有共谋,也没有实施具体的犯罪行为,或只是受指派接受领导参加了非法集资过程中的某个环节,一般不宜认定为犯罪。

3. 涉私募非法集资犯罪的犯罪金额的计算,低层级犯罪行为人特别资金的刨除,可能降低法定刑幅度,而高层级要合并计算。

根据我国刑法和相关司法解释的规定,犯罪金额是决定对犯罪行为人适用法定刑刑档的重要标准,涉私募非法集资犯罪的犯罪金额计算方法直接决定了犯罪金额的具体数值,直接影响法定刑刑档的选择,直接影响犯罪行为人最终被判处的刑期,是必须要明确的问题,不能模糊。司法实践中,不同层级犯罪行为人的犯罪金额计算方式有所差别,主要体现在特定资金是否刨除的问题上。根据最高人民检察院《座谈会纪要》,低层级的犯罪行为人吸纳的自身及其近亲属所投资的资金金额、记录在犯罪行为人名下但其未实际参与吸收且未从中收取任何形式好处的资金,不计入该犯罪行为人的吸收金额。但这两部分应剔除的吸收金额,在计算上一层级负责人的犯罪金额时,不得刨除。

关于这一宽缓刑事司法政策在涉私募非法集资犯罪中的体现,还需要进一步强调两点:一是随着我国涉私募非法集资犯罪涉案金额的不断攀升,犯罪金额小部分刨除的司法适用对于宽缓刑事司法政策的导向作用越来越小。二是关于特别资金在犯罪金额计算中刨除的宽缓刑事司法政策面临被

---

① 最高人民检察院法律政策研究室编:《金融犯罪指导性案例实务指引》,中国检察出版社2018年版,第245页。

从严政策挤压改变的现状。“两高一部”《意见》明确指出，存在如下情形的，向亲友或者单位内部人员吸收的资金应当与向不特定对象吸收的资金一并计入犯罪数额：(1)在向亲友或者单位内部人员吸收资金的过程中，明知亲友或者单位内部人员向不特定对象吸收资金而予以放任的；(2)以吸收资金为目的，将社会人员吸收为单位内部人员，并向其吸收资金的；(3)向社会公开宣传，同时向不特定对象、亲友或者单位内部人员吸收资金的。两部现行有效的司法解释在同一问题上的解释存在分歧，这会造成司法适用的混乱，需要进一步明确。

二、对我国涉私募非法集资犯罪刑事司法实践的批判

严格地说，刑事政策是在批判刑法的基础上产生的，对现行刑事司法实践进行批判性考察，将刑事法置于广泛的犯罪治理实践去评价完善，是刑事政策研究的使命①。以我国现行有效的司法解释中设定的涉私募非法集资犯罪的“宽”和“严”的刑事司法政策，来审视我国相关犯罪审判实践，也存在很多问题，概括起来就是“应严不严”“当宽不宽”，犯罪治理的效能较低，部分判决中存在的问题甚至冲击刑事司法权威。在此择要点简要述之。

（一）司法实践中不同地区对于“宽”和“严”的把握尺度不一致，存在同案不同判的现象，冲击司法权威

我国刑事法律赋予了刑事审判庭自由裁量权，且在犯罪金额远远超过我国司法解释不同刑档的数额标准时，审判性的自由裁量权将对判决结果产生重大影响。同时我国关于涉私募非法集资犯罪的刑事司法政策无论是在“宽”还是“严”的层面都规定得比较宽泛，不能提供明确的指引，因此各地在适用时把握的尺度存在较大差别，有的会严格按照金额僵化地适用法律，有的会利用认罪认罚制度等宽缓制度对量刑幅度进行比较大的突破，这造成性质相同、行为方式相仿、犯罪金额相当的案件在不同地区判决的结果差

① 卢建平：《刑事政策与刑法》，中国人民公安大学出版社2004年版，第11页。

别很大,这种司法现状直接冲击了刑事司法权威。

(二)拉低入罪门槛,将犯罪构成要件要素扩大化,有违罪刑法定

为了实现打击犯罪,司法实践中存在对犯罪构成要件要素进行扩大化解读的情况,人为地拉低了入罪的门槛,扩大了刑事打击范围。如司法实践中存在以资金链是否断裂来断定行为人是否构成犯罪的倾向,涉私募基金非法集资犯罪的案件很多是由于投资端资金链断裂或者经营遇到重大变故,未按时返还投资者本金和收益,导致投资者报案,而根据法律和司法解释的规定,资金链断裂不能偿还并不是入罪的标准。

(三)人为地拉高或者降低对相关犯罪的刑事打击力度

涉私募非法集资犯罪中存在人为拉高和降低刑事追责力度的倾向:一方面是将轻罪升级为重罪进行打击,如犯罪行为人只构成非法吸收公众存款罪,但由于投资人方给的压力过大,为了平息众怒,甚至是为了给投资人一个被害人的身份予以权利保障,而将案件升级为诈骗罪进行定罪量刑。另一方面是将重罪降级为轻罪进行打击,如犯罪行为人可能构成集资诈骗罪,但由于侦查机关和公诉机关在举证时证明行为人具有“非法占有目的”的难度过大,所以才去降维打击,以追求法院最终能够判下来或者避免错案,这无形中就轻纵了罪犯,有违刑法公正。

(四)罚金刑适用金额太小,与违法所得严重不成比例,起不到剥夺犯罪条件的效果

涉私募非法集资犯罪适用的罪名基本为经济犯罪,我国刑法均配备了罚金刑,但是罚金刑的金额均比较小,有的罪名还对罚金刑的适用幅度进行了明确限制,导致了司法实践中对于涉私募基金犯罪判处的罚金刑与犯罪行为人的违法所得严重不成比例,与动辄上亿的违法所得相比,罚金刑简直就是九牛一毛,一批一批的犯罪人在巨大经济利益的驱动下选择铤而走险,犯罪发生后,罚金刑也起不到剥夺再犯条件的作用。例如,最高人民检察院

公布的典型案例韩某等非法吸收公众存款案①,该案造成资金缺口将近2.9亿元,但对构成非法吸收公众存款罪的主犯仅判处有期徒刑1年缓期1年,并处罚金10万元。

(五)在监管严重缺位的情况下,一味地强调刑事打击,有违刑法谦抑原则

私募基金是一个国家市场经济体制趋于成熟后,必然会出现的一个重要的金融衍生工具,其引进竞争机制、减少交易成本、促进金融创新、提高投资效率,是国家鼓励、支持的金融投资方式,但我国相关机构在私募基金出现后的监管方面并没有跟上。可以说,私募基金在我国出现后经历了一段野蛮生长的阶段,后因暴露出金融秩序和资金安全等方面的问题,监管机构才被迫开始推行监管,但即使到了今天,我国的私募基金监管仍然面临着监管法律依据层级低、监管机构执法机制不健全、行政处罚率较低等问题。对涉私募基金非法集资犯罪进行查询,几乎没有一件案件在进入刑事诉讼之前受到过相关行政监管机构的处罚。那么,在监管缺位的情况下,贸然亮出刑事法律的利剑,等于阻断了这些私募经营机构通过更为缓和的路径走向良性轨道的机会,等于放弃了行政监管这一更为灵活更为高效的治理方式发挥作用的空间,刑法不再是其他手段失灵后的最后保障法,这有违刑法谦抑原则。

三、对我国涉私募非法集资犯罪刑事司法政策的评价

当前我国涉私募非法集资犯罪的刑事司法政策既具有"宽缓"的一面也具有"严厉"的一面,在"犯罪人分层分链"和"区别对待"基础上实现"宽"和"严"的相济,体现了我国科学治理涉私募非法集资犯罪、保障人民群众的财产安全和促进国家经济健康稳步发展的现实需要。具体评价层面,还是要区分严厉政策和宽缓政策进行分别评价。

---

① 最高人民检察院法律政策研究室编:《金融犯罪指导性案例实务指引》,中国检察出版社2018年版,第219页。

(一)涉私募非法集资犯罪的宽缓刑事司法政策符合犯罪治理现代化趋势,但还有进一步扩大司法适用的空间

刑法的宽缓化是现代法治国家发展在刑法层面的体现,我国宽严相济刑事政策的提出和发展也是顺应这一历史潮流的结果。

一方面,我国当前在刑事司法层面对涉私募非法集资犯罪适用宽缓刑事政策的步子可以迈得更大一点,现有的一些司法裁判规则所体现的宽缓并不能为犯罪行为人提供真正的刑罚"优惠",如前文提到的特定资金在犯罪金额中的刨除,而且还在被严厉的刑事司法政策不断压缩空间。司法实践中,只要不突破罪刑法定的原则,完全可以进行突破性的适用,如对于主观恶性小,且能够全额退赃,挽回给社会造成的损害后果的犯罪行为人,即使其涉案金额巨大,也可以对其适用宽缓的刑事司法政策,使其免予追诉或者给予其缓刑的量刑优惠。

另一方面,在司法实践中少设置程序性的障碍,提高对于宽缓刑事政策适用的数量和力度,特别是在刑事司法上的出罪方面。根据我国司法解释的规定,犯罪层级低、发挥作用小的犯罪行为人无论在主观上还是客观上都有出罪空间,但司法实践中的现状是一旦卷入刑事司法程序,无罪的概率是非常低的,而追究刑事责任的判例中不乏层级比较低的业务工作人员。某研究团队对 alpha 数据库中的非法吸收公众存款无罪案件进行信息打捞,结果就得到 14 个无罪个案,具体到私募投资基金层面,更是屈指可数。

(二)对涉私募非法集资犯罪的严厉刑事司法政策要进行系统反思,犯罪态势表明未取得良好的司法适用效果

我国涉私募非法集资犯罪的严厉刑事司法政策是非常明确的,并且其在不断挤压宽缓政策的存在空间,司法实践中对于宽缓政策的弃而不适用本身也是在向严厉刑事司法政策靠拢。涉私募非法集资犯罪的严厉刑事司法政策更为凸显的底层逻辑是为了迎合打击涉私募非法集资犯罪的需要,要对相关犯罪进行一般预防和特殊预防,通过严刑峻法来实现相关犯罪的

遏制。但是这种治理逻辑奏效了吗？从近些年来非法集资犯罪数量的持续攀升，以及大型的头部私募公司也涉嫌违法犯罪来看，效果不及预期，反而涉私募非法集资犯罪情势还更为严峻了。那么在这种情况下，就需要对现行的严厉刑事司法政策进行反思，寻求构建更有效的犯罪治理路径。

四、建构完善针对涉私募非法集资犯罪的具体刑事司法政策

上述分析的我国涉私募非法集资犯罪的刑事司法政策大体是从宽严相济的基本刑事政策、非法集资犯罪的司法裁判规则和相关司法解释所得，其对私募投资基金行业的关注度比较低，缺乏针对性，概言之，就是我国尚无针对涉私募非法集资犯罪的具体刑事政策。这种缺失已经表现出犯罪治理上的不力，私募行业违规运行比较普遍，刑事审判中存在背离宽缓刑事政策的趋势，而严刑峻法并没有达到预期的威慑效果，犯罪治理的严峻态势有增无减。笔者认为，有必要结合私募基金的行业特征制定犯罪治理之策，探讨我国涉私募非法集资犯罪刑事司法政策的应然建构问题。

（一）私募违法监管主导，部分案件要行政处罚前置，刑事为最后手段，集中力量办理严重危害社会案件

刑法具有谦抑性，特别是在行政监管缺位或失灵的情况下，对经济领域的行为动辄科以刑责，不具公正性和经济性。所以，在涉私募基金非法集资犯罪的治理上，科学的思维应是以行政监管为主导，以刑事犯罪为最后威慑，行政监管部门积极作为，刑事打击集中力量办理严重危害社会案件。强调以下三点：

1. 构建科学的监管体系是监管部门的长久之策，要健全监管法律依据、完备监管体系、提升监管效能。

当前涉私募基金的监管机构要重点进行如下工作：第一，要行业协会去行政化，调动和发挥行业协会的自治作用，发挥行业的专业性特征克服私募基金发展弊端，促进行业健康活力发展。第二，要加大常规执法力度，不得突破合格投资者限制、不得公开宣传私募基金项、私募基金管理人和基金项目要双备案等内容，我国关于私募基金监管的行政法规都有明确的规定，但

实践中大量违规营业没有得到及时的发现和处罚纠正,监管机关的责任不言而明。要在制度机制上加大日常排查和执法的力度,将问题发现在早期,给私募基金企业重新步入良性轨道的机会。第三,设立并严格执行良性退出制度,对于严重违规的或者存在重大资金损失风险的企业,要积极引导其良性退出,避免其为了“补资金窟窿”而在违法犯罪的道路上越走越远,从而造成更大规模的损失,造成更为严重的社会危害。

2. 对于“四未”型私募基金,原则上设置行政前置程序。

所谓“四未”情形,是指资金链未断裂、法定代表人未卷款跑路、投资人未举报、公司运转未出现异常。当前司法实践中,有一种倾向是对“四未”型私募基金启动刑事侦查,这是不可取的。对于“四未”私募基金,即使存在违规甚至违法行为,也可考虑设置行政监管前置程序,先由监管机构责令整改清退,这样更利于资产的保值增效,使投资人的利益得到保障。对于现有资产确实不能偿付投资人本金和银行同期利息,造成投资人损失,涉嫌构成犯罪的,再动用刑法,依法追究实际控制人的刑责。这样,在最大限度保障投资人利益的同时,可能使踩着“红线”前行的私募基金企业,能够及时纠正违法、弥补损失,沿着更为合法、规范的路径有所发展和贡献。

3. 不泛用非法吸收公众存款罪,为行政监管留有空间。

对于以诈骗目的卷款跑路的涉私募基金犯罪,或者具有典型“非法占有目的”的失联、资产处置等,公安机关必须果断亮剑,依法追究行为人集资诈骗的刑事责任。但对于非法吸收公众存款行为,应采取更为宽松的刑事司法政策,能不入罪就不入罪,给行政部门留有监管空间,以实现市场价值,保护投资人利益。

(二)以保护投资人利益为核心设置刑事司法政策,扩大宽缓刑事司法政策的适用空间

涉私募非法集资犯罪中,参与投资的投资人往往为了追求所谓高额的投资利益,而不惜铤而走险,主动忽视投资中可能遇到的风险,而选择偏听轻信,具有一定的“过错”。从我国行政法规的规定可以看出,所有参与非法

集资活动的投资人具有普遍的过错。如国务院《防范和处置非法集资条例》第25条明确规定,因参与非法集资受到的损失,由集资参与人自行承担。我国刑事法律不赋予投资人"被害人"的身份和相应的诉讼权利,也是这种普遍过错的体现。这种普遍过错的设定对于强化投资人的风险意识,使其主动进行风险管控和损失承担具有积极意义。但这种诉讼结构的设计,也会带来新的问题,典型的如办案机关在追赃返还投资人利益上的职责弱化和执法惰性、投资人诉讼权利得不到保障产生的社会矛盾纠纷等,总体来说是得不偿失的。这也导致了制度设计和司法实践之间的扭曲和错位,办案机关一方面不承认投资人的被害人地位,另一方面要给予投资人基本的权益保障。所以对于已经发生的刑事法律风险,投资人的财产面临现实损失的风险,在刑事司法政策的设定上还是要以尽最大限度保护投资利益为核心主线,通过追赃返赃降低投资人的损失,保障人民群众的资金安全,从根源上化解社会矛盾,实现社会公平正义。应该说,我国刑事司法实践中以保障投资人利益为核心的理念还没有完全树立起来,应逐步引导,并不断在刑事审判实践中体现。

现实中,确实存在投资人希望通过刑事报案来挽回损失的现象,因为公安机关可以利用经侦手段,控制犯罪嫌疑人。但不容忽视的是,一旦涉嫌犯罪,资金的流动性将受到极大限制,"先刑后民"的冲突解决原则,会使民事上的挽回损失手段都陷入停滞,虽然挽回资金的手段更为强硬,但绝对谈不上高效。所以,如果行政监管部门能够切实起到管理、惩戒和挽救的职能,积极作为,落到实处,投资人也不会动辄就诉诸刑侦。在刑事司法中,对能够退赃返赃的犯罪嫌疑人适用宽缓的刑事政策,是实现打击犯罪和保障投资人利益平衡的有效路径,要想保障投资人的利益,这种宽缓就不应该设置严格的禁区。可以看到,近年来,为了利于追赃挽损保护投资者合法权益,充分适用依法从宽的刑事政策,宽严相济、认罪认罚等刑事政策已经积极适用于涉私募非法集资等金融犯罪领域。

(三)通过刑事合规制度改革建设敦促私募企业健康发展,保障私募行业的可持续生命力

P2P行业在大规模暴雷之后整个行业逐步走向"归零",为私募行业的

发展敲响了警钟,私募行业在蓬勃发展的同时,也已经站在了危机的边缘。在2022年的中国财富论坛上,中国证券监督管理委员会副主席方星海表示,我国私募基金行业蓬勃发展,从无到有、从小到大,自2015年到2022年6月末,资产管理规模增加了16万亿元,增长近4倍。截至2022年6月末,在中国基金业协会登记的私募基金管理人约2.4万家,管理基金数量约13万只,管理资产规模接近20万亿元,基金数量和管理规模均跃居世界前列,仅次于美国。一方面是私募基金蓬勃发展,成为我国资管行业第二大重要的行业支柱;另一方面是出现私募行业发展不规范、违规违法现象较为普遍的局面。私募基金的经营者凡是在操作中具有不合法备案、公开宣传募集、突破合格投资者界限、向投资者承诺收益、向社会不特定多数人吸收资金等行为的,都有可能构成非法集资犯罪。甚至一些大型知名的基金公司也存在违规问题。例如,2022年1月4日,深圳市证监局对深圳前海天玑财富管理有限公司、深圳市信诚达资产管理有限公司、深圳前海动产投资有限公司3家知名私募基金公司进行了处罚,具体处罚的违规行为包括向投资者承诺保本保收益,劝诱投资者进行投资;部分私募产品没有备案;向非合格投资者募资,金额小于100万元。这些行为表现都可能涉及刑事犯罪。

刑法是国家经济健康稳步发展的保护法、保障法,刑事司法当然要保护私募基金行业的持续发展,打击犯罪的目的之一就是通过威慑规范行业的发展路径。我国正在大力推进的刑事合规改革,应积极将私募基金行业纳入其中,通过刑事合规制度推进私募基金企业建设完备的现代企业管理制度和风险防控体系,避免触发严重的刑事法律责任。同时对于积极推进合规建设的企业,即使其可能被追究刑事责任,也可以放大宽缓刑事政策的适用空间。

(四)严而不厉的刑事政策应在涉私募非法集资犯罪刑事司法实践中充分体现

储槐植先生主张我国理想的应然的刑事政策应是"严而不厉"[①]。以此

---

① 储槐植:《刑事一体化论要》,北京大学出版社2007年版,第60-67页。

标准来审视我国涉私募非法集资犯罪的刑事司法政策,是“厉”有余,而“严”不足。刑事司法层面的“厉”有余主要表现在法定刑刑期过高,打击范围被人为扩大,轻缓刑期的适用空间被压缩,判处的重刑率高等,而“严”不足主要表现在行政罚取代刑罚,大量犯罪黑数存在等。

基于此要对涉私募非法集资犯罪的刑事司法政策进行“严而不厉”改造,在此择其要者论述之。

1.“厉”层面的改造。

要降低刑罚的严厉程度。具体包括:第一,提升适用法定刑不同刑档的犯罪金额,当前的涉案金额一般较大,使低档的法定刑适用空间较小。第二,加大宽缓刑事政策的适用空间,避免僵硬执法,对低层级的犯罪嫌疑人要切实从宽从轻,区别对待。第三,要贯彻宽缓刑事司法政策,设计更多宽缓的司法制度,在保障投资人利益而从宽上不设禁区,如退赔退赃的从宽、刑事合规制度中量刑优惠适用等。对于宽缓刑事司法政策的扩大适用,可以以“被害人过错”理论为支撑来获得突破。

2.“严”层面的改造。

要严密法网、严格追责。具体包括:第一,严密法网。要建立并贯彻全链条打击的政策,切断支撑犯罪的条件。例如,在一些私募债券领域的案件中,除了发行人因自己的违法行为受到法律的制裁以外,一些存在审计严重失实的会计师和收受贿赂的工作人员也应被追究刑事责任。再如,对于制造提供需要的证明文件骗取投资人信任的情形,伪造和变造公章为非法集资犯罪提供帮助的行为,也要依法追究刑事责任。第二,严格追责。严格落实行政责任,在行政监管到位的前提下,刑事手段要敢于亮剑,减少犯罪黑数,使刑责和刑罚因确定性而提升正义的维度。

浅析原因自由行为处罚根据

左袖阳*

一、原因自由行为的概念和处罚根据的学说

原因自由行为是大陆法系刑法理论中的重要组成部分。“原因自由行为理论原本是为了弥补刑事立法的不足而提出来的，旨在为故意或过失招致的精神障碍行为，寻找给予处罚的合理依据。”①所谓原因自由行为，综合德日学者的观点，大致可以认为，是指行为人基于故意或者过失，使自己陷入无责任能力状态或者限制责任能力状态，在这种状态下所实施的严重危害社会的行为。② 原因自由行为的构造，可简单地归纳为原因设定行为（原因行为）和结果惹起行为（结果行为）。结果行为之时虽然处于没有或者限制责任能力状态，但因为原因行为是在自由的意思状态下实施的，所以称为原因自由行为；至于原因中自由行为的表述，则显得有些晦涩难解。

关于原因自由行为的立法例，据学者归纳，主要有以下几种方式：德国

---

* 左袖阳，北京市社会科学院法治研究所副研究员，法学博士。

① 张明楷：《外国刑法中的原因自由行为》，载《河北法学》1991年第5期。

② 德国学者认为：“所谓原因中的自由行为，可以理解为，行为人在责任能力状态下决议的行为，或者在这种状态下至少能够预见的行为，并且到了丧失行为能力或丧失完全责任能力的时间才被实现的行为。”日本学者认为：“所谓原因中的自由行为，指行为人基于故意或过失，使自己陷入无责任能力状态，在无责任能力状态下惹起构成要件的结果的情况。”参见马克昌：《比较刑法原理——外国刑法学总论》，武汉大学出版社2001年版，第459页。当然对于原因自由行为能否包括由于故意或者过失导致限制责任能力状态的情况，学界存在争议，不过出于理论上的连贯与周严，笔者认为应当包括这种情况。

刑法不在总则中规定原因自由行为的处罚原则，仅在分则中规定自醉犯罪的构成要件，即行为人故意地或者过失地通过酒精饮料或者其他醉人的药物使自己处于昏醉状态的，处5年以下自由刑或者罚金，如果他在该状态中实施违法的行为却因为他由于昏醉已是责任无能力或者因为没有排除责任无能力而因此不能处罚他的话。意大利刑法规定，如果醉酒状态不是产生于意外事件或者不可抗力，则既不排除也不降低可归罪性。如果醉酒状态是为了实施犯罪或者准备借口而预先安排的，则刑罚予以增加。如果犯罪是在醉酒状态中实施的，并且该状态属于惯常性醉酒，则刑罚予以增加。在因酒精和麻醉品造成的慢性中毒状态中实施行为的，适用无刑事责任和限制刑事责任的规定。日本刑法中对此没有规定，但在刑法修正草案中规定，在精神障碍状态下，以使该当于故意犯之构成要件事实发生之意思，而自行招致精神障碍，并于此状态使预期之事实发生，即应负担故意犯之责任。俄罗斯刑法规定，在使用酒精饮料、麻醉品或其他迷幻药物而导致的不清醒状态中实施犯罪的人，应承担刑事责任。英国的判例刑法认为任意酗酒而自陷入沉醉者，如在此状态中有触犯刑法之行为，纵令其行为时神志失常，仍须负起其应有之责任，而不能将其作为免责的抗辩事由。美国的判例刑法大致和英国的判例刑法采取一致的观点，其模范刑法典规定，除有特别规定外，行为者酩酊状态中者，除依此否定犯罪成立之要件者外，不能作为抗辩，以轻率作为责任条件之罪，行为人如因自己所招致酩酊之结果，以致未能认识如未酩酊当能认识的危险时，其认识的欠缺不影响犯罪的成立。因非自己招致之酩酊或因病理上酩酊之结果，行为人于行为之时，对自己行为之犯罪性欠缺辨别能力欠缺适应法律所要求之行为的能力时，即可作为积极抗辩。①

原因自由行为理论提出的目的，在于解决原因自由行为情况下行为与责任同时存在这一原则瑕疵适用的问题，从而解释行为人对此负刑事责任的理由所在。在原因自由行为情况下，显然在原因设定行为阶段行为人是

---

① 徐文宗：《原因自由行为立法例概述》，载《环球法律评论》2003年第2期。

有故意或者过失的①,但在结果行为阶段,行为人则可能没有责任能力或者仅具有限制责任能力。为了解释原因自由行为不违背行为与责任同时存在原则,一种观点认为开始实施原因行为时就是着手,这种学说在日本被认为是通说。这样的解释虽然解决了行为与责任同时存在原则的适用问题,但是其将实行行为的范围不适当地扩大,因为在实施原因设定行为时,尚未开始侵害法益,谈不到实行犯罪,如果认为是实行行为,在以后没有发生法益侵害时,就应当认为是未遂,这样的结论显然不具合理性。因此原因自由行为的着手仍应是结果行为的实施。这样就必然存在对原因自由行为的解释问题。关于原因自由行为的解释,存在两种主要的观点:

第一种观点认为,原因自由行为存在与间接正犯同样的构造。此说认为行为人像间接正犯那样利用了自己无责任能力的状态。间接正犯是利用他人作工具,与此相反,原因中的自由行为是利用自己的无责任能力状态作工具,仅仅是在这一点上有差别。应当说原因自由行为中的无责任能力状态与间接正犯的确存在相似之处,间接正犯的理论能够很好地解释为何行为人要对结果负责任。然而,这一学说的缺点在于首先其不能解释致使行为人处于限制责任能力状态时,行为人负责任的原因。虽然有学者认为原因自由行为仅指结果行为无责任能力的情形,如果行为人没有完全丧失行为能力,那么可以根据行为人的主客观特征,但是正如有些学者反驳道在利用自己无责任能力的情况下要负完全的刑事责任,而在利用限制责任能力状态时,仅仅负减轻的刑事责任,显然这在罪刑关系上不均衡②。因此将结果行为时限制责任能力情形排除在原因自由行为之外的观点,在依照间接正犯理论解释的逻辑前提下,是不具有合理性的。当然,由于间接正犯强调的是实行行为人的工具性,因此如果行为人没有完全丧失责任能力,从而也就不具有工具性。其当然地也就不能为间接正犯类似说所容纳。其次,利

① 当然,需要指出的是,这种故意或者过失并非刑法罪过意义上的故意或者过失,因为刑法罪过意义上的故意或者过失,是指行为人对自己的构成要件行为与构成结果的心理态度,而这里的故意或者过失,则是行为人对其陷入无责任能力或者限制责任能力状态的故意或者过失,与罪过不可等视。

② 马克昌:《比较刑法原理——外国刑法学总论》,武汉大学出版社2002年版,第468页。

用间接正犯的理论解释原因自由行为中的过失犯和不作为犯，尚容易为人所接受，然而，对于故意的作为犯来说则未必令人信服。因为行为人即使在意志自由的情况下存在犯罪意思，但当其完全丧失责任能力的时候，其对自己的所作所为并不具有支配力，这时要行为人对结果负责任，从社会观念上讲难以接受。

第二种观点，即实行行为与责任同时存在原则修正说。这种观点具体又有三种观点。其一，原因行为时支配可能说。认为原因行为对结果行为支配是可能的，所以在此限度内能够为责任奠定基础，且不违反“责任能力与实行行为同时存在”的原则。其二，意思决定行为时责任说。认为行为开始时的意思决定，贯穿至结果发生的行为全体，其最终的意思决定之际，能认为有责任能力，即使现实的实行行为即结果惹起行为之际丧失责任能力，不妨碍追究作为有责任能力者的责任。其三，相当原因行为时责任说。认为具备责任能力的原因行为是追究责任的对象，原因行为与结果行为、结果之间，如果能够认定“因果关联”（相当因果关系）与“责任关联”（故意、过失），则对原因自由行为可能追究责任。[①] 这些学说可以说都试图通过对实行行为与责任同时存在原则进行一定的变通，来说明原因自由行为存在的合理性。当然，有些观点的基础是原因自由行为的实行行为为原因行为，这一论点在前述中已说明其不合理之处。在此不再赘述。

另外，还有原因自由行为处罚依据的“例外模式”，其认为，“原因自由行为”的处罚，是依据习惯法的作用，而成为责任能力规定的适用的例外情况，亦即将原因自由行为的处罚的基准，视为无责任能力规定之例外，而非将违法的判断，提前至原因行为阶段。此种观点由赫鲁施卡（Hruschka）提倡，持此见解者不在少数，如权威的《德国刑法教科书》指出：“行为人是否具有责任能力，依行为时的状况来确定（第 20 条：‘行为人在行为时’）。关于该问题，法律上虽然没有规定，但作为习惯法上承认的例外，当属原因自由行为

---

① 马克昌：《比较刑法原理——外国刑法学总论》，武汉大学出版社 2002 年版，第 463 - 466 页。

(actio libera in causa)。”[①]然而,习惯法作为解释原因自由行为的可罚根据,难免显得有些单薄。

以上是关于原因自由行为的国外学界观点,由于原因自由行为属“舶来品”,加之我国刑法中属于原因自由行为的规定突出在对生理醉酒人责任的规定上,所以我国学者多从生理醉酒人责任的角度加以研究。通观我国对生理醉酒人负刑事责任的观点,可以大致归纳如下:

第一,医学证明,生理醉酒人的辨认和控制行为能力只是有所减弱,但并未完全丧失,不属于无责任能力人。

第二,生理醉酒人在醉酒前对自己醉酒后可能实施危害行为应当预见到,甚至已有所预见,其在醉酒状态下实施危害行为时具备故意或过失的犯罪主观要件。

第三,醉酒完全是人为的,是可以戒除的。因此,对生理醉酒人犯罪应当追究刑事责任[②]。

对上述的理由,也有学者对其逐一加以批判:

首先,认为行为人不可能完全丧失辨认和控制自己行为的能力这一观点,不符合客观实际情况。而且其提出的这种观点,又没有辅以生理学知识的佐证,仅仅根据通常情形加以判断,不禁令人怀疑。其实,在生理醉酒状态下,人的生理、心理和精神变化大致可分为兴奋期、共济运动失调期和昏睡期。行为人虽然在醉酒时可能不会完全丧失责任能力,但是其可能在昏睡期实施一些不作为犯罪。在昏睡期,行为人显然完全丧失了辨认和控制自己行为的能力。

其次,认为实际生活中所有醉酒都是人为的观点,不符合实际情况。在实际生活中,导致醉酒的原因是多种多样的。因不可抗力或不可预见的原因而醉酒的情况不少见。另外,醉酒人对于醉酒本身的过错并不等同于刑法中的罪过。至于将醉酒认为是可以戒除的观点,是混淆了法律与道德的

---

① 钟连福:《德国刑法中的原因自由行为理论》,载《德国研究》2005年第1期。

② 高铭暄主编:《新编中国刑法学》,中国人民大学出版社1998年版,第157页。

界限。[①]

二、原因自由行为的处罚根据初探

关于原因自由行为的处罚根据，虽然前述种种学说都对此作出了一定的解释，但都有一些无法周全的地方。笔者认为，原因自由行为处罚根据是一个较为复杂的问题，并不能单纯从一个角度、一个方面来解释，而应当将其细分为数种情形，具体问题具体分析，在不同的情形下，其处罚根据亦有所不同。用一种学说来分析原因自由行为的处罚根据，难免顾此失彼。

首先，是关于故意致使自己无责任能力的情形。这种情形要分为两种情况加以讨论。第一种情形，结果行为属于不作为犯或者过失犯的。对于这种情形，间接正犯类似说的理论可以很好地解释原因自由行为的处罚根据。正如上文所述，当行为人完全无责任能力时，其利用自己的行为和间接正犯利用无责任能力的工具的原理是相通的。在过失犯的情况下，行为人承担了一定的注意义务和结果避免义务[②]，但由于行为人对其醉酒后的注意能力和避免结果能力的丧失有所预见，所以仍然致使自己完全无责任能力的，可以肯定其原因行为对结果行为的支配力。在不作为犯的情况下，行为人承担了作为义务，行为人如果丧失责任能力，自然也无法履行作为义务，同样可以承认原因行为对结果行为的支配力。因此，间接正犯类似说可以解释这两种场合的原因自由行为处罚根据。

第二种情形，对于故意致使自己无责任能力，结果行为又是作为犯的，间接正犯的理论就不可以完美地解释处罚根据了。甚至按照主客观相统一的原则，对行为人都不可以按照其所实施的犯罪定罪处罚。这是因为如果按照行为人所实施的犯罪处理，就会在逻辑上自相矛盾。正如普鲁士法律大臣萨维尼所说“行为人若意图犯罪，借饮酒自陷于酩酊，而在完全丧失心神状态中实行者，则属显然矛盾；概彼若完全陷于丧失心神，则彼应已不能

① 马克昌主编：《犯罪通论》，武汉大学出版社2001年版，第284、285页。

② 这里的义务说，笔者采取的是新过失说，即结果避免义务说。

遂行其以前所曾决意并意图之行为,如彼仍可以遂行其以前所曾决意并意图之行为,则系彼并未丧失心神之证据,自不能免于归责,纵无特别规定,裁判官亦可加以处罚”①。因此,对于结果行为是作为犯的,需要进一步分析。笔者认为,如果行为人的确丧失了责任能力的话,其原因行为不可能对其结果行为产生绝对的支配,也就是说,在行为人丧失责任能力时,其以作为方式实施的行为,都是偶然的行为,因此在这种情况下,一般不能按照行为人所实施的行为处罚。否则就是违反了主客观相统一的原则,变成一种严格责任。对此我国有些学者矫枉过正,认为“不言而喻,原因中的自由行为是严格责任的一种形式”,其理由在于“‘责任能力与实行行为同时存在’,这是传统责任理论的一项基本原则,而原因行为相对于导致结果发生的实行行为而言,只能说是一种预备行为”②。实际上对这种行为,需要具体分析。在通常情况下,当行为人的原因行为对结果行为乃至于结果没有支配力时,就不能够按照行为人所实施的犯罪处罚,否则就是对主客观相统一原则的违反,就是典型的严格责任。因为没有特殊场合限制,陷入无责任能力状态的,其结果行为的指向并不明确,即使其原因行为时有责任能力和明确的犯罪意识,但充其量也仅为犯意表示。行为人对其结果行为发挥作用的范围和对象根本无法控制,在这种情况下,在我国刑法框架内,至多可以以寻衅滋事案件处理。之所以还可以如此处理,是因为行为人的结果行为仍然具有一定的危险性,对于这种危险性仍然有必要加以处罚,尤其是在其危险性转变为现实性的场合。行为人的原因行为对于结果行为的危险性还是存在支配力的,而且虽然结果行为时无责任能力,但原因行为时对结果行为的危险还是有认识的。如果结果行为确实造成了超过寻衅滋事罪的严重结果,对行为人也不宜以重结果定罪量刑:因为行为人先前的犯罪意识和实际发生的犯罪结果之间没有太大联系,甚至从相当因果关系的角度来考虑,也无法承认它们之间的相当性。所以对于发生的严重结果,行为人不能负直接

① 马克昌:《比较刑法原理——外国刑法学总论》,武汉大学出版社2002年版,第467页。

② 邓子滨:《论刑法中的严格责任》,载陈兴良主编:《刑事法评论》(第5卷),中国政法大学出版社1999年版,第283页。

主要的责任,只能将此情事作为量刑的情节予以考虑。

但是也不能排除特殊情况下,行为人的原因行为对结果行为具有支配力。如行为人明知自己醉酒后有暴力倾向,同时又在相对封闭的环境中,其故意致使自己醉酒后暴力伤人的,可以认定存在原因行为的支配力;又如,行为人明知醉酒后会摔打物品,仍然在存放贵重物品的房间内醉酒,致使贵重物品被其毁坏的情形,同样可以承认原因行为的支配力。在这里,间接正犯类似说仍然可以很好地解释原因自由行为的处罚根据。因此,结果行为为作为犯的,要确定行为人能否对其原来的犯意和结果行为负责,关键在于界定原因行为对结果行为和结果是否具有支配力,因为在间接正犯的构造中,行为人必须利用他人的无责任能力状态实施犯罪,这里便要求行为人对他人的行为具有支配力,同样原因自由行为也必须明确行为人的原因行为对结果行为是否存在支配力:存在支配力的,则可以令行为人对结果负责;不存在支配力的,行为人对结果不负犯意表示内容的罪行的责任。这样的处理坚持了主客观相统一的原则,也能够为行为人所接受。既符合一般预防的功能,也能够对行为人起到特殊预防的效果。至于持严格责任论者所说的"原因中的自由行为的法律规定,'可以说是一个不折不扣的关于刑事责任能力的fiction(虚构)……这样的刑法规定,完全符合立法者强调一般预防的立法原意。但是,这种做法实质上是用偷梁换柱的手法将自愿陷入无能力状态主体的行为纳入客观归罪的范畴'"①。应当说无视间接正犯与原因自由行为相似的存在,固守责任能力与行为同时存在的原则,是没有什么错误的。但是之所以强调责任能力与行为同时存在,是因为只有行为人有责任能力,才能对其行为进行非难,行为人对其行为设定了方向,其后行为按照其预期发生了危害社会的结果,对行为人同样可以进行非难,因此对此进行处罚,这和实行行为与责任能力同时存在原则实际上是形不似而神似的,对上述情形下原因自由行为处罚根据的指责是没有有力理由的。

---

① 邓子滨:《论刑法中的严格责任》,载陈兴良主编:《刑事法评论》(第5卷),中国政法大学出版社1999年版,第283页。

其次,是关于过失致使自己无责任能力的情形。故意和过失本来就有很大的差异,故意是对法的公开的敌对,反映了行为人具有较大的恶性,受到的否定评价也就相应更为严厉;过失则不是对法的敌对,行为人的主观恶性也不大,通常要在法律有明文规定且的确发生了严重后果的情形下才可能处罚。犯罪过失通常以一定的预见和避免义务的存在为前提,此处的过失同样可以套用犯罪过失的条件,这就意味着行为人有避免因醉酒等原因陷入无责任能力的义务。过失致使自己无责任能力的,显然用间接正犯类似说的理论无法解释,因为间接正犯类似说要求行为人具有利用的心理,在过失的情况下,行为人对醉酒是反对的(当然不能排除行为人对结果确实抱有故意的态度),因此在这种情况,没有必要要求通常的行为人对结果负责任,行为人对结果并不具有支配力。因此这种原因自由行为不具有可罚性。另一种情况是,如果行为人有义务始终保持精神清醒状态,如保管员必须时刻警惕,巡逻警察也是如此,这种情形一则可能是职业要求在工作期间不得饮酒,二则相关纪律规定要求其不能饮酒,这时,行为人承担了不饮酒的义务。但这已经不属于原因自由行为的范畴而是玩忽职守罪的形式,因此过失致使自己无责任能力的,不存在成立原因自由行为的基础。

再次,是关于故意致使自己限制责任能力的情形。在这里首先要解决的是原因自由行为是否包括致使自己限制责任能力。正如上文所述,关于致使自己限制责任能力的人犯罪的能否用原因自由行为理论解释,理论存在不同的看法。日本通说认为限制责任能力的情形,不符合原因自由行为的条件,因此不能用原因自由行为来解释。同时由于行为人实施实行行为时具有一定的责任能力,因此对其完全可以按照刑法的相应规定来解决。然而,正如上文所述,有学者反驳道如果在此不承认原因自由行为,那么行为人完全无责任能力要负完全的刑事责任,而行为人限制责任能力却只负限制的刑事责任,这从罪刑均衡的角度来说就不具有合理性。日本通说可能是考虑到在限制责任能力的场合,间接正犯类似说没有成立的余地。根据肯定说或是否定说,得出的结论也不同,按照肯定说,为了实现罪刑均衡,对于自陷入限制责任能力的行为人,不能适用从轻或者减轻的规定;按照否定说，对自陷入限制责任能力的行为人，按照其实行行为时的责任能力可以从轻或者减轻处罚。笔者认为，自陷入限制责任能力的情形，也属于原因自由行为的范畴。这主要是从行为的构造上进行分析的。通说认为的原因自由行为，仅指自陷入无责任能力的情形，然而，自陷入限制责任能力与自陷入无责任能力具有同样的行为构造，都是前因行为和实行行为的复合，只是在实行行为阶段行为人的责任能力程度有所不同。相比之下，自陷入限制责任能力后实施的犯罪行为，与单纯的限制责任能力人实施的犯罪行为还是具有不同之处：后者没有前者那样的前因行为，而这样的前因行为对实行行为或多或少会产生某种影响。

在承认自陷入限制责任能力成立原因自由行为的前提下，对该情形如何处罚也是有争论的，一种观点认为既然是原因自由行为，就不能够从轻或者减轻处罚；另一种观点认为虽然构成原因自由行为，但是可以从轻或者减轻处罚。① 第一种观点之所以如此，可能是受到了间接正犯类似说的影响，忽视了行为人在行为时的确具有一定责任能力，而不是一个单纯工具性的东西。第二种观点认为可以从轻或者减轻处罚，主要理由在于行为人在行为时，其责任能力是有限制的，但是该观点却忽视了行为人毕竟存在一个前因行为，与单纯的限制责任能力精神障碍人的行为有所不同。

笔者认为，对于自陷入限制责任能力状态的原因自由行为，可以从轻或者减轻处罚。之所以这样认为，是由于行为人的原因行为对结果行为的支配力是受到限制的，同时行为人在实行行为阶段的责任能力也是受到限制的。行为人没有完全丧失责任能力，并没有成为单纯没有意志的工具，因此即使行为人在原因行为时存在犯意，但犯意没有支配性地设定行为的方向，行为人在陷入限制责任能力时，也有可能放弃犯罪或者实施其他的犯罪，因此虽然原因设定行为的作用应予以考虑，但其地位较完全丧失责任能力的情况较低。这里的原因设定行为仅仅是实行行为的一个诱因，而非决定方向的因素。在完全丧失责任能力的情况下，行为人在实行行为阶段没有能

---

① 黄京平：《限制刑事责任能力研究》，中国政法大学出版社1998年版，第106－111页。

力纯属工具手段，因此与一般完全责任能力人利用工具犯罪异曲同工，当然应当负完全的责任。相比之下，陷入限制责任能力时行为人并非工具，所以行为人的责任自然要从宽，否则也违背主客观相统一的原则。值得注意的是，虽然要从宽处罚，但是在从宽处罚的程度上与单纯限制责任能力人实施的犯罪处罚相比，应当有所限制，因为行为人毕竟存在使自己陷入限制责任能力的原因行为，因此与后者比较而言，从轻或者减轻的程度要小。至于有学者提出在自陷入限制责任能力的场合，行为人犯意产生可能在其限制责任能力阶段，笔者认为，在此种情况下如此则行为人的行为不符合原因自由行为的构造，理应按照限制责任能力的精神障碍人处理。

最后，是关于过失致使自己限制责任能力的情形。与过失致使自己无责任能力的情形相同，行为人在原因行为阶段没有犯罪计划或者犯罪意图，这里的过失与犯罪过失不可同日而语，其在性质上至多属于事实上的一种心理态度。由于行为人在实行行为阶段具有一定责任能力，因此，行为人一般要负从轻或者减轻的责任。同样如果行为人有保持清醒的义务，则没有成立原因自由行为的可能性，而完全可能属于玩忽职守罪的范畴。

综合上述理由，对于原因自由行为的处罚根据，不同的场合运用不同的理论进行解释才最为适宜。这样做并不意味着统一的理论被分割为不同的部分，其实，原因自由行为之所以会受到种种非议，主要原因就在于其解释理论过于单一。这并不符合原因自由行为的实际情况。因为原因自由行为的概念主要是考虑到行为的构造，并没有考虑到处罚根据，某类行为是不是原因自由行为，只依据其构造进行判断，而不是依据处罚根据是否相同判断的。因此，对于原因自由行为处罚根据自然要具体问题具体分析。

三、对我国《刑法》第 18 条第 4 款的完善

原因自由行为这样的词眼并没有出现在我国刑法中，学者通常在解释我国《刑法》第 18 条第 4 款的处罚根据时会借用到大陆法系的原因自由行为理论。我国《刑法》第 18 条第 4 款规定：“醉酒的人犯罪，应当负刑事责任。”由于该条规定得过于简单，因此理论界和实务界对其都有微词。如有

学者认为,《刑法》第 18 条第 4 款的规定过于笼统粗疏,这种"一刀切"式的规定醉酒的人犯罪应负刑事责任的立法,既不科学,也不严谨,无法针对行为人醉酒的状态是否出于行为人的原因加以区别对待,在司法实践中,行为人由于不可抗拒或者无法预见的原因而陷入醉酒状态,并在此状态下实施危害社会的行为的情形并不少见。相比之下,意大利刑法将醉酒状态分别区分为产生于偶然事件或者不可抗力的醉酒状态,自愿的、过失的或者预先安排的醉酒状态,惯常性醉酒和慢性酒精中毒四种情形,并设定不同醉酒状态下实施危害行为的处罚原则的立法,较为科学。①

综观世界其他各国相关领域规定,大致有不作任何规定和予以明确规定的类型。

一是不作任何规定类型。属于这种类型的刑法,在对精神障碍者的刑事责任能力和刑事责任作出明确规定的同时,对处于自我招致的精神疾病状态下的行为人的刑事责任和刑事责任能力,未作出任何规定。

二是予以明确规定的类型。其对精神障碍者的刑事责任能力和刑事责任作出明确规定的同时,对自我招致精神疾病者的刑事责任和刑事责任能力均作出了专门规定。②

比较这两种立法例,显然后者要优于前者。因为现实中的原因自由行为不在少数。而且除了醉酒这种情形外,还包括许多其他情况。如果刑法仅仅规定醉酒的情况,显然不能满足其他情况的需要。另外,我国学者对于该款的批评更多的是在其处罚规定上。因为"应当负刑事责任",只解决了刑事责任有无的问题,至于能否从轻或者减轻,则属空白。对于原因自由行为的处罚,上文已有论述,在此不复赘言。因此,我国《刑法》第 18 条第 4 款的完善,应当向两个方向努力:其一,是对原因自由行为概念的引入,将醉酒扩大为原因自由行为,这样可以避免在服用毒品等情形下处罚依据的丧失;其二,是对原因自由行为处罚规定的明确化,鉴于原因自由行为在不同情况

① 钱叶六:《刑法中的原因自由行为研究——兼论我国刑法第 18 条第 4 款立法的完善》,载《西南民族大学学报(人文社科版)》2004 年第 6 期。

② 黄京平:《限制刑事责任能力研究》,中国政法大学出版社 1998 年版,第 100、101 页。

下具有不同的处罚根据,因此对此也应分别加以规定,以细化原因自由行为的处罚,体现罪刑均衡。

另外,有学者认为我国《刑法》第 18 条第 4 款规定的不足之处还包括“没有对原因行为的可责性作出限制”,理由是“原因自由行为的可罚性以原因行为的可责性为条件,如果行为人对导致精神障碍状态没有主观过错,就应该作为限制责任能力者或者无责任能力者,依法减免处罚”。笔者认为,作出这样的完善完全是多余的。因为如果行为人是由于偶然事件或者不可抗力陷入无责任能力或者限制责任能力的状态,则其从构造上就不符合原因自由行为的条件。在此直接按照无责任能力人或者限制责任能力人的规定处理即可,将这种规定加到有关原因自由行为的完善中,无疑会使该规定与我国《刑法》第 16 条和第 18 条前三款的规定重复。

因此,笔者认为,我国关于原因自由行为可以规定为“原因自由行为中:(1)故意致使自己无责任能力的,一般不得从轻或者减轻处罚;(2)故意致使自己限制责任能力的,可以从轻或者减轻处罚;(3)过失致使自己无责任能力或者限制责任能力的,一般不处罚,但法律设有特别义务的除外”。

法秩序统一视角下不动产盗卖案件的裁判思路

吴炎冰　何　朕*

引　言

民法与刑法具有前置法与后置法的关系，二者本应在法秩序体系下发挥各自价值，共同维护社会秩序与公民权利。然而，司法实践中长期奉行"先刑后民"的观念，忽视当民事责任与刑事责任竞合时，作为前置法的民事法律规范对刑事违法性判断的影响：一方面导致民事诉讼与刑事诉讼在程序处理与责任承担方面产生冲突、互相掣肘；另一方面导致类案裁判尺度极不统一，同一事实面临罪与非罪、此罪与彼罪截然不同的裁判结论，不仅消减与损害司法效率与权威，还可能出现忽略或轻视当事人诉求与权益的情形。本文拟以不动产盗卖案件为切入点，梳理实践中的疑难问题，提出有利于维护法秩序统一的解决思路。

一、案例聚焦：不动产盗卖民刑交叉案件的审理困境

不动产盗卖案件的基本事实框架是行为人通过冒用身份、伪造手续等方式非法将他人名下的不动产过户，又将不动产向第三人进行处分。在三

---

* 吴炎冰，北京市第二中级人民法院刑二庭副庭长，法学硕士。何朕，北京市第二中级人民法院刑二庭法官助理，法学硕士。

方当事人之间,既涉及侵夺所有权、无权处分与善意取得的民事法律关系,也涉及行为人构成何种犯罪的问题,属于典型的民事责任与刑事责任的竞合。

案例一:甲在其父母不知情的情况下,使用虚假公证书,将其父母名下的房产过户到其本人名下,并将房产以市场价格出售给不知情的乙1。

案例二:甲在其父母不知情的情况下,使用虚假公证书,将其父母名下的房产过户到其本人名下,并用房产向不知情的乙2进行抵押借款。

案例三:甲的父亲去世前未留遗嘱,遗产尚未分配,法定继承人为甲与其母亲。甲在其母亲不知情的情况下,使用虚假公证书,将原在其父母名下的房产过户到其本人名下,并将房产以市场价格出售给不知情的乙3。

案例四:甲在其父母不知情的情况下,使用虚假公证书,将其父母名下的房产过户到其本人名下,并将房产出售给知情的乙4。甲被公安机关立案前,甲的母亲向法院提起民事诉讼,请求乙4返还房屋所有权,法院未能查明乙4系知情的事实,判决乙4对房屋构成善意取得。

案例五:甲在其父母不知情的情况下,使用虚假公证书,将其父母名下的房产过户到其本人名下,并将房产以市场价格出售给不知情的乙5。法院判决甲对乙5构成诈骗罪,涉案房产发还甲父母,甲退赔乙5损失。刑事裁判生效后,乙5向法院提起民事诉讼,请求确认其对甲出售的房屋系善意取得。

案例六:甲在其父母不知情的情况下,使用虚假公证书,将其父母名下的房产过户到其本人名下,并将房产以市场价格出售给乙6。法院判决甲不构成对乙6的诈骗罪,认定甲虚构事实的行为未达到证据确实充分、排除合理怀疑的证明标准。刑事裁判生效后,乙6向法院提起民事诉讼,请求撤销其受甲欺诈签订的购房合同。

基于上述案例中甲的不同行为、对甲行为的不同法律评价及可能存在的不同诉讼程序之间的关系,归类总结司法实践中处理此类案件面临的问题如下:

困境一:被害人的确定及财产损失的承担。此类案件涉及民事责任和刑事责任的竞合。从刑事评价的角度来看,侵犯财产罪被害人的确定,关涉罪名的选择与财产损失的承担,对当事人或案外人的权利可能产生重大影响。在此类案件中,如果认定第三人(房屋买受人或抵押权人)系被害人,也即认为第三人受到诈骗产生财产损失,则诈骗的标的就是购房款或借款,刑事退赔的处理逻辑就是责令被告人返还诈骗钱款,涉案房屋返还原权利人。相反,如果认为第三人已取得房屋权利,无财产损失,根据物权的排他性,原权利人同时失去对房屋的相应权利,成为侵犯财产犯罪的被害人。因此,一旦被认定为刑事被害人,事实上也意味着刑事裁判认定其失去不动产上之民事权利的保障,其只能通过刑事责令退赔方式得到救济。如果刑事裁判不对民事法律关系的判断予以充分考量,可能会导致对民事权利人权利保护的忽视。

困境二:犯罪的数额及被告人的退赔责任。我国刑法采取"定性+定量"的立法模式,犯罪数额的认定对被告人的刑事责任承担及退赔责任的确定具有重要意义。如果被告人本身对房屋产权拥有一定的份额,要认定其秘密转移不动产产权的行为构成犯罪,则犯罪数额及被告人的退赔数额应将其自身份额予以扣除。这种份额的扣除既应当在裁判理由的部分有所体现,也应当基于裁判的可执行性在退赔判项中得到明确。但在当事人未通过相关民事诉讼界分产权的情况下,刑事诉讼如何认定和判断被告人的财产份额,是此类案件处理中面临的难题。

困境三:此罪与彼罪的区分。司法实践中对此类案件存在两种不同的处理路径:一是认为第三人善意取得不动产权利,排除对第三人构成诈骗罪,应评价被告人侵害原权利人房屋所有权行为的刑事责任,具体又有定盗窃罪和诈骗罪的不同观点。二是认为第三人是否善意取得,不影响刑法将其认定为被害人,应将此类行为认定为对第三人的诈骗犯罪。如果侵害原权利人房屋所有权的行为也构成犯罪,再进行刑法上罪数的评价。由此可见,司法实践中对于此类案件的裁判尚未达成共识,为了对被告人的行为进行准确的定罪处罚,统一认定标准,同时保护案外人的合法民事权利,需要进一步厘清刑法体系内不同罪名之间的关系。

困境四:民事诉讼和刑事诉讼的交互影响。民刑竞合案件不仅涉及民事评价和刑事评价的关系问题,还可能因产生民事诉讼和刑事诉讼的不同阶段,带来在前生效判决对后续诉讼产生影响的问题。如民事裁判认定的事实对刑事裁判是否具有预决效力?刑事裁判认定的事实对民事裁判是否具有预决效力?在后诉讼认定的事实与在前诉讼不一致的,在程序上应当如何处理?这些因案件的民刑交叉性质产生的实体认定和程序处理上的难题,导致司法机关在处理此类案件时往往面临裁判标准不统一的困局,已成为司法实践中亟须解决的重要问题。

二、理论澄清:法秩序统一原理下违法判断的相对性和在先裁判认定事实的效力

穿透实践的面纱追本溯源,上述困境大多源于司法实践长期以来处理民刑交叉案件时的惯性思维:其一,过分强调民事违法与刑事犯罪的区别,从而将某行为完全归入民法或刑法的评价,忽视当民事责任与刑事责任竞合时,作为前置法的民事法律规范对刑事违法性判断的影响。其二,过分强调"先刑后民"的观念,存在"重刑轻民"的倾向,导致当刑事裁判和民事裁判可能产生矛盾时,片面依赖刑事裁判的认定。由实践的问题意识上升为理论的问题导向,上述困境的破题之道需要以法秩序统一原理为指导。

(一)刑法对民法的相对从属性

1. 法秩序统一原理的内涵

法秩序统一原理的基本内涵是,在本国法律体系之内,刑法和民法等不同部门法对同一行为不应得出明显冲突、相互矛盾的评价结论,否则将导致公众对于如何遵守法律、预测法律后果无所适从。[①] 理论上又有严格的违法一元论、缓和的违法一元论与违法相对论等学说之争。

缓和的违法一元论是当下通说,也是本文所持的立场。其要义是,民法

---

① 参见王昭武:《法秩序统一性视野下违法判断的相对性》,载《中外法学》2015年第1期。

和刑法在合法性的判断上是一元的,即民法上合法的行为,不可能成为刑法上的犯罪。[①] 但是,缓和的一元论并不否认刑法的独立判断。刑法具有谦抑性和最后手段性,只有在作为前置法的民法不足以保障法益时刑法才有必要介入,借以发挥辅助性的法益保护机能。因此,民事违法行为要上升为刑事犯罪,还需要经过刑法上定性(社会危害性)和定量(刑事可罚性)的独立判断。简言之,刑法对民法仅具有相对从属性,民事违法的判断构成刑事犯罪认定的必要非充分条件。在合法性判断上刑法从属于民法,无民事违法则无犯罪;在违法性判断上刑法具有独立性,有民事违法未必构成犯罪,这一理论共识的达成对民刑交叉问题的讨论具有重要意义。

2. 法秩序统一原理对不动产盗卖民刑交叉案件实体认定的启示

第一,同一行为可能同时受到民法和刑法的评价,民事法律效果和刑事法律效果不是非此即彼的关系。例如,行为人秘密转移房屋产权的行为,既可能产生返还所有权或赔偿损失的民事责任,也可能导致侵犯财产罪的刑事责任。认定犯罪的唯一标准是犯罪构成要件,行为人系民事侵权不是阻却犯罪成立的抗辩理由。

第二,民刑交叉案件的处理,要考察民法的评价态度,考虑民法上权利归属和法律效果对刑法评价的影响。民法通过权利义务的设置形成了民事主体之间的财产分配制度,刑法则通过设立侵犯财产罪对这一制度提供保障,维护产权秩序。因此,在认定刑法上所要保护的财产法益时,应当遵循民法上的权利归属和损害分配规则,刑法不应“越俎代庖”。民法上所承认的权利取得效果,亦应对刑法产生约束,如民法上承认行为人对财产享有权利的,即使未经民事诉讼确权,刑法也不能“置若罔闻”,而应当充分考虑民事规范的评价结论从而作出判断。

第三,民法上的权利外观责任影响刑法上的财产损害认定。刑法的目的是保护法益,刑法惩罚的对象是侵害法益的行为,在侵犯财产罪中法益侵害性通常具体化为被害人的财产损失。不动产盗卖案件中,究竟认定房屋

---

① 参见周光权:《“刑民交叉”案件的判断逻辑》,载《中国刑事法杂志》2020年第3期。

的原权利人抑或第三人为受到财产损失的被害人,是启动刑事诉讼程序的先决问题。民法对这种关系的处理形成了"权利外观保护理论",即第三人合理信赖权利外观而与非真实权利人为法律行为时,该法律行为的效果等同于其与真实权利人为法律行为时的效果。① 由此,民法出于保护动态交易安全的目的,将价值衡量的天平倾斜到信赖公示效力的善意第三人一边。具体到物权变动领域,民法设立了善意取得制度,使善意第三人从权利外观人处受让无权处分之物的行为可以发生物权变动的效果。权利外观责任产生的效果可以概括为第三人"得其所欲",真实权利人丧失与表见权利不相容的权利,同时可以对无权处分人主张利益返还或损害赔偿等请求权。

民法上的权利外观责任效果阻却了对善意第三人构成诈骗犯罪。诈骗罪是针对整体财产的犯罪,认定诈骗罪中的财产损失应当根据客观化的判断标准对比被害人财产在处分前后的整体价值,确定其整体财产是否有所减损,如果财产的减少没有直接通过财产价值上的等价物得到补偿,则存在财产损失。② 在履约型诈骗中,具体体现为被害人交付了财物,却在实际上未根据合同获得与其给付义务价值对等的权利。换言之,被害人即使受到行为人的欺骗交付了财物,但只要得到相应对价,就不存在刑法上的财产损失。因此,在不动产盗卖案件中,如果民法上承认善意取得的法律效果,第三人"得其所欲",那么根据法秩序统一原理,刑法就没有必要认定第三人是受到财产损失的诈骗被害人,涉案赃物也无须被追缴返还原权利人。由此可见,权利外观责任阻却行为人对善意第三人的诈骗犯罪,刑事评价的重点应当转向对房屋原权利人的财产犯罪。

(二)在先裁判认定事实的效力

1. 法秩序统一原理与司法的统一性

司法审判是联结法律规范与社会生活的最后一道关口,法秩序的评价

---

① 参见刘保玉、郭栋:《权利外观保护理论及其在我国民法典中的设计》,载《法律科学(西北政法大学学报)》2012 年第 5 期。

② 参见陈兴良主编:《刑法各论精释》,人民法院出版社 2015 年版,第 468 页。

最终将通过司法程序传递给社会公众，因此法秩序统一原理要求维护司法裁判的统一性，即不同司法机关、同一司法机关的不同审判部门不应对同一事实作出相互矛盾的裁判结论。在民刑交叉案件中，如果出现了民事诉讼和刑事诉讼相互矛盾的司法判决，不仅会侵犯当事人的利益，还会严重消减司法对公众行为的规范和指引价值，影响人民法院司法裁判的安定性和权威性。因此，合理界定在先裁判认定事实对在后诉讼的效力，确立民事裁判和刑事裁判的统一协调机制，是遵循法秩序统一原理的应有之义。

2. 民刑分界与程序的独立性

司法的统一性并不否认刑事程序和民事程序的独立性，更不包含刑事程序效力绝对优于民事程序的内涵。因此，在处理在先裁判效力的问题时，需要寻找司法统一性和程序独立性的结合点，划分出民刑分界的合理界限。

一方面，人民法院的审判权依据案件性质的不同分别由相应的审判机构行使，无论是刑事审判庭还是民事审判庭，均具有独立的审判权，法官均对个案的事实认定和法律适用承担审理与裁判责任，[①]特别是民事审判和刑事审判对其审判权范围内的法律关系，具有绝对独立的裁判权。[②] 因此，司法统一性的要求并不排除在同一事实的基础上，两种诉讼可能产生不同的法律评价，这既可能是出于民法和刑法本就规定了不同的构成要件，例如，刑法上认定为诈骗罪并不当然得出民法上合同无效的结论，民事诉讼仍应依据民事法律行为效力的规范作出认定；也可能是出于相关诉讼对专业范围内的问题具有独立裁判权，例如，刑事诉讼对权利归属作出的认定不影响民事诉讼基于相同事实作出的独立判断。

另一方面，鉴于刑事责任在实体和程序上的后果远比民事责任严厉，民事诉讼和刑事诉讼也形成了具有比例性差异的程序制度和证据规则。基于刑民程序的这种差异，原则上应承认刑事程序在揭示事实方面具有一定优

---

① 参见龙宗智：《刑民交叉案件中的事实认定与证据使用》，载《法学研究》2018年第6期。

② 理论上，不具有相应审判权的审判庭不能对自己审判权范围外的法律争议问题作出评价。但司法实践中，当民事关系成为定罪量刑的前置性问题时，刑事审判庭虽不直接对民事问题作出裁判，但会从事实层面对民事问题作出事实认定。

越性。[1]

其一,刑事程序可以借助公权力的侦查手段,掌握更全面的证据基础,扩张证明手段,尤其是我国的刑事诉讼采取较为强势的国家职权主义,刑事审判结合言词证据等多种证据类型进行实质审查,更容易揭示事实真相。

其二,刑事程序采取更严格的证明标准,民事程序主要适用高度盖然性的证明标准,刑事程序认定犯罪事实则需要达到证据确实、充分、排除合理怀疑的证明标准。因此,在先生效的刑事裁判对民事诉讼具有较高的约束力,而在先生效的民事裁判对刑事诉讼通常不具有约束力。

但原则总有例外,基于民事诉讼的独立性及其自身规律,以及维护司法公正的需要,在以下情形中也应否认刑事程序在事实认定上的优先效力:

一是民事诉讼中出现足以推翻刑事裁判认定事实的新证据,导致两种诉讼的证据基础发生变化的,在先裁判认定的事实对民事裁判不产生约束力。

二是刑事裁判认定的无须达到排除合理怀疑标准的非基础事实,对民事裁判不产生约束力。

三是虽未达到刑事证明标准或被刑事证据规则排除,导致在刑事诉讼中不能被认定的事实,如果符合民事证据要求和证明标准的,民事诉讼仍然可以作出独立认定。

三、实践进路:不动产盗卖案件的实体认定和程序适用

理论是灰色的,实践之树常青。为解决不动产盗卖案件因民刑交叉性质产生的实体与程序上的困境,本文以法秩序统一原理为根据,探求了违法一元论下民事法律效果对刑法评价的影响,以及程序独立论下在先裁判对在后诉讼的效力问题。要解决当前的实践困境,需要进一步提炼裁判思路,为此类案件的处理提供统一明确的方案。

---

① 参见张卫平:《民刑交叉诉讼关系处理的规则与法理》,载《法学研究》2018 年第 3 期。

（一）实体认定：以盗窃罪处理此类案件的教义学分析

对于侵犯财产罪案件的分析，首先要确定被害人，明确被害人遭受财产损失的具体内容，接下来是判断造成财产损失的行为具有何种性质，符合何种犯罪的构成要件。[①] 不动产盗卖案件通常分为两个阶段：一是使用虚假公证文件将房屋过户到自己名下，二是将房屋进行无权处分。如果认定第三人为受害人，需要评价第二个阶段的行为是否涉嫌诈骗罪。如果认定原权利人为受害人，需要对第一个阶段的行为进行评价，可以进一步区分手段行为（伪造）和目的行为（转移所有权），对于前者可能涉嫌伪造印章类犯罪；对于后者则涉及盗窃罪和诈骗罪的区分，具体而言，不动产能否成为盗窃罪的对象，欺骗不动产登记部门进行过户是否构成三角诈骗，是厘清两罪区别的争议焦点。

1. 第三人可通过善意取得制度排除损失

根据法秩序统一原理，民法上的权利外观责任效果阻却对善意第三人构成诈骗犯罪。因此是否将第三人作为诈骗罪的被害人，需考察是否发生善意取得的法律效果。根据《民法典》第311条的规定，善意取得需满足以下构成要件：一是第三人受让不动产时为善意，重点判断受让人是否通过查阅不动产登记簿信赖出让人有处分权，善意判断的时点为转移登记时；[②]二是转让人以合理的价格有偿转让；三是完成不动产登记，第三人成为不动产登记簿上的权利人。如果经过民法上的评价，第三人不满足善意取得的条件，不能取得对房屋的权利，则刑法需要将其作为诈骗罪的受害人予以保护。

2. 被告人侵害原权利人房屋所有权的行为构成盗窃罪

首先，房屋等不动产可以成为盗窃罪的犯罪对象。对此，否定论者通常认为不动产客观上无法被移动完成事实占有，即使一时被占有，产权人也可

---

① 参见张明楷：《论盗窃财产性利益》，载《中外法学》2016年第6期。

② 参见肖大明：《不动产无权处分中善意的认定》，载《人民司法（案例）》2018年第17期。

以随时发现并通过法律途径恢复。[①] 本文认为,这种观点未能理解盗窃罪的本质特征。

盗窃罪的保护法益是他人的财产所有权,盗窃不动产与盗窃动产的行为同样侵害了他人的财产所有权。在所有权占有、使用、收益、处分四项权能中,处分权能是享有所有权的根本标志,只有处分权不可能与所有权人相分离。[②] 盗窃动产要求转移事实上的占有,是因为动产物权变动的公示方式为转移占有,行为人只有剥夺权利人对财物事实上的占有,才能导致权利人无法有效处分动产的后果。不动产的公示方式为登记,已登记的不动产原则上须依据在登记机关的登记情况确定物权的归属,对不动产的转让、抵押等处分行为也以登记为生效要件。故盗窃不动产要求行为人实现对不动产在法律上的占有,即取得不动产名义登记人的地位,也仅有如此行为人才具有实施不动产处分行为的可能性。现实中行为人完全可能通过伪造手续、冒充他人等方式使登记机关变更不动产的登记人,导致权利人丧失对不动产在法律上的占有,进而侵害他人的所有权,这种行为构成对不动产的盗窃。

其次,被告人的行为符合盗窃罪秘密窃取的构成要件。盗窃罪中的秘密窃取,一方面是指行为人主观上意图秘密窃取,即使客观上被他人发觉,也不影响盗窃罪的成立;[③]另一方面是指行为手段针对被害人而言具有秘密性,而非任何人都不知情。事实上只要不是被害人自己处分财物,行为人在被害人不知情的情况下转移财物占有就属于秘密窃取。故被告人在原房屋权利人不知情的情况下,通过非法手段利用不动产登记部门进行过户,取得了对房屋在法律上的占有,符合盗窃罪的行为特征。

3. 被告人对房屋的原权利人不构成诈骗罪

第一,被告人未欺骗原权利人处分财产。诈骗罪的结构是欺骗他人处

---

① 参见吴加明:《不动产盗窃之否定与程序意义被害人之提倡——就龚某盗卖房屋案对杨兴培教授商榷的回应》,载《犯罪研究》2013 年第 1 期。

② 参见刘家安:《物权法论》,中国政法大学出版社 2015 年版,第 90 页。

③ 参见高铭暄、马克昌主编:《刑法学》,北京大学出版社 2010 年版,第 564 页。

分财产,进而导致他人遭受财产损失。被害人自我处分财产,是诈骗罪作为一种“自我损害型”犯罪与盗窃罪的根本区别。但在不动产盗卖案件中,房屋产权由原权利人名下转移到被告人名下的关键环节是被告人在登记部门使用虚假材料,原权利人对此不知情更未参与,故财产处分行为的缺乏阻碍了将此类行为认定为诈骗罪。

第二,被告人对原权利人不构成“三角诈骗”。“三角诈骗”指诈骗罪中的被骗人和被害人产生分离,即行为人欺骗具有处分被害人财产权限的第三人,该第三人因受骗处分财产使被害人遭受损失。[①] 被告人使用虚假公证文件欺骗了房产登记部门,但房产登记部门仅负责形式审查过户所需的材料,并无实质上处分产权人房产的权限,故被告人不属于“三角诈骗”。

(二)程序适用:生效裁判认定事实的效力机制规则

1. 确立层次化的裁判效力机制

关于生效裁判对在后诉讼的效力,我国现行法规范确立了免证事实规则,即后诉法院将前诉判决已决事实作为无须证明的对象直接予以认定,除非当事人有相反证据足以推翻前诉判决已决事实,否则免除后诉当事人对前诉判决已决事实的证明责任。由此,生效裁判认定事实的预决效力问题被纳入证据法的范畴进行处理。以2019年《最高人民法院关于民事诉讼证据的若干规定》为文本进行解读,可以发现以下特点:一是未从既判力的角度对生效裁判认定事实作出规定。传统的既判力理论限于前诉和后诉“诉讼标的同一”、“诉讼请求同一”及“当事人同一”,且效力对象限于判决主文,产生的效果是对后诉绝对的拘束力。[②] 二是产生免证效力的裁判未区分民事与刑事。三是需为生效裁判“确定”且“基本”的事实。四是未区别裁判对当事人与案外人等不同主体的效力影响。五是仅将当事人提出相反证据作为推翻前诉判决的条件,未明确法院是否可以主动查明。

---

① 参见张明楷:《论三角诈骗》,载《法学研究》2004年第2期。

② 参见纪格非:《我国刑事判决在民事诉讼中预决力规则的反思与重构》,载《法学杂志》2017年第3期。

在现有法律规范体系下,应当平衡好司法统一性与程序独立性之间的关系,通过确定层次化的裁判效力机制,处理好民刑案件的交互影响。具体而言,可以将裁判效力机制分为三个层级。

一是既判力层次。民事审判和刑事审判对各自审判权范围内的法律关系作出的裁决,对后诉具有禁止矛盾裁判的绝对拘束力。对此需要说明的是,其一,裁判产生既判力的前提是前诉和后诉对自然事实认定一致,如果前诉和后诉认定的事实基础不同,自然会对法律定性产生影响,这时前诉可能基于错误事实作出的裁判对后诉不具有约束力。例如前述案例四,民事裁判未能查明第三人非善意的事实,基于此作出的第三人善意取得房产的判项对在后的刑事诉讼不具有既判力。其二,裁判既判力的适用对象是本部门法范畴的法律适用问题,适用的范围包括裁判判项以及对确定判项具有决定性影响的裁判理由。在刑事裁判中,关于被告人退赔责任的判项,可能与民事关系发生交叉,不属于产生既判力的范围。生效裁判对本部门法范畴以外的法律关系作出的裁决不具有既判力。例如前述案例五,刑事裁判认定被告人对第三人构成诈骗,将涉案房产发还原权利人,实际上对第三人不能取得房产的效果作出了评价,但这一评价对在后的民事诉讼不具有约束力,民事诉讼可以基于同一事实认定第三人构成善意取得。

二是免证效力层次。生效刑事裁判所确认的基本事实,对后诉民事裁判具有免证效力,但后诉有证据足以推翻该事实的,不产生免证效力。

三是证据效力层次。刑事裁判确认的基本事实以外的事实对后诉民事裁判,以及民事裁判认定的事实对后诉刑事裁判,仅有可采纳的证据效力,这时生效裁判在后诉中实际上是作为一种公文书证而存在的,后诉可以对该证据的证明力作出自由心证和独立判断。

2. 免证效力规则的完善

第一,区分刑事裁判认定的必要事实和非基础事实。只有对定罪量刑产生决定性影响的事实,才是产生免证效力、具有重要预决效力的必要事实,因为此类事实在刑事诉讼中适用严格证明标准,在揭示客观真实方面更具有可靠性。不涉及定罪量刑的一些细节性、辅助性事实,属于证据效力的低层次,民事诉讼中双方可以将其作为待证事项进行举证、质证,法官应当对其进行独立的审查。

第二,区分有罪判决和无罪判决认定的事实。对后续民事诉讼发生免证效力的事实应当是刑事裁判确认的事实。有罪判决认定的必要事实当然属于确定的事实,但无罪判决的情况需要进一步区分事实无罪与法律无罪。前者是在证据确实充分、事实已经查清的情况下,认定被告人确定地不构成犯罪。后者是基于证据不足、不满足刑事证明标准,对不确定事项作出的否认判断,但并未排除民事诉讼以其自身标准来认定同一事实。例如前述案例六,刑事裁判认定被告人的诈骗事实未达到刑事证明标准,不排除后续民事裁判根据民事证明标准认定其构成民事欺诈。

第三,区分当事人与案外人,确立推翻免证效力的标准和程序。鉴于具有免证效力的刑事裁判认定事实采取了严格证明标准,对“足以推翻”同样应当达到排除合理怀疑的刑事证明标准,如此才能与刑事诉讼程序中事实认定的准确性和排他性实现一致。但刑事裁判如果对未参与程序的案外人的利益产生不利影响,案外人在并无渠道对与自己利益相关的事实认定施加实质性影响的前提下,受到以上标准的约束,将加重其证明负担,这缺乏程序法上的正当性,因此就案外人推翻免证效力的标准应当适用优势证明标准,这样既肯定了刑事裁判的免证效力,也给案外人反驳刑事裁判创造了必要的机会。① 此外,为了保障民事诉讼的独立性,除当事人可以提出相反的证据外,还应当肯定法院可以主动进行审查,推翻免证效力,作出相反的事实认定。②

结　语

民事责任与刑事责任的严格区分,是历史上法律发展的重要成果。随着民法和刑法在国家治理中发挥越来越重要的作用,尤其是随着《民法典》

---

① 参见纪格非:《论刑事判决在民事诉讼中的预决力》,载《当代法学》2015 年第 4 期。

② 参见杨秀清:《刑事判决已决事实对民事诉讼的证明效:理论与规则》,载《行政法学研究》2021 年第 1 期。

的出台,民刑交叉案件的处理将成为司法实践的"新常态",这时,强调民法与刑法的再接近十分重要。[①] 本文倡导坚持法秩序统一的原理,在实体认定上,刑法的评价要充分考虑民法的态度,避免将民事上合法的行为认定为犯罪。在程序处理上,应寻找司法统一性和诉讼独立性的适当结合点,构建层次化的裁判效力机制,明确生效刑事裁判确认的基本事实对后诉的免证效力,实现不同诉讼程序的协调统一。

① 参见王泽鉴:《损害赔偿法之目的:损害填补、损害预防、惩罚制裁》,载中国台湾地区《月旦法学杂志》第122期。

背信运用受托财产罪在私募基金领域的适用路径探析

徐宇翔[*]

加强金融业行为规制和投资者保护，是贯彻习近平新时代中国特色社会主义思想、践行“以人民为中心”的基本要求。近年来，人民法院在为资本市场提供优质司法保障、着力推进营商环境上连续打出组合拳。

2022 年 7 月 14 日，最高人民法院公布了《关于为加快建设全国统一大市场提供司法服务和保障的意见》，其中第 9 条“支持发展统一的资本市场”中明确提到要依法处理私募投资基金纠纷，完善审理规则，助力防范化解金融风险。作为国家金融战略的重要组成部分，私募基金行业发展对推动营商环境优化，助力首都“两区建设”具有重要意义。本文将首先通过对司法实践的梳理，力求总结私募基金纠纷的特点。

一、实证考察：京津冀私募基金案件现状检视

私募基金利用非公开方式进行资金募集，并开展相应投资。近年来私募基金行业呈现蓬勃发展态势，截至 2022 年 7 月，在中国证券投资基金业协会备案的私募基金管理人累计达 24342 家，合计管理基金 135777 只，累计发

* 徐宇翔，北京金融法院综合办公室主任科员，法律硕士，主要研究方向为证券法。

布产品 193916 项[1]。在如此庞大的体量背后，也蕴含着纠纷频发乃至于影响金融稳定的风险。从上海金融法院 2022 年 6 月发布的《上海金融法院审判工作情况通报（2018—2021）》来看，私募基金等涉资管案件属于证券市场纠纷重灾区，需要从风险防范机制、信用体系建设等多方面加以规制。笔者以“私募基金”“刑事”为关键词在中国裁判文书网进行检索，得到 945 件相关裁判文书并展开分析，以期厘清私募基金涉诉案件纠纷现状。

（一）京津冀私募基金纠纷占比较大

以“私募基金”为关键词在中国裁判文书网检索，可得相关裁判文书 9537 件，其中由京津冀三地法院审理的共计 2779 件，占比达到 29.1%，具体为北京 2456 件，河北 195 件，天津 128 件，均显著高于各省区市案件的中位数 86 件（见图 1）。

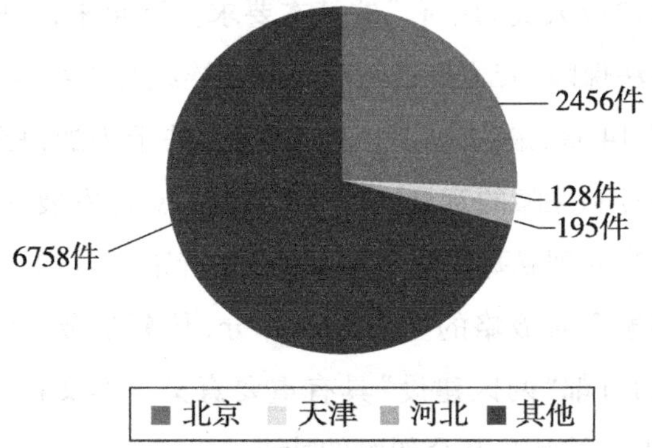

图 1　私募基金案件数

在 945 件刑事裁判文书中，京津冀审理的案件数共 287 件，在全国占比达 30.4%，均高于各省市区案件的中位数 18 件，总数接近全国私募刑案的近三分之一。

① 参见中国证券投资基金业协会官方网站，信息公示查询系统，https://gs.amac.org.cn/amac-infodisc/res/pof/manager/managerList.html。

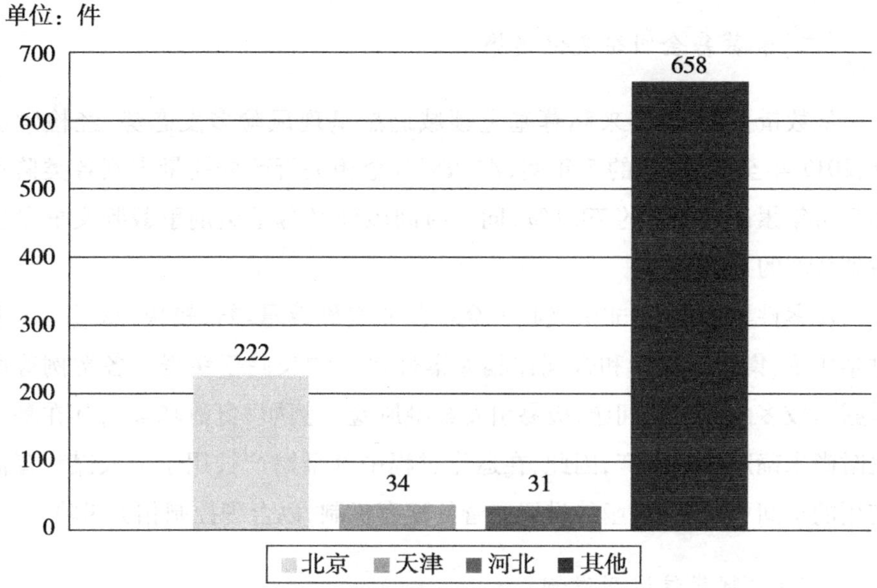

图2　私募基金刑事案件数

呈现此特点的原因首先是三地私募基金发展较好，根据中国证券投资基金业协会的统计，北京、天津、河北三地私募基金数量分别为19689只、2101只和235只，总数占据全国的17.1%，管理的基金规模分别达到42599.92亿元、7935.86亿元和654.92亿元，累计占全国的25.9%①，这与三地私募基金案件数占据全国的比重亦较为接近。

按照2021年的GDP数据，京津冀三地总额为9.6万亿元②，占到全国GDP总量的8.4%。三地私募基金案件总数和刑事案件数量双双数倍于国内生产总值占比，显示三地私募基金行业发展较为活跃，这意味着私募基金纠纷是京津冀三地必须重点关注的金融问题，从优化营商环境，维护金融稳定的角度来看，此类涉众型纠纷也是各地方政府必须妥善解决的民生问题。

---

① 参见《2021年中国私募基金管理人数量、类型分布及地域分布情况规模》，载网易网2022年6月22日，https://3g.163.com/dy/article/HAFOJ68T055360T7.html?spss=adap_pc。

② 参见《2021年京津冀地区生产总值9.6万亿元，三地居民人均可支配收入均涨超8%》，载文汇网2022年3月25日，https://baijiahao.baidu.com/s?id=1728277461498961537&wfr=spider&for=pc&searchword=%E4%BA%AC%E6%B4%A5%E5%86%80%E4%B8%89%E5%9C%B0gdp%E5%8D%A0%E6%AF%94。

(二)私募基金纠纷变化趋势

从数量上看,近年来私募基金领域仍然呈现风险多发态势,经检索统计,2017 年至 2021 年的 5 年间,涉私募基金相关行政处罚量占到各类监管部门历年累计处罚量的 79.1%,同一时间段涉私募基金刑事裁判文书量也占到全部的 87.5%。

从案件类型上看,非法吸收公众存款罪案件数量增长较快,总量也占据过半比重,集资诈骗罪和合同诈骗罪案件数量增长趋于缓慢。各案例普遍暴露出较多内部治理问题,极易引发金融风险。例如"盲池基金",其在募集之时尚未确定底层资产,因此,在运作过程中基金财产被用于个人谋利背信使用的空间相对更大,亟待设置完善的配套机制,以合理控制相关风险。

(三)规制背信运用案例

笔者以"私募基金""背信运用"对上述京津冀三地刑事案例开展二次检索,得到四件刑事案例,三件以挪用资金罪追诉,一件以违法运用资金罪定罪,没有直接以背信运用受托财产罪追诉的案例。以"背信运用"为关键词在中国裁判文书网检索到的国内相关案例共 13 件,这意味着背信运用受托财产罪在实践中的适用还面临不小的"瓶颈"。同时根据笔者检索结果,在京津冀法院作出的多个刑事或民事判决中都提到当事人要求以背信运用受托财产罪追究相对人责任的内容,三地法院也有必要强化对相关罪名在本地区适用情况的调研。

随着金融监管力度的加强,本罪在实践中的运用有"复苏"的趋势。2021 年 6 月,四川信托实际控制人刘沧龙因涉嫌背信运用受托财产罪被刑事拘留。[①] 2022 年 8 月 19 日,明天控股有限公司、肖某某犯非法吸收公众存款罪、背信运用受托财产罪等罪一案公开宣判,对被告单位处以罚金 550.3

① 参见《17 人被罚 785 万元后四川信托实控人刘沧龙被移送检察院》,载新浪财经 2022 年 4 月 2 日,https://baijiahao.baidu.com/s?id=1728981614824933408&wfr=spider&for=pc。

亿元,对肖某某处以有期徒刑13年及罚金[①],引发舆论广泛关注。金融监管机构要求在实践中发挥刑事惩戒作用的呼声也日益加强。在2022年的全国“两会”上,证监会副主席王建军明确提出:建议最高人民法院出台司法解释,将资金池业务、非法集资活动等私募基金典型违法行为,纳入背信运用受托财产罪和非法集资罪[②]。资产管理业务要求对资金的来源和运用进行严格对应,而资金池业务具有滚动募集、混合运作和期限错配的特点,造成了背信运用受托财产的风险。以“资金池”作为关键词在中国裁判文书网检索得到裁判文书980件,其中京津冀三地共有139件[③],这意味着利用较少适用的背信运用受托财产罪在相关案件的规制中还有较大作用空间。

二、条文回归:探析背信运用受托财产罪本源规定

2022年4月,中国人民银行颁布了《金融稳定法(草案征求意见稿)》,其相关条款内容对金融机构健全内部治理提出了诸多要求,特别是细化了金融机构及其股东、失控人的责任,强调不得实施违规占用客户资金等行为,这说明监管部门对挪用、背信运用、违法运用资金类违法和犯罪行为给予了较大关注。早在2006年,背信运用受托财产罪已经在《刑法修正案(六)》中予以规定。

(一)背信运用受托财产罪具体规定

本罪作为一项典型的单位犯罪,表现为违背受托义务,擅自运用客户资金或者其他委托、信托财产,情节严重的行为。擅自运用,首先意味着,未经客户允许。从行为类型看,主要包括以下几项:擅自运用客户资金;以欺诈手段或者其他不正当方式引导、诱导客户;将客户资产管理业务与其他业务

---

① 参见《明天控股有限公司、肖建华非法吸收公众存款等案一审公开宣判!》,载上海法治报2022年8月20日,https://baijiahao.baidu.com/s?id=1741667915327351316&wfr=spider&for=。

② 参见《证监会副主席王建军:建议出台司法解释将私募基金典型违法行为纳入背信运用受托财产罪和非法集资罪》,载新浪财经2022年3月10日,https://baijiahao.baidu.com/s?id=1726910094169702395&wfr=spider&for=pc。

③ 通过中国裁判文书网检索,2022年8月17日。

混合操作;以转移资产管理账户收益或者亏损为目的,在自营账户与资产管理账户之间进行买卖,损害客户利益;以获取佣金或者其他利益为目的运用客户资金进行超出委托权以外的交易;将委托理财自警用于资金拆借、贷款、抵押融资、对外担保等用途或者用于可能承担无限责任的投资。

对于如何理解"损害客户利益",《证券法》第57条第1款规定了证券公司及其从业人员禁止损害客户利益的五类行为,即"(一)违背客户的委托为其买卖证券;(二)不在规定时间内向客户提供交易的确认文件;(三)未经客户的委托,擅自为客户买卖证券,或者假借客户的名义买卖证券;(四)为牟取佣金收入,诱使客户进行不必要的证券买卖;(五)其他违背客户真实意思表示,损害客户利益的行为"五项内容,阐释了损害客户利益行为的内涵,有助于在刑事审判中辅助法官认定相应行为的性质。

(二)与类罪名的区别

在《刑法修正案(六)》出台前,实务中主要通过挪用资金罪和挪用公款罪两项罪名来规制相关犯罪。商业银行、证券交易所、期货交易所、证券公司、期货经纪公司、保险公司或者其他金融机构的工作人员利用职务便利挪用客户资金的,按挪用资金罪定罪,但实务中很多挪用行为系由单位决策,该罪却无单位犯罪,无法对单位实现追责。对于国有商业银行、证券交易所、期货交易所、证券公司、期货经纪公司、保险公司或者其他国有金融机构的工作人员或者国有金融机构委派到非国有商业银行、证券交易所、期货交易所、证券公司、期货经纪公司、保险公司或者其他金融机构的工作人员,实施有关行为的一般按照挪用公款罪定罪。

背信运用受托财产罪与挪用资金罪、挪用公款罪、违法运用资金罪等规定于《刑法》第185条,这一类违法行为也是金融市场风险发生的重要原因。当前,金融市场在管理上还不够规范,受托人往往利用其优势地位滥用权利,表现为在客户资金运用上的暗箱违规操作、侵吞客户资产,或者将客户资金用于操纵市场,进行不必要的买卖以赚取交易手续费等违规行为。这些行为的存在,不仅败坏金融机构的声誉,动摇公众对金融机构委托理财的信任，严重损害委托人的利益，而且使资产管理活动存在较大的金融风险，严重扰乱金融秩序。

三、价值透视：背信行为本质的多维理论思辨

私募基金是一种建立在专业管理基础上的利益共享、风险共担的集合投资方式。基金管理人背信行为的出现以及其对基金市场的影响也受到了更为广泛的关注。对于“背信”的理解，按照《辞海》的释义为违背信用[①]，不少人认为其就是资产管理公告中常见的“未勤勉尽责”，指未履行忠实、注意义务，损害交易信用和经济秩序。

引发背信运用受托财产的风险主要在管理阶段，基金管理人的信用问题是关键环节。以证券、期货交易为例，其重要特征就是一般要将自有资金存放于其在证券、期货公司开立的资金账户，由相关公司代理自己从事资金与证券、期货合约的流转。通常的流程是客户向证券、期货公司发出交易指令，证券公司根据指令进行证券交易，将资金收入或从客户账户中支出，在这一过程中存在客户资金被证券交易所、证券公司挪用的风险。为了规避这类风险，本文从经济学和法理学两个角度的现象风险透视背信行为的本质。

（一）基于经济学角度的分析

在金融交易中，私募基金投资者往往处于弱势地位。相较于机构，投资者在产品性质、风险特征等方面处于信息劣势，难以判断产品质量与自身风险承受能力是否匹配。同时，私募运营又具有高度专业性的特点，一般投资者仅凭有限的认识和技能难以评估产品的适当性。此外，投资者的维权能力较弱，较难承受诉讼或仲裁维权成本。故此需要深化对背信运用受托财产行为的规制，体现出对私募投资者必要程度的倾斜保护。

有效的市场竞争，在一定程度上可以督促私募基金合规经营，实现对投

---

① 参见《辞海》，上海辞书出版社1990年版，第280、1701页。

资者的保护。但是,由于市场失灵问题,需要监管部门、司法部门采取更多规制行为,以抵御金融市场的高度复杂性带来的负面效应。随着金融专业化程度的日益提高,私募的产品的投资与销售功能日益分化,一部分机构专门行使中介销售职能,在佣金的激励下违反适当性义务的推销,为后续积极管理人的背信运用带来了潜在机会。

在规制背信行为强化对投资者保护的同时,也要防范投资者的道德风险。部分投资者责任意识较为淡薄,在销售环节虚报风险负担能力和收入状况,对此应当适当减轻基金管理人的责任。

(二)法理角度检视

法律对秩序和正义的囊括,构成了分析私募基金投资人保护法理基础的总体视角。[①] 从维护金融市场整体秩序的角度来看,因为背信行为导致的投资者权益侵害,将引发机构与投资者之间的信任危机,进而使他们互相转嫁风险,导致市场失序。从分配正义的角度来看,法律规定应当发挥"矫正正义"功能,为私募基金管理人配置与其信息优势相匹配的责任义务,平衡双方权利地位。

信用行为建立在契约自由基础之上,应当在审判实践中把握契约自由与契约公平的平衡。在私募基金合同中,产品、服务多以格式合同呈现,投资者处于被动接受地位。私募基金管理人往往还保留合同解释权,使其能够排除自身义务,因而有必要对机构滥用格式条款的行为予以规制。

(三)从特征理解行为本质

背信运用受托财产行为的行为特征是违背管理义务,主观特征是对投资人信任的破坏,结果特征是对委托财产的利益损害。[②] 实践中,对于背信运用受托财产行为的本质有违背伦理道德说和违背信用说等多种观点。从

---

① 参见孙天琦等:《金融秩序与行为监管——构建金融业行为监管与消费者保护体系》,中国金融出版社2019年版。

② 参见虞慧宁:《背信行为刑法规制研究》,浙江工商大学2020年硕士学位论文。

效果上看，违背伦理道德说弱化了基金管理人信义义务的法律地位，违背信用说未体现诚信尽责的内涵，不能全面覆盖背信运用受托财产行为的本质。除了对财产的侵害，背信运用受托财产行为也侵害了信用制度和金融秩序。故在审判过程中，应当结合行为特征分为三个层级理解并评价私募基金管理人的背信行为：第一层是从结果特征出发，调查对财产利益的损害；第二层是从主观特征着眼，确定对投资人信任的影响；第三层是从行为特征入手，考察管理人行为对社会信用体系和金融管理秩序的危害程度。

四、症结分析：基金管理人是否系本罪适格主体

背信运用受托财产罪规定以后，在实践中一直鲜少适用，对于私募基金这一风险矛盾多发领域予以规制的案例更是少之又少。对背信运用受托财产罪而言，私募基金管理人是不是本罪适格主体尚有争议。《刑法修正案（六）》规定了商业银行、证券交易所、期货交易所、证券公司、期货经纪公司、保险公司是构成本罪的行为主体，而对于私募基金管理人是否能够归入法条中兜底的“其他金融机构”未进行明确。现行各金融法律法规对于私募基金管理人是否属于“金融机构”亦莫衷一是。笔者认为，按照扩张解释和目的解释，私募基金管理人应当属于本罪的入罪对象。

（一）扩张解释：私募基金管理人属于金融机构

法律的意思只能从条文的词义中找到，条文的词义是解释的要素，因此在任何情况下必须将“可能的词义”视为最宽的界限。[①] 将私募基金管理人解释为金融机构，没有超出本罪条文的可能语义范围。从金融监管规定来看，中国人民银行 1994 年颁布的《金融机构管理规定》[②]第 3 条第 3 项曾将投资基金管理公司认定为金融机构，但该规定已经于 2010 年废止。其后，中

① 参见［德］汉斯·海因里希·耶赛克、［德］托马斯·魏根特：《德国刑法教科书》，徐久生译，中国法制出版社 2017 年版，第 197 页。

② 参见北大法宝网，中国人民银行《关于印发〈金融机构管理规定〉的通知》，https://www.pkulaw.com/chl/1b9ff93b273423d1bdfb.html? keyword = %E9%87%91%E8%9E%8D%E6%9C%BA%E6%9E%84%E7%AE%A1%E7%90%86%E8%A7%84%E5%AE%9A。

国人民银行于2009年颁布并转发全国金融机构的《金融机构编码规范》[①],其第5条规定的机构的编码和表示形式列明的8类金融机构(A—货币当局、B—监管当局、C—银行业存款类金融机构、D—银行业非存款类金融机构、E—证券业金融机构、F—保险业金融机构、G—交易及结算类金融机构、H—金融控股公司)中,未见私募基金管理人。但在2017年,相关部门联合颁布的《非居民金融账户涉税信息尽职调查管理办法》《金融机构大额交易和可疑交易报告管理办法》中均已将私募基金管理人纳入金融机构范畴。2018年发布实施的中国人民银行、中国银行保险监督管理委员会、中国证券监督管理委员会、国家外汇管理局《关于规范金融机构资产管理业务的指导意见》[②]也明确规定"私募投资基金专门法律、行政法规中没有明确规定的适用本意见",说明监管机关已经将私募基金业务纳入资管监管范畴,如此再将其排除在金融机构之外显然不符合发挥监管效能、促进金融稳定的国家战略要求。

另外,将私募基金管理人解释为金融机构,也符合一般公民的行为预测。从普通金融投资者角度来看,私募基金所提供的产品和服务与公募基金别无二致,也具有其他持牌金融机构的业务特征,将其纳入金融机构范畴有利于强化对投资者的保护。

(二)目的解释:从政策到效力

从金融机构的设立条件来看,《刑法》第174条规定了擅自设立金融机构罪,该条文明确规定"未经国家有关主管部门批准"擅自设立金融机构的方成立犯罪,《金融稳定法(草案征求意见稿)》第10条也明确,任何单位和

---

① 参见北大法宝网,中国人民银行《关于印发〈金融机构编码规范〉的通知》,https://www.pkulaw.com/chl/1d3793d38fe88029bdfb.html?keyword=%E9%87%91%E8%9E%8D%E6%9C%BA%E6%9E%84%E7%BC%96%E7%A0%81%E8%A7%84%E8%8C%83。

② 参见《关于规范金融机构资产管理业务的指导意见》第2条第3款。

个人未经批准不得设立金融机构，不得从事或者变相从事金融业务活动[①]。因此，有一种理解认为金融机构必须经过批准方能设立，登记备案制的私募基金不属于刑法所指的金融机构。因为一般按照文义解释，“批准”系行政审批，而不得扩大解释为登记和备案。

从立法目的上分析，非经国家有关主管部门批准不得擅自设立金融机构，是我国规范金融秩序、在特定金融领域实行国家专营和严格准入制度的必然要求。因此，依据体系解释，背信运用受托财产罪项下的“金融机构”，也应以国家有关金融主管部门的批准作为设立的前置条件。从自律规定来看，根据《私募投资基金监督管理暂行办法》第 5 条第 2 款和第 7 条的规定，“设立私募基金管理机构和发行私募基金不设行政审批”[②]，仅应根据基金业协会的规定申请登记，即无须金融主管部门批准。

综合上述规定来看，似乎可以将私募基金排除在“金融机构”之外，但实践中也不乏认可私募基金“金融机构”地位的规定。以证券投资基金为例，按照《刑法》第 185 条之一第 2 款的规定，其可以成为背信运用受托财产罪的主体。《证券投资基金法》中并未明确提出“证券投资基金公司”的概念，但根据该法第 2 条的规定，证券投资基金分为“公开或者非公开募集资金设立证券投资基金”，故私募基金可以纳入“证券投资基金公司”的范畴。作为管理规范，《证券投资基金管理公司管理办法》（已失效）明确提出了“证券投资基金管理公司”的概念。根据该办法第 2 条的规定，证券投资基金管理公司是指经中国证监会批准，在中国境内设立，从事证券投资基金管理业务和中国证监会许可的其他业务的企业法人。因此，根据该办法的相关规定，“证券投资基金管理公司”只能是公募基金，而不包括私募基金。

在有关规范定义不一致的情况下，有必要进一步完善相关规范，辅助刑事认定。但从规范金融市场角度来看，将私募基金管理人纳入刑法规制的

① 参见北大法宝网，中国人民银行《关于〈中华人民共和国金融稳定法（草案征求意见稿）〉公开征求意见的通知》，https://www.pkulaw.com/protocol/1975ae0756a0c438f78ec7b3d148fd91bdfb.html。

② 参见证监会2014 年颁布的《私募投资基金监督管理暂行办法》。

范围有利于促进金融机构健康发展。《金融机构编码规范》本系中国人民银行所制发的操作手册,其对金融机构的定义不可直接等同于对金融机构的官方定义。规范就八类机构安排了不同的编码,但并不能据此认为我国合法存在的金融机构有且仅有此八种。事实上实务中一直将私募基金管理人作为承担责任的主体,如证监会浙江监管局作出的(2022)3号处罚决定,天津市南开区人民法院作出的(2018)津0104刑初543号刑事判决。而且编码规范中也有"其他"这一兜底规定。另外,刑法上的"金融机构"概念与金融法上的概念不能进行统一理解,如信用卡,刑法上既包括具有透支功能的所谓的信用卡,也包括无投资功能的借记卡,故应当对"金融机构"概念进行适度扩张解释,统一"私募基金管理人是背信运用受托财产罪的主体"这一认识,有利于在监管中将该罪名用起来,在打击私募基金犯罪时有的放矢,筑起保护委托人利益的刑法屏障。

五、进路探索:完善背信行为入罪的刑事政策考量

尽管由于实践认识分歧导致本罪使用较少,但鉴于本罪在强化社会诚信体系建设、维护被害人信赖利益需求,特别是弥补现有民事、行政保护方式不足上的重要作用,有必要从强化行为穿透识别、恪守客观入罪标准、合理考虑受害人过错、准确识别单位行为、坚持宽严相济政策等方面完善对背信运用受托财产行为的刑事政策考量。

(一)强化行为穿透识别

通过对945件刑事裁判文书进行梳理可以发现,目前私募基金纠纷多数以非法集资案件定性。尽管实践中此类案件确属多发,但如果审判实践不对私募违法行为的公开性、利诱性和社会性属性进行调查识别,便将真假私募一并按非法集资处理,实则不利于保护投资者的合法权益。在实践中有必要厘清"投资"和"存款"行为在具体私募案件中的表现,应强化对"非法占有"目的的穿透性审查,避免将背信运用受托财产行为认定为非法集资行为。

司法机关也在持续完善本罪的入罪规定,便于本罪与其他罪名的辨析识别。根据2022年4月颁布的《最高人民检察院、公安部关于公安机关管辖的刑事案件立案追诉标准的规定(二)》第35条的规定[①]:"商业银行、证券交易所、期货交易所、证券公司、期货公司、保险公司或者其他金融机构,违背受托义务,擅自运用客户资金或者其他委托、信托的财产,涉嫌下列情形之一的,应予立案追诉:(一)擅自运用客户资金或者其他委托、信托的财产数额在三十万元以上的;(二)虽未达到上述数额标准,但多次擅自运用客户资金或者其他委托、信托的财产,或者擅自运用多个客户资金或者其他委托、信托的财产的;(三)其他情节严重的情形。"较之以往规定,新规新增了一次运用多个账户的情形,表明在相关领域的刑事追诉力度在持续强化。

(二)恪守客观入罪标准

本罪在规制私募基金管理人相关违法行为上应当坚持审慎客观的入罪标准。刑法作为社会保障的最后手段,其启动必须本着谦抑性原则,不能肆意扩张、无端越位。本罪立案标准规定的运用受托财产30万元、多次背信运用财产或运用多个账户为情节严重的标准,但这些客观标准还需结合主观罪过一起考量,方能准确认定犯罪。如管理人为了投资人的利益,虽未按照约定运用受托财产,也不宜评价为犯罪;如多次背信运用受托财产,但总额并不高的,也不宜一概以犯罪论。

以丰利财富(北京)国际资本管理股份有限公司(以下简称北京丰利)、毛某某、张某某挪用私募基金财产行政处罚案[中国证监会行政处罚决定书(2019)43号]为例,北京丰利在投资人不知情的情况下,采用伪造文件签字、伪造印章等手段挪用私募基金财产向其管理的其他产品"补仓",涉案金额特别巨大,证监会调查确认了挪用行为的存在,但也认为"补仓"是为了挽回

---

① 参见北大法宝网,《最高人民检察院、公安部关于印发〈最高人民检察院、公安部关于公安机关管辖的刑事案件立案追诉标准的规定(二)〉的通知》, https://www.pkulaw.com/chl/1ddc54739806dd05bdfb.html?keyword=%E6%9C%80%E9%AB%98%E4%BA%BA%E6%B0%91%E6%A3%80%E5%AF%9F%E9%99%A2%E5%85%AC%E5%AE%89%E9%83%A8%E5%85%B3%E4%BA%8E%E5%85%AC%E5%AE。

投资人的损失、保护投资人的权益才实施的,管理人主观上无侵占私募基金财产、侵害投资人权益的不法目的,管理人因欠缺犯罪的主观要件而仅被处以行政处罚,未对其以犯罪论处。

因此,在有关案件的审理过程中应审查行为人对于自己负有的受托义务的认识情况,以及对于自己是否恰当、全面履行受托义务的主观认识,还要注意在不履行义务之时行为人能否认识到自己的行为将给投资人带来不利后果、这种后果是会真实发生或仅有发生的可能。这是为了将犯罪行为从正常的市场风险、可接受的投资决策失误中划分出去,通过论证私募基金管理人在行为时不具有损害委托人的故意,达到排除主观违法性的目的。

(三)合理考虑受害人过错

在认定主观故意造成的损害结果上,应当合理考量投资人过错的影响。为了降低私募基金的社会风险,我国规定了较高的合格投资人标准,但在实践中为了达到该标准,往往存在投资人虚报资产状况、无视风险提醒等情况。在此情况下,投资人与管理人的信任基础存在先天缺陷,如果背信行为破坏的法益较小、带来的社会危害较弱,则应相应地减轻管理人的刑事责任。也有强势投资人约定不当、指令不当的情形,这与管理人改变财产用途存在关联,根据责任自负原则,也可减轻背信行为一方相应刑责。

(四)准确识别单位行为

在行为评价上应当明确背信行为应当是单位行为。本罪是纯正单位犯罪,行为人必须是为了单位利益、基于单位意志而实行背信运用受托财产的行为,不能是为了个人利益的个人决定、个人行为。私募基金管理机构中的具体负责人、经手人若擅自运用受托财产的,可根据主体的不同认定为职务侵占罪、挪用公款罪等不同罪名,而所在机构因监管不善仅负有一定行政责任、民事责任。在兴证期货有限公司大连营业部等背信运用受托财产案[①]

① 参见辽宁省高级人民法院(2016)辽刑终494号刑事裁定书。

中，审判机关认为两名自然人被告的主观目的是完成公司业绩目标，客观上以单位名义与投资人接洽协商并运用了总部的授权，从后果来看交易产生的手续费归单位所有，即使挪用行为未集体上会讨论决策过，也应当认定是单位的行为。

（五）坚持宽严相济政策

对于私募基金案件，在审理过程中应充分运用保护民营企业的刑事司法政策。私募基金多为民营企业，近年来“两高”相继出台了一系列司法性文件，包括《最高人民法院关于贯彻宽严相济刑事政策的若干意见》、《最高人民检察院关于充分发挥职能作用营造保护企业家合法权益的法治环境支持企业家创新创业的通知》及《最高人民检察院关于充分发挥检察职能依法保障和促进非公有制经济健康发展的意见》等，确立了若干依法保护产权和企业家合法权益的刑事司法政策，应当在刑事审判中关注并落实。涉罪私募基金必然存在经营不规范问题，应准确区分经济纠纷与刑事犯罪，全面审查案件证据，防止把经济纠纷当作犯罪处理；同时还应当争取少用、慎用拘留、逮捕等强制措施和查封、扣押、冻结等措施，最大限度地降低对企业正常生产经营活动的影响。

（六）协同治理促进良好发展

京津冀的金融发展在全国金融发展格局中具有特殊地位，辅助国家金融监管机构履行职责也是地区司法机关的职责使命。2016 年 2 月，最高人民法院发布《关于为京津冀协同发展提供司法服务和保障的意见》，明确提出了要通过“建立健全京津冀法院工作联络机制”，就防范金融风险及时向有关部门提出司法建议，提升对京津冀地区金融创新和安全的司法保障能力。

京津冀三地的地方金融监督管理局已于 2018 年签署《京津冀三地金融局（办）合作框架协议》，加强三地金融服务部门在政策引导、规划指导、信息共享、资源配置和风险管控等方面的统一协作。为了精准对接金融监管需求,实现对私募基金违法现象的有效刑事规制,人民法院应当借鉴金融监管的区域协作模式,打造三地金融审判部门的协作平台,实现统一裁判尺度和有序化解金融风险。在区域协作体系完善后应当持续强化与金融监管对话协同,对接金融监管需求,强化审判研究分析,为行政执法和刑事制裁的衔接创造良好条件,为发挥刑事惩戒金融乱象作用注入动力。

结 语

在私募案件中对背信运用受托财产罪的适用,符合刑事政策的考量,不仅能够在立法层面减少"象征性立法"现象,而且能够遏制非法吸收公众存款罪等口袋罪名的滥用,促进司法实践对本罪的研究,从而进一步厘清其与其他金融犯罪行为的区别,填补当前金融违法责任追究中存在的行政处罚"隔靴搔痒"与刑事制裁"严刑重典"的空白地带。该罪在发挥刑事制裁作用的同时又恪守谦抑本位,同时还有利于企业完善自身刑事合规体系,不失为应对当前私募违规现象的良药。

监狱罪犯死亡检察工作若干问题研究

罗猛 温军 吉驰*

开展监狱罪犯死亡检察，是检察机关监狱检察工作中的一项法定职责，是依法保障罪犯人权的重要方面。但受到多种因素，尤其是相关制度机制尚不健全的影响，实践中出现死因鉴定、事实调查职责权限不清，职能部门相互推诿等现象，制约了监狱罪犯死亡检察工作的开展。本文立足监狱检察工作实际和法医学视角，对监狱罪犯死亡检察工作中的一些具体问题进行分析，并提出相关建议，以期对加强监狱罪犯死亡检察工作，提升工作质效有所裨益。

一、办理监狱罪犯死亡检察案的现状

目前，检察机关办理监狱罪犯死亡检察案件的法律法规依据主要是《监狱法》《最高人民检察院、民政部、司法部监狱罪犯死亡处理规定》《最高人民检察院关于监管场所被监管人死亡检察程序的规定(试行)》。各地区检察机关、监狱管理机关围绕上述法律法规也会出台本地区的实施细则、工作规范等文件。

深入梳理这些法律法规、规范性文件的具体内容，都是以死亡性质作为分界点，将调查、审查、监督的职能划分为不同机关承担：如罪犯属非正

---

* 罗猛，中国交通建设集团股份公司纪委执纪审查室主任，法学博士。温军，北京市团河地区人民检察院副检察长，法学博士。吉驰，北京市团河地区人民检察院检察官助理。

常死亡,则相关调查工作完全由检察机关开展;如罪犯属正常死亡,则调查工作由监管机关负责,检察机关对其调查工作进行监督,但当检察机关对监管机关的调查有异议或死亡罪犯家属对其死因有疑义并向检察机关提出,检察机关审查后认为需要调查的,则检察机关再启动相关调查程序。

由此可见,检察机关和监狱管理机关的角色在不同死亡定性下有着截然不同的定位。但目前对于"死亡定性"这一关键问题的相关规定存在一定的缺憾,导致实践工作出现了一系列问题。

二、办理监狱罪犯死亡检察案件中存在的问题

结合笔者实践经历,目前检察机关办理监狱罪犯死亡案件,在法律实体、程序规定和法医学死因鉴定、死亡性质确定等方面存在一些较为突出的问题。

(一)法律方面

1. 死亡性质分类存在歧义

目前,《监狱法》中将监狱罪犯死亡分为"因病死亡"和"非正常死亡",并对不同情形下担负检验鉴定和调查工作的机关进行了原则上的划分,①但并未对该分类进行详细的概念明确。这一规定表面上解决了基本概念和职责分工的问题,但仔细分析,却存在语言歧义、逻辑倒错和权责不清等问题。

最高人民检察院、民政部、司法部2015年联合发布的《监狱罪犯死亡处理规定》进一步对罪犯死亡的分类及概念定义进行了明确,②并在职责分工

---

① 《监狱法》第55条规定:"罪犯在服刑期间死亡的,监狱应当立即通知罪犯家属和人民检察院、人民法院。罪犯因病死亡的,由监狱作出医疗鉴定。人民检察院对监狱的医疗鉴定有疑义的,可以重新对死亡原因作出鉴定。罪犯家属有疑义的,可以向人民检察院提出。罪犯非正常死亡的,人民检察院应当立即检验,对死亡原因作出鉴定。"

② 《监狱罪犯死亡处理规定》第2条规定:"罪犯死亡分为正常死亡和非正常死亡。正常死亡是指因人体衰老或者疾病等原因导致的自然死亡。非正常死亡是指自杀死亡,或者由于自然灾害、意外事故、他杀、体罚虐待、击毙以及其他外部原因作用于人体造成的死亡。"

方面也作出进一步细化,[①]但该规定的出台并没有解决上述问题。其中,最为突出的就是将《监狱法》中的"因病死亡"改为了"正常死亡"。然而,"正常"一词带有较为明显的价值判断或者说是定性判断,非常容易使死者家属产生"认定正常死亡,就代表没有任何责任"的朴素认识,继而为死亡调查处理、信息公开和沟通协调埋下隐患。其实,《监狱法》使用的"因病死亡"一词也往往会给人带来一种"自然而然"的感觉。

事实上,死亡定性与追责之间并没有必然联系,即使是因病死亡,也可能存在延误治疗等需要追责的情形,而非正常死亡中若是不可抗力因素所致,通常也是可以免责的。因此,有学者认为,将现有死亡分类改为"有责任死亡"和"无责任死亡"会更加清晰明确。[②]

2. 调查结论与调查工作的权责不清和逻辑倒错

对于"死亡定性"这一关键问题由谁来确定的问题,各地做法不尽相同。如笔者工作城市的相关规定就明确了在"正常死亡"中负责进行死因判断的具体部门。[③] 但罪犯的死亡究竟是何种情形,其中是否存在需要承担责任的个人或集体,是否存在工作漏洞等隐患,这一系列问题都是需要通过一定的调查程序之后方可得到调查结论,不能也不应该在还没有开展具体工作前就为案件作出一个预设的定性,并在这个预设定性的指导下开展带有倾向性调查工作。

但在目前相关规定下,不同死亡定性是由不同机关来担负调查职责的,究竟是先确定死亡性质,然后确定调查机关;还是先进行调查,待事实清楚之后再定性呢?显然后者更符合工作逻辑,此时既然死亡性质不明,那这里

---

① 《监狱罪犯死亡处理规定》规定,经初步认定,如果罪犯是非正常死亡的,应当由检察机关负责调查;如果罪犯是正常死亡的,由监管机关负责死亡调查,检察机关对监管机关提供的调查材料和调查结论进行审查。检察机关对于监管机关作出的调查结论有异议,或者死者家属对调查结论有疑义向检察机关提出,检察机关经审查后认为需要调查的,检察机关启动调查程序。

② 参见周伟:《监管场所被监管人死亡若干问题研究》,载《中国刑事法杂志》2011 年第 4 期。

③ 《北京市监狱管理局罪犯死亡处理实施细则(试行)》第 11 条规定,市局中心医院接到通知后应及时到达罪犯死亡现场,检查尸表以及查阅病历、抢救记录、诊断结论,听取治疗和抢救过程等,对死亡原因作出初步判断。第 12 条规定,市局中心医院作出死因鉴定结论后填写医院或法医鉴定意见。

的调查机关应该是监管机关还是检察机关呢？工作将陷入死因鉴定和死亡定性是“先有鸡还是先有蛋”的循环之中。

从实际工作情况看,大多数罪犯的死亡发生在医院中,“死前已有重病”在一定程度上强化了按照正常死亡程序工作的倾向,会不会转为非正常死亡调查程序往往取决于是否存在明显异常或家属是否有异议上。[①] 为了一定程度上弥补制度缺失,有检察机关在相关工作制度中已有规定:在死亡原因和性质一时难以确定时,应当督促监管机关组织医疗鉴定或法医鉴定,待查清死亡原因后再确定死亡性质。[②] 但这一规定实际是难以落地操作的。

(二)技术方面

死亡原因是罪犯死亡检察工作中将科学问题的死亡转化为法律问题的关键,直接关系到案件的定性,权责分工,甚至是责任追究。但现行规定中的技术问题为各方围绕死因鉴定、尸体处理等带来了隐患:

1.死因鉴定的专业程序问题

各类法律法规所称监狱罪犯死因鉴定中的“鉴定”实为司法鉴定,其呈现形式应当是法定证据之一的鉴定意见,有着严格的程序和实体要求。由法医开展的死因鉴定工作,需要严格依照相关国家标准[《法医学尸体检验技术总则(GA/T 147 －2019)》],进行全面系统的尸体解剖,必要时提取组织器官进行病理、毒物、生化检验,结合案情调查、现场勘验综合分析,方可给出明确的意见。现实中部分案件在案情明晰、顾及家属情感或要求的情况下,法医可以在不进行系统尸检的情况下提供死因分析,但此分析绝非鉴

---

① 《北京市检察机关办理被监管人死亡监督案件工作规范(试行)》第21条规定:“具有下列情形之一的,应当由人民检察院进行调查:(一)经初步判断,属于非正常死亡或死因不明的;(二)死亡被监管人的近亲属对监管机关的调查结论有疑义,向人民检察院提出,人民检察院审查后认为需要调查的;(三)人民检察院对监管机关的调查结论有异议的;(四)其他需要由人民检察院调查的。”

② 参见《北京市检察机关办理被监管人死亡监督案件工作规范(试行)》。

定，这一点是明确体现在相关规范性文件中的。[①] 不能将此类“死因分析”认为是监狱罪犯死亡案件中的“死因鉴定或认定”。

但就笔者参与办理的监狱罪犯死亡检察案件来看，囿于各种条件所限，监管机关往往在未进行系统尸检的情况下，直接将监狱医院或社会医院对死者所患主要疾病之一的诊断作为最终死亡原因的情况仍然存在，这既不符合专业技术规定，更不符合其调查职责的要求。法医在这种情况下，仅协助检察官进行尸表检验，亦是无法提出明确意见的。

2. 围绕死亡的专业概念混同

司法实践中，经常出现将法医学概念的死亡原因、死亡方式和死亡性质混同，在工作认知和沟通协作上造成误解。

法医学专业所称的死亡原因，包含直接死因、根本死因、辅助死因、联合死因、诱因等多个复杂概念，且并非总能做到精确分辨。对照专业概念，监狱罪犯死亡检察中所需要明确的死亡原因是“根本死因”，而导致这一根本死因的具体方式，如疾病、衰老、外伤、窒息、中毒、电击、高低温、饥饿等是死亡方式，并非死亡原因。这些具体方式需要综合很多细节来判断，法医并不一定通过直接死因就可以分析出死亡方式。

至于监狱罪犯死亡检察中所涉及的正常或非正常死亡定性，其应当属于一种法律定性，需要综合全案情况得出。但现实中，部分办案人员期望法医可以直接作出正常死亡或者非正常死亡的法律定性，显然是混淆了死亡原因、死亡方式和死亡性质的概念，这是很不适当的。

3. 专业工作程序的时间与处理尸体之间的矛盾

处理尸体的前提是需要确定死因。但法医若是严格按照标准，从尸检

---

① 司法部《法医类司法鉴定执业分类规定》第5条规定，尸体解剖，死亡原因鉴定。通过进行系统尸体解剖检验（包括但不限于颅腔、胸腔、腹腔等）；提取病理检材，对各器官进行大体检验和显微组织病理学检验；提取尸体相关体液或组织进行毒、药物检验，或者其他实验室检验（必要时）。根据上述尸体解剖检验和必要的实验室检验结果，结合案情资料及其他书证材料，对死亡原因等进行鉴定。尸表检验，死亡原因分析。通过对尸体衣着、体表进行检验，必要时进行尸体影像学检查或提取相关体液检材进行毒、药物检验等。根据上述检验结果，并结合案情资料等对死亡原因等进行分析。

到作出鉴定意见的时间基本是以“月”来计算,尤其是涉及“病死”的情况下,病理学检验所需的时间是无法压缩的。这一时间需求在缺乏足以证明“非正常死亡”的证据情况下,是很难被各方接受的。

同时,监狱与家属的善后协议往往会包含“处理尸体”的内容,部分对死亡不持有异议的家属也会提出“尽快处理尸体”的需要。这样做,可以理解是出于案件办理的社会效果考量,但既不符合法律程序,也不符合科学要求。尸体这一核心证据一旦灭失是完全不可弥补的,客观上存在巨大的法律风险。

综上所述,目前监狱罪犯死亡检察工作中存在的三个困局:一是不确定死亡性质,谁来承担尸检职责?不确定谁来尸检,如何确定死因?二是不系统尸检,如何确定死因?不确定死因,如何确定死亡性质?三是不确定死因,如何处理尸体?打破上述问题困局,是监狱罪犯死亡检察工作有序开展的重中之重。

三、破解问题的对策与建议

(一)探索建立统一的检察机关监督调查机制

围绕谁来承担监狱罪犯死亡调查的法律问题,有观点认为,应当建立检察机关对监狱罪犯死亡的统一监督调查机制,主要理由是:检察机关作为法律监督机关,其独立调查有助于排除干扰、查明真相,是合理的权力配置模式。同时,检察机关也可以通过监督调查,落实其法律监督职责,对监狱形成有力制约。[①] 2017 年公开征求意见的《中华人民共和国看守所法(公开征求意见稿)》的相关规定就与上述观点一致。[②] 但实践中,死者家属或社会舆

---

① 参见梅骏峰:《监管场所被监管人死亡检察制度的问题与完善》,载《检察调研与指导》2018 年第 2 辑,研究出版社 2018 年版,第 89－92 页。

② 《中华人民共和国看守所法(公开征求意见稿)》第 88 条规定:“犯罪嫌疑人、被告人死亡的,看守所应当立即报告本级公安机关和人民检察院,通知案件主管机关和死者近亲属。看守所主管公安机关的同级人民检察院应当对死亡原因作出鉴定,并将鉴定结果书面通知看守所和死者近亲属。死者近亲属对鉴定结果有疑义的,可以委托具有司法鉴定资质的机构重新进行鉴定。”此后,未再公布新的征求意见稿,《中华人民共和国看守所法》也未出台。

论对同属公权力的监管机关和检察机关存在“官官相护”的疑虑。因此,有观点认为应当引入相对独立于监狱、检察机关的第三方鉴定机构,以进一步保障案件办理的公正性。①

笔者认为,上述两种观点的有机结合会是一种破解困局的有效路径。不再根据死亡定性来区分调查机关,而是建立一套以检察机关为统一的监督调查工作机制,充分发挥现有的监狱派驻检察、巡回检察职能,有效避免权责不清、推诿扯皮问题,也可以有效解决案件定性和工作开展的问题。针对案件涉及的专业技术问题,可以视各地具体的专业化建设情况而适当引入第三方鉴定机构。同时,建立健全家属参与机制,推动案件办理信息进一步公开,更为有效地推动罪犯死亡检察监督案件的公平公正公开办理,提高司法权威和司法公信力。

(二)进一步细化法律规定

进一步细化《监狱法》所规定的“因病死亡和非正常死亡”概念定义,建议采用以“因病死亡”为分界,确定为“因病死亡和除此之外的其他原因死亡”。

这是考虑到实践中大量的死亡实际上均有疾病因素的参与,分析和判断是否因病死亡也是法医进行死因鉴定的必经步骤,不宜发生遗漏。同时,“因病死亡”的表述有其容易理解和接受的方面,可以为沟通交流和信息公开带来一定便利,避免引发“构建专业壁垒”的诟病。不再进行列举式的概念定义,也可以解决“等内等外”之争的弊端,封堵难以穷尽所有可能而留下的漏洞。

此外,可以将现有的“非正常死亡”所涉及的具体类型,在法律责任确定中进行一定的规定,对需要承担法律责任的情形进行明确的列举和规定,使权责相统一,为办案提供明确指导,彰显检察机关法律监督职能。

① 参见韩鑫:《〈监狱法〉修改相关问题研究》,载《中国司法》2019年第10期。

(三)完善检察机关办理监狱罪犯死亡案件流程

在检察机关统一的监督调查基础上,可以探索建立一套层级完整、程序详细、权责明晰、分工明确的办案规范。将围绕死亡原因鉴定所必需开展的技术工作纳入办案流程中,由检察官会同法医共同开展工作,历经完整的调查工作后,综合分析判断而最终为案件定性,有效避免因权责分工交错而预设案件定性的问题。

尽管这种工作模式会相应带来工作量的增加,但鉴于监狱罪犯死亡监督案件历来就带有易被炒作、被关注的社会舆论风险,尤其是明确属于“监管事故”的非正常死亡,以高标准开展监督调查工作对于回应社会关切,充分体现检察机关的职责担当非常必要。

(四)加强自身能力建设

检察机关应当不断提高自身能力建设,可以设立专门负责办理监狱罪犯死亡案件的办案组织,配置合理的人员力量,包括了解监管机构的派驻检察人员、熟悉职务犯罪案件办理的检察官和掌握专业技术的法医,满足多层次办案需求。建立科学协作办法、制定规范指引、开展相关培训,以实现在办案中检察官与专业技术人员密切配合,调查工作与勘验、鉴定相互协作,科学证据与法律事实相互印证,促进检察人员与专业技术人员的互相认识和了解,将办理监狱罪犯死亡监督案件中的各类专业技术问题讲清楚、讲明白、讲透彻,既要明确“技术可以做什么”,更要明确“技术能做到哪里”。

(五)加强各部门、各单位之间的沟通协作

检察机关作为法律监督机关,理应在监狱罪犯死亡案件调查中履行职责,对监管机关和鉴定机构的工作进行必要监督。检察监督与监管执法的最终目的是一致的,都是维护监狱安全稳定,维护罪犯未被剥夺的合法权益,维护法律公平、公正的实施。检察机关在履行监督职责中应当做好沟通

协调工作,大胆监督,及时处置发现的倾向性、苗头性问题,做足、做全、做好分内工作,防止履职缺位;同时也应注意工作方式方法,避免引发矛盾对立,防止履职越位;摒弃“达成协议,处理尸体”即代表案件完结的思想,不能因“事了”就“案结”而放弃追查是否存在怠于履职等问题。

知识产权

2021年北京知识产权保护状况

北京市知识产权局课题组

2021年是“十四五”开局之年，也是进入新发展阶段，贯彻新发展理念，构建新发展格局，推动首都高质量发展的关键一年。北京市知识产权系统坚持以习近平新时代中国特色社会主义思想为指导，深入学习贯彻习近平总书记在中央政治局第二十五次集体学习时的重要讲话精神，积极贯彻落实党的十九届六中全会精神，坚决捍卫“两个确立”，聚焦“五子”联动，强化“四个中心”功能建设，按照市委市政府决策部署，扎实推进知识产权全链条保护，优化营商环境，努力提升知识产权治理能力和治理水平，在完善知识产权保护长效机制、加强冬奥会冬残奥会知识产权保护、创建知识产权保护北京样板、深化知识产权领域改革、加强知识产权国际交流合作等方面取得了显著成效，为推动首都高质量发展提供有力支撑。

2021年来，北京市知识产权综合实力在全国持续领先。世界知识产权组织发布的《2021年全球创新指数(GII)报告》显示，北京在全球科技城市集群榜单中排名第3，较前一年上升1位。2021年，北京知识产权创造、运用、保护、管理和服务工作成效突出，国务院(拟)给予督查激励。在2021年全国知识产权保护工作考核中北京的成绩为优秀。截至2021年12月底，全北京市每万人发明专利的拥有量为185件，在全国持续领先；有效发明专利量405037件，同比增长20.7%；商标有效注册量257.9万件，同比增长16.01%。2021年，北京市专利授权量198778件，同比增长22.08%，其中发明授权量79210件，同比增长25.2%；PCT申请量10358件，同比增长

20.05%。北京市商标注册量42.8万件,同比增长17.91%。北京市著作权登记量1025501件,同比增长2.07%;软件著作权登记量230097件,占全国总量的10.09%。北京市植物新品种申请量649件,授权量366件。北京市各级法院累计审结各类知识产权案件74805件,市检察机关共受理审结、审查逮捕侵犯知识产权案件196件415人,行政管理部门查处知识产权行政案件5857件。在第22届中国专利奖评选中,北京地区的155项专利获奖。其中金奖8项,占全国总数的20%,居全国首位;银奖25项,占全国总数的33.3%;优秀奖122项,占全国总数的13.8%。

一、完善知识产权顶层设计,凝聚知识产权工作合力

坚持党对首都知识产权事业的全面领导。北京市各单位认真做好习近平总书记在中央政治局第二十五次集体学习时的重要讲话精神的传达学习和宣贯工作,深刻领会蔡奇书记在市委理论学习中心组学习(扩大)会和陈吉宁市长在国家知识产权局与北京市人民政府知识产权合作会商暨北京市知识产权保护大会上的重要讲话精神,学习落实全国知识产权局局长会议主要精神,自觉站在"两个大局"高度认识和把握知识产权工作,努力建设知识产权强国示范城市。

优化首都知识产权顶层设计和政策体系。编制发布《北京市"十四五"时期知识产权发展规划》;发布实施《北京市知识产权强国示范城市建设纲要(2021—2035年)》;颁布实施《北京市知识产权保护条例》和《北京市种子条例》;制定印发《北京市知识产权专业职称评价试行办法》,并在北京市首次开展知识产权专业高级职称评价工作;出台《北京市人民调解员等级评定办法(试行)》;颁布《北京市高级人民法院知识产权民事诉讼证据规则指引》《知识产权民事案件适用小额诉讼程序工作指引》,发布《北京市检察机关涉商业秘密案件保密工作指南》,首都知识产权顶层设计和政策体系不断完善。

发挥区域知识产权集群优势。完善区域知识产权保护机制,怀柔区整体布局怀柔科学城知识产权工作,平谷区建立"三省四地"知识产权合作联

席会议机制。严格区域知识产权行政保护，丰台区查处侵犯"袋鼠"注册商标专用权案入选全国第一批知识产权行政保护优秀案例，通州区办结首起"环球影城"商标侵权案。促进区域知识产权价值实现，朝阳区打造"标准研制、实施推广、数据开发、国际交流、人才培训"五位一体的国际标准运营平台，门头沟区强化商标保护助力"门头沟小院"精品民宿提质增效，房山区成功注册"房山黄芩"地理标志证明商标促进区域"黄芩"产业发展，昌平区做大做优"高口红椿""西峰山小枣"地理标志证明商标，密云区加强蜂产业商标品牌培育，延庆区引导"崇礼好礼""妫水农耕"企业签订战略合作协议。加强京津冀知识产权领域合作，成立京津冀高校科研院所知识产权运用联盟，举办京津冀双创企业知识产权帮扶活动，开展区域品牌推介和强化商标专用权跨省市保护，启动"京津冀知识产权公共服务行动计划（2021—2023）"，促进了京津冀协同发展。

二、加强奥林匹克标志知识产权保护，为北京冬奥、冬残奥保驾护航

健全工作机制。印发《北京2022年冬奥会和冬残奥会奥林匹克标志知识产权保护专项行动方案》，成立市级工作专班，形成市级横向协作、市区纵向联动工作机制。开展涉奥信息共享、疑难问题集中研判，市区执法、司法部门构建重大案件会商机制，实现重大案件快速会商、线索及时移送。依托"慧眼监管"系统即"两库＋监测模型"，建立线上线下一体化协同监管机制，实现冬奥、冬残奥知识产权全方位、立体化保护。

开展宣传培训。组织北京市冬奥知识产权保护业务培训，制作冬奥知识产权保护公益宣传片、海报及宣传口号，在网络平台、公共交通、园区楼宇等多场景投放，形成了宣传热潮。建立冬奥知识产权权益主体白名单，指导企业完善内部合规审查、签订自律承诺书，建立侵权预警机制及突发事件应急预案。

协同执法司法。深化区域协同、市场联动，推动跨区域合力共治，与天津、河北签订海关、市场监管等领域的执法协作协议，加强对各区工作的指导。多部门联合约谈重点互联网企业，组织赛事转播知识产权座谈会，严格

规范互联网平台宣传营销行为,督导互联网企业自律经营。严厉打击制售假冒冬奥纪念品、隐性营销等各类侵犯冬奥知识产权的违法犯罪行为,及时查处、严厉打击、依法惩治。坚持对涉奥知识产权侵权违法犯罪行为“零容忍”,全力保障首都知识产权法治环境,助力北京冬奥会和冬残奥会圆满成功。

三、多方协同,打造知识产权多元保护格局“北京样板”

完善知识产权保护体系。市市场监管局与市公安局联合制定《京津冀市场监管执法协作框架协议》《京津冀知识产权执法协作协议》,京津冀三地省市检察机关会签《京津冀检察机关关于加强知识产权保护强化网络综合治理维护金融安全跨区域协作的工作意见》,强化区域知识产权保护。市公安局会同相关部门建立知识产权执法司法协作机制。市知识产权局与市各级法院建立紧密合作机制,与市检察院签订《建立全面保护知识产权合作机制备忘录》。市文化市场综合执法总队与市检察院联合建立移送案件监督保障机制。市司法局协同市知识产权局成立北京市知识产权纠纷调解中心,是北京市首个知识产权保护领域的多元调解实体平台,统筹协调整合人民调解、行政调解等资源力量。市高级人民法院建立与市版权局的季度例会制度,北京知识产权法院与国家知识产权局建立专利授权确权行政案件线上审理工作机制,北京市检察机关推行刑事司法与行政执法双向衔接线索移送机制,使行政保护与司法保护衔接机制更加顺畅。

提升知识产权保护能力。相关部门入驻服贸会等大型展会,实现知识产权“零投诉”目标。严厉打击涉嫌“元宇宙”商标抢注和“蹭热点”等商标恶意抢注行为,维护市场秩序。开展“昆仑 2021”专项行动,“剑网 2021”专项行动、“龙腾行动 2021”、农资打假“春雷行动”、打击制售假劣种子和侵犯植物新品种权行动等系列知识产权保护专项行动。

创新知识产权保护手段。持续推进网上立案和云庭审,运用信息化技术助力知识产权审判工作提速。推动版权登记公共服务能力建设,版权登记全面实现“一网通办”和登记数据的数字化服务。建立提供全方位证据服务的知识产权公证服务平台，应用区块链技术深化电子数据存证服务。修订《北京市知识产权局技术调查官管理办法》，聘请技术调查官作为专家辅助案件办理，提供专业技术支持，在全国率先实现知识产权刑事、民事、行政检察案件中均引入技术调查官辅助办案。搭建海关"云确"平台，制定远程确权机制。法院系统完成多起"版权链—天平链"协同质证案件审理。北京知识产权法院成立由两院院士组成的"创新保护专家委员会"，完善技术类事实查明机制。

高质量建设专利行政裁决示范区。推进专利侵权纠纷行政裁决实务研究，发布十大知识产权行政保护典型案例。创新审理模式，简单案件当庭宣告裁决结果，部分案件采用"先行裁驳，另行请求"的方式审结，提高裁决效率。完善行政司法保护衔接机制，提升整体保护效果。

深化知识产权领域纠纷多元调解。成立北京市知识产权纠纷调解中心，深化调解中心、人民调解委员会、调解工作室的立体化调解工作网络。2021 年，16 家行业性、专业性知识产权纠纷人民调解组织受理知识产权纠纷 9893 件，调解成功率达 67.1%。发挥北京、中关村两个知识产权保护中心的作用，深入对接行政、司法、仲裁、调解、检验鉴定、公证等知识产权保护渠道和环节，不断完善"一站式"知识产权快速协同保护机制。探索推进商标行政案件诉前化解机制，深化完善"多元调解 + 速裁"工作，加强诉源治理。注重发挥行业组织、产业联盟的作用，制定推广电商行业知识产权治理公约，促进行业自律。

四、聚焦知识产权领域改革，深入推进"两区"建设

提升知识产权质量效益。布局建设专利导航服务基地，推广应用《专利导航指南》等系列推荐性国家标准，推动建立以产业数据、专利数据为基础的新兴产业专利导航决策机制，强化关键产业领域知识产权创造和战略储备。设立 1 亿元智能传感器股权投资基金，开展 1.5 亿元下一代数字电视专利池投资。支持 64 家中小微型科技企业布局高价值发明专利，企业平均对高价值专利投入超过 1000 万元。

促进知识产权转化运用。北京市被评为国家专利转化专项计划首批支持省份(直辖市),中央财政支持1亿元;海淀区、朝阳区开展知识产权运营服务体系重点城市建设,推动建立5G、人工智能等4个产业知识产权运营中心。建设高精尖创新中心、北京实验室等重大科研平台,在芯片、智能机器人等领域孵化近20所高新技术企业,多项成果实现转化。组织医疗机构与有关创新主体共建联合平台,积极推进职务科技成果赋权改革试点工作。搭建中医药知识产权保护与成果转化管理平台。

提供多元化金融服务。印发《北京市知识产权质押融资入园惠企行动方案(2021—2023年)》,提升知识产权质押规模和效力,促进知识产权的运用和转化。开展知识产权保险试点,两年共投入资金3800万元,已有332家企业的3366件专利获保,完成首笔保险理赔。《"五项结合"为知识产权"上保险"》入选商务部最佳实践案例。印发实施《关于建立实施中关村知识产权质押融资成本分担和风险补偿机制的若干措施》,降低企业综合融资成本。开展知识产权质押融资服务,建立质押企业白名单双向推送机制,发布23家银行的35款知识产权质押融资专项产品服务清单,与中国银行北京分行建立全面战略合作机制。加强知识产权质押融资中心窗口服务,登记业务均在1个工作日办结,2021年北京市知识产权质押金额共计77.49亿元。北京市首个专利许可证券化项目"中技所－中关村担保－长江－1－10期知识产权资产支持专项计划"在深圳证券交易所获批。首期专利许可证券化项目已成功发行,发行规模3.37亿元,15家海淀区高新技术企业入池获得融资。

推进全方位公共服务。深入宣传落实《北京市接诉即办工作条例》,加强接诉即办工作监督,高质高效办好每一个诉求和咨询。印发《关于进一步加强北京市知识产权公共服务的意见》,深化"放管服"改革,持续推进"就近办"、"掌上办"和"同事同标",完善知识产权公共服务体系建设,在全国率先实现地市级综合性知识产权公共服务机构全覆盖。研究建立北京国际科技创新中心建设统计监测指标体系,开展"三城一区"科技创新和知识产权成果数据监测分析。在"三城一区"设立知识产权巡回审判庭,在服贸会等重大活动场所设立司法服务站。成立北京中医药知识产权保护服务中心。石景山区推出北京首个营业执照变更与商标注册证变更"证照联办"服务。北京市知识产权综合业务受理窗口实现商标注册申请、商标注册后续业务、注册商标专用权出质登记、专利申请受理、专利事务服务业务"一窗通办"。

五、加强国际交流与合作，提升首都知识产权影响力

深化与国际组织合作。推动与世界知识产权组织（WIPO）的务实合作，积极引进WIPO专业技术资源，举办服贸会马德里国际商标体系推广研讨会、中关村论坛知识产权平行论坛，推进WIPO框架下的技术与创新支持中心（Technolog and Innovation Support Center，TISC）项目在北京实施，提升北京市创新主体技术信息检索和运用能力。探索引进国际知名知识产权运营机构，主动支持国际商标协会（International Trademark Association，INTA）北京代表处开展工作。

加强知识产权对外交流与合作。积极推动国家知识产权国际合作基地落地北京，与英国、日本等国有关机构代表就知识产权保护、运用等问题进行深入交流。向WIPO推荐北京市中小企业知识产权优秀案例，向世界展示北京市创新主体知识产权保护的良好形象。积极参与全球知识产权治理，支持在京机构主导制定首个知识产权管理国际标准（ISO56005《创新管理知识产权管理指南》），在知识产权管理领域首次提出"中国方案"。推动"一带一路"首都知识产权发展联盟建设，鼓励支持联盟成员单位与沿线国家企业及服务机构开展深度交流合作，为北京市创新主体"走出去"纾困解难。

推进海外维权综合服务体系建设。京津冀三地知识产权局、贸促会共同签署《关于加强企业海外知识产权保护的合作备忘录》，与中国贸促会商事法律服务中心签署了《加强海外知识产权公共服务工作合作备忘录》，形成海外纠纷应对指导工作"央地联动"工作模式。北京市在全国率先打造"应对指导、信息系统、专家支持、人才服务、分析研究""五位一体"海外维权综合服务体系。海外知识产权公共服务信息库已汇聚98个国家的8万余件

诉讼案件信息,海外维权专家顾问库人数达到150余人。

六、2021年知识产权行政执法和司法保护主要情况

北京市知识产权局共办理专利侵权纠纷案件645件,其中电商专利侵权案件571件,展会专利侵权案件19件,专利行政裁决案件立案55件。市市场监管系统共办结知识产权类案件580余件,罚没款2700余万元;查办20余起违规使用建党一百周年庆祝标识案;查办奥标侵权类案件40件,结案19件,罚没款70余万元。市文化市场综合执法总队共检查各类实体经营单位1043家次,巡查网站3000余家次;立案86起,结案82起,罚没款50.62万元。市版权局监测发现侵权链接总计1991.4万条,针对1072.5万条侵权链接发出维权通知,下线/断链总计1001.8万条。受理版权纠纷调解案件10246件,调解成功4768件,调解成功率46.5%。市农业农村局共组织种子和植物新品种权检查2291次,检查生产经营主体2618个次,检查种子品种6970个次,发放种子和植物新品种权相关法律宣传材料13138份,未发生植物新品种权侵权案件。市广播电视局备案公示电视剧共121部,4003集,制作发行电视剧共27部1051集;会同市公安局、市国家安全局、市文化执法总队成功打掉了15处“黑广播”。市公安局共破获侵犯知识产权案件1262起,刑事拘留875人;破获侵犯著作权案件74起,侵犯商标权案件954起,生产、销售伪劣产品案件154起。北京海关共查获涉嫌侵权商品3284批次,63.4万余件,较去年同期分别增长20.6%和14.2%。市检察机关共受理审结审查逮捕侵犯知识产权案件196件415人,依法批准逮捕106件164人;受理审结审查起诉案件134件251人,依法起诉131件240人;受理知识产权民事监督案件153件,行政监督案件79件,共建议行政执法机关移送案件49件。北京市各级法院共受理各类知识产权案件85954件,同比增长28.8%,其中知识产权民事案件共57481件,占比66.9%;知识产权行政案件共28473件,占比33.1%;共审结各类知识产权案件74805件,同比增长11.7%,其中审结知识产权民事案件48316件、知识产权行政案件26489件。市司法局会同市知识产权局、市版权局指导17家知识产权类人民调解委员

会及其9家调解工作室共受理各类知识产权纠纷11040件，调解结案6163件，调解成功4438件。北京市共接收知识产权举报投诉1639件，其中涉及商标权1106件、著作权250件、专利权273件、商业秘密10件。

2022年是党的二十大召开之年，是北京冬奥之年，也是实施知识产权强国纲要和"十四五"规划承上启下的重要一年。北京市政府工作报告强调，深化科技成果转化和知识产权保护；努力在知识产权等领域实现改革突破。首都知识产权工作将认真贯彻落实党中央、国务院决策部署和《知识产权强国建设纲要（2021—2035年）》要求，扎实推进市委理论学习中心组学习（扩大）会、知识产权合作会商暨北京市知识产权保护大会上蔡奇书记、陈吉宁市长的指示，做好任务分解，坚持党建引领、落实主体责任，坚持首善标准、对标国际一流，坚持惠企便民、优化营商环境，服务北京市高质量发展，努力开创知识产权强国示范城市建设新局面。

今年将重点做好以下工作：一是发挥知识产权办公会议平台作用，抓好各项任务落实，出台《北京市知识产权强国示范城市建设纲要（2021—2035年）》，一体推进本市纲要和"十四五"规划宣传贯彻落实。二是谋划知识产权创新举措，出台"两区"知识产权全环节改革行动方案并推动落实，认真做好国家营商环境创新试点评价工作。三是依法治理，出台并宣贯《北京市知识产权保护条例》，加强行政执法和刑事司法有效衔接，做好服贸会等大型展会知识产权保护，加强知识产权代理机构监管，推动建立知识产权保护工作"线上+线下"日常监督模式，完善具有北京特色的知识产权纠纷人民调解工作模式，发挥北京、中关村两个知识产权保护中心的作用，打造知识产权协同保护服务窗口，提供便民利民的"一站式"综合服务。四是深化知识产权运营服务体系建设，加强知识产权保险试点政策研究，进一步推动知识产权质押融资中心服务窗口、证券化等工作。五是发布《北京市知识产权信息公共服务体系建设行动方案（2022—2024年）》，推进建设本市知识产权综合公共服务平台，提高知识产权公共服务效率和便利化程度。六是深化与世界知识产权组织的合作，举办中关村论坛知识产权平行论坛，持续推动知识产权国际交流合作基地开展各项工作，完善快速响应研判等海外知识产权纠纷应对指导机制,加强海外知识产权维权援助服务。七是全面推进首都知识产权人才队伍建设,完善人才培养、选拔、使用、交流和激励等机制,在世界知识产权日等重要时间节点,举办系列知识产权宣传活动,营造良好的知识产权文化氛围。

电子商务平台知识产权的保护措施

梁　迪*

2020年以来，互联网经历了重重挑战，各互联网公司充分发挥平台优势、技术优势等，与实体行业深度融合，加速消费者及消费活动向线上迁移，满足民众各方面生活。中国线上零售增长率在2020年达到27.5%，市场规模为2.3万亿元，是第7年连续位居全球榜首。2021年，中国线上零售保持21%的高增长率，也将是第一个线上消费超过实体零售的国家。电商平台已经融入了生活的方方面面，与人们息息相关，给人民带来了很多的便利，但随之犯罪形式也发生了巨大的变化。传统的实体犯罪逐渐减少，反之网络犯罪飞速发展，特别是网络侵权犯罪，逐渐成了电商平台犯罪的主要类型。此外，在2020年新冠肺炎疫情的影响下，人们足不出户，电商平台成为人民主要的消费平台，这进一步促进了侵权犯罪的高发。

一、大数据时代电商平台网络侵权犯罪的现状

随着我国互联网和大数据的不断发展，网络侵权犯罪已成为电商平台的首要问题之一，以销售假冒注册商标的商品罪为代表的网络犯罪的数量飞速增长，犯罪形式更迭交替，手段层出不穷，给人民造成了极大的经济损失。在中央政治局第三十六次集体学习时，习近平总书记也提到，要严密防范网络犯罪，特别是新型网络犯罪，维护人民群众利益和社会和谐稳定。

---

* 梁迪，快手法务部刑事安全与治理团队负责人。

(一)从数量上看,增长迅速

根据《最高人民法院知识产权案件年度报告(2020)摘要》,最高人民法院2020年审理的知识产权案件的基本特点是:新收案件数量继续大幅增长,同比上涨40.2%,其中专利案件同比增长46.6%,商标案件同比增长54.4%;与专利和商标有关的知识产权案件仍在全部受理案件中占有最大比重,分别占比52.5%和27.6%。

(二)从地域上看,粤、浙、苏三地为线上品牌侵权高发地区

根据最高人民法院发布的《中国法院知识产权司法保护状况(2019)》,2019年广东、北京、浙江、上海、江苏的收案量共占全国法院知识产权收案数量的64.15%。广东、浙江、江苏三省同时属于线上及线下知识产权侵权高发地区,这也在一定程度上反映了线上线下联动打击、彻底瓦解侵权网络的必要性。

(三)犯罪手法日趋多样,更迭迅速

随着互联网的发展,电商平台成为每个人必不可少的消费工具,每个网民平均每周的上网时间超过30个小时,而侵权违法犯罪就潜伏在网络当中,人们无形中就会上当受骗。并且,随着网络发展日新月异,犯罪分子的侵权手段也更迭迅速,多种多样,且主要是以虚构信息、伪造文书、低价诱导型侵权为主。

(四)团队专业化,分工明确

现如今,在侵权犯罪中单人作案的比率很低,往往需要多人来配合提供技术、业务等方面的支持。团伙作案已成为网络侵权犯罪的常态,侵权集团会对成员进行专业训练,不同的犯罪成员分工精细明确,有负责露脸直播的,也有负责脚本口播内容制作、打包配货发货、生产制造、店铺维护、客服工作的,高额利益促使他们铤而走险,导致网络侵权犯罪不断蔓延。

二、电商平台知识产权的保护措施

(一)技术为辅,治“人”为本

处于数字经济时代下的每个公司,都无法避免“数字化”这一话题,互联网平台更不例外。“科学技术是第一生产力”,科技发展为知识产权治理带来了革命性变化,不仅改变了制假售假行为,而且改变了治理该种行为的模式。最初,侵权人可能会通过印刷后出售实体书籍或制造后现场销售等行为侵犯他人的著作权、商标权,但是随着科技的发展,互联网平台以前所未有的方式改变着人们的生产生活,网络侵权的方式也多种多样。为了应对虚拟空间中的侵权行为,互联网平台同样通过技术回击,不断开发出新程序,从多个维度进行线上预防、打击知识产权侵权行为。

2021 年 1 月 1 日至 2021 年 12 月 31 日,快手处理侵权个人账号 4 万多个,并且设置了售假模型,从多个维度对侵权行为进行主动防控。根据经验所得,线上预防打击非常重要,其可以直接应对平台上已出现的所有侵权行为模式,可以非常直观、快速地达到品牌方、用户所期待的效果。但是,网络世界千变万化,一方面,事先主动防控涉及多种技术,在其实际应用中,技术算法更多依赖样本,技术和样本紧密相连,互相依赖。快手平台的主动防控体系,首先会进行信息层面的防控,因为对每个登录电商网站的用户来说,买东西时首先看到的就是产品信息,因此这些信息是否侵权、是否有涉假嫌疑,便可以在信息层面进行事先判断。但是,互联网下的信息更新迭代非常快,主动防控模型抓取的准确率不是特别高,正如法律常常滞后于现实一样,售假模型必然会落后于不断“进步”的售假商家。另一方面,在事后处理上,侵权行为人被打击之后,可以迅速更换用户名,甚至更换平台,从而继续从事违法犯罪行为,平台可以封其一时,却不能治其一世,最终只是费尽心力,却徒劳无功。

因此,本文认为,必须将重点放在商家身上,即每个具体的“人”,应在多个维度之下,对其进行事前拦截教育,事中主动防控,事后线上治理、线下打击。三个环节环环相扣,共同构成对制售假行为的全面预防打击。其中,事后的线上打击为标,线下打击为本,后者最严厉也最根本。因为信息在不断变化,所以必须运用技术手段,结合样本,追踪网络背后的违法犯罪主体,使其落入我们防控的范围,在对其进行布防,进行彻底打击之后,才能使其无法卷土重来,从而做到真正的“一劳永逸”,这才是实现知识产权治理目标的长期性、根本性措施。

基于以上理论,快手法务部“刑事安全与治理团队”应运而生,其主要任务是联合知识产权的权利人,通过快手平台的技术措施,在确定某个制售假行为并控制行为人之后,通过此人,在网上溯源,顺藤摸瓜找到制售假产业的一类人群,进而逐步溯及源头,对此种产业进行根本性、高效性的打击。其次要任务是在“治人”为本的基本点之下,兼顾事前教育培训,推动事中主动防控,协助事后线上治理。最终,实现主次结合,全方位完成知识产权治理的“刑事”任务。

(二)对“人”治理系统化

1. 事前拦截教育

如上文所述,知识产权治理的核心在“人”,即平台上的所有“商家”与“主播”,所以我们所制定的规则,都要引导其朝向合法合规的经营方位前进。快手是一个开放的平台,面对的是各种知识水平的用户,大多数商家及主播在进行线上活动时,并不具备应有的知识产权理念与完备的法律法规意识,有的人已经实施了侵权行为却不自知,有的人知晓自己侵权却不清楚相应的法律后果,常抱有侥幸心理。常言道“防患于未然”,快手平台有义务,也有意愿提前设置准备门槛,并且为所有商家、主播及其他用户提供知识产权课程培训,争取从前端进行最优治理。

本文认为,针对事前教育,平台要从以下两个方面进行治理:

(1)从平台规则限制“人”的入驻

有规则才有方向,完备清晰的规则是平台所有治理人员的指引,也是所有从业人员的定心丸与行动指南。本文认为,应该根据前期风险的尽职调查,结合快手平台运营特点及治理情况,编写平台监管实施细则及商品质量标准准入手册,并且要将其发给每位入驻平台进行直播、经营的从业人员,使其知悉并了解网络平台从业人员规范及商品质量标准。

一方面,对于从业资格,要建立较为严格的准入门槛,设定好标准,做好对从业主播的背景调查,有不良记录的主播或者虚报注册信息的人员一律淘汰,应建立不良主播信息高比例淘汰制度,净化从业主播队伍。

另一方面,对于商品质量控制,要从根源、尚有思维去解决,应对商品的准入进行全面严格的审核和控制,确保商品的货源链路可追溯,同时,商品的准入在后文的主动防控阶段也会涉及。

(2)利用平台对"人"加强培训教育工作

平台负有对所有从业人员的教育义务。当下,培训已是企业合规内容的一项常规动作,无论是专项法律培训还是定期培训,都要严格落实培训进程及培训效果。高频风险要重点进行讲解,尤其是要在税收缴纳、反垄断等方面加强对直播从业人员的教育,使其认识到从事网络直播业务的法律责任,并做好培训记录,真正让培训做出效果,从整体上加强对商家、运营商以及服务商合规经营的教育。

2. 事中对"人"的防控

当商家踏过准入门槛,开始经营后,平台仍须坚持日常化主动防控与治理。如前文所述,侵权商品的关键词信息等会随着市场情况不断变化,因此待商家进入平台开始经营后,其商品的发布、发布后的日常管控,都是平台在事中主动防控阶段所要做的,平台应当以规则化、智能化、产品化的治理方法,对发布这些高风险商品的商家进行处置,从而保护权利人的知识产权。

本文认为,针对商品的前端拦截、中端防控,要与事后的线上、线下治理联动,才能获得更好的效果。快手的全流程知识产权保护机制,搭建了从前端拦截、日常监控,到后端治理的全链路保证机制,因此每个环节都有其特征,但是又互相影响,不可能完全独立。主动防控模型的搭建,依赖于全流程沉淀,同时应用于全流程治理。

主动防控是指平台整体的风险防控系统,通过算法抽检、模型构建,形成风险感知,再将感知到的风险推送给风险识别系统,再通过语义分析、图像识别等综合技术,将识别到的结果推送到风险分级系统,形成店铺、商品、达人等多维度的风险体系,最后通过线下的调查处置,将处置的结果再沉淀到标签,不断反复,持续提升平台的风险防控能力。快手平台上由业务方自主研发的风控系统是假货模型,目前仍依靠人工、实时审核。

于全流程而言,风险主动防控可以概述为,在商品的发布环节,通过品牌保护主动防控系统的搭建,对快手商品基础信息进行360度检查,识别出违规商品并进行发布端的拦截,形成前置管控。第二步将所有的数据特征沉淀为样本,即信息和线索,通过高风险特征的挖掘,如语义分析、图像识别、模型构建、抽检等,形成日常行为监控。最后通过线上线下多轮交互,持续"反哺"提升平台的系统化能力。例如,品牌侵权关键词"热度榜":中古、专柜、海关、复刻、代购、发票等,通过复盘案件可以发现,大量侵权人在推广、销售时,试图将仿冒品伪装为正品。这种"以假充真"的行为具有较强迷惑性,可能导致部分用户误以为自己购买的是"折价正品",与用户"知假买假"的情形相比,将给用户造成更大的经济损失。同时,对于此类"以假充真"的仿冒品信息,品牌权利人也需要以更加严谨、审慎的标准进行鉴定。面对此种状况,刑事安全与治理团队发现,通过联合品牌权利人和用户的力量,大量使用"专柜""代购""中古"等话术进行伪装的侵权账号已被严厉打击,切实维护了品牌权利人和用户的合法权益,持续提升了我们的风险防控能力。

除此之外,还应建立多层次品质管理机制,形成品质保障的强大合力,不断赢得更多消费者的信赖。

3. 事后打击

如前文所述,知识产权治理的重点在"人",当前端防控没有阻挡住某些商家的侵权行为时,平台就要介入对其进行打击。事后的打击以线上治理为标,线下打击为本,整个过程与前端防控紧密相连,打击结果可以反哺前端防控。

(1)线上治理

针对各种知识产权侵权行为,线上打击最直接有效,目前各大电商平台的线上打击有短暂封号、永久封号等方式,分层次处理侵权行为。知识产权侵权行为是线上侵权行为的一种,也是较为特殊的一种,因为涉及品牌方的切身利益,所以各大电商平台应当加强建设维权平台,维权平台负责接收和处理日常知识产权投诉,不仅为平台内的商家提供维权渠道,同时开放给全部的权利人,为他们提供更为便捷的通知删除程序,及时下架侵权商品。

笔者认为,若平台没有尽到合理注意义务,或者没有履行平台责任,不仅可能要承担民事中的平台供应商责任,还可能会承担行政或者刑事责任。换言之,网络平台提供者与链接服务商的业务行为,也完全可能为他人的网络犯罪提供帮助,但这是否会构成犯罪,还要看是否达到全面入罪标准,或者要看从中立的帮助行为来评价是否符合以下条件:主观上,中立行为人是否明知或者推定明知,如果中立行为人没有与他人通谋,只是进行正常的经营或者服务行为,那么在客观行为也不足以推定明知的情形下,一般不以犯罪论处。因此,网络服务平台要建立举报平台,完善举报机制,健全举报渠道,对平台中商户的可能的违法行为积极履行平台义务和监管职责,对重点关注是否有频繁采用隐蔽上网、加密通信、销毁数据等措施或者使用虚假身份,逃避监管或者规避调查的商户或者行为,以举报方式严格审查发现可能的违法行为。

(2)线下打击

在线下打击中,我们一般从以下两个方面进行:

其一,在刑事打击方面,随着中国知识产权法律法规制度体系和保护体系的不断完善,知识产权保护力度不断加强,知识产权的刑事保护范围不断加大,链条式知识产权办案机制更为全面,更加有利于保障权利人在知识产权刑事案件中的权益。加强知识产权刑事保护,不仅要加强公检法的协作联动,促进全面的司法保护,注重行政和刑事相衔接,同时需要重视并加强权利人在整个刑事执法过程中的重要作用,促进同权利人的交流与沟通。

阿里巴巴作为最早期的电子商务平台,有一套相对成熟的治理经验,其最先成立了打假作战队,形成了阿里巴巴“平台+品牌”的打假共同体模式。

2017 年 9 月 28 日,全国打击侵犯知识产权和制售假冒伪劣商品工作领导小组办公室发布的《中国知识产权保护与营商环境新进展报告》中,多次点赞阿里巴巴作为参战单位直接参与的"云剑联盟"及"阿里巴巴打假联盟",并发布了两起由阿里巴巴直接参与的打假典型案例。阿里巴巴持续输出强有力的大数据线索,积极与行政执法部门、公安机关合作,移送案件线索,有效提高了执法打击的精准度,用实际行动实现了"像抓酒驾一样打假"。作为打假行业的先锋,阿里巴巴为新兴电子商务平台的侵权假冒治理,做出了典型示范。

为了更严厉地惩治售假商家,作为新兴电子商务平台的快手也非常重视线下打击工作,建立了一支名为"刑事安全与治理团队"的优秀队伍。其在知识产权领域具有多年的调查经验和丰富的侦查工作实践,利用大数据算法模型,配合线上研发了线上调查系统,系统从人流、物流、资金流、信息流四个维度综合研判分析,从而实现对涉案人员的精准定位。并力争通过人工智能(AI)系统自主发现何人、何时、在何地制假售假。快手还形成了"线下团队 + 警方 + 权利人"的职业打假模式、"大数据 + 人工智能"的技术打假模式等。

目前,快手平台已完成多起案件的协助打击,与最高人民法院线下收案量有较大的不同,为何会产生这种差距以及如何缩小这种差距,本文分析如下。首先,"刑事安全与治理团队"于 2021 年年初成立,这时的线下打击正处于铺排摸索阶段,案件数量尚未达到可以作为准确样本的程度,若要与最高人民法院大基数收案量相比较,未来几年还需进一步加强案件沉淀。其次,广东、浙江、江苏作为线上、线下知识产权侵权高发地区,对于快手平台的知识产权治理来说至关重要,接下来的工作中,我们不仅要在线上重点关注这些地区的违法犯罪行为,也要在线下与上述地区的执法机构形成联动,建立良好的合作基础,配合执法机关工作。最后,对于这些重点地区,我们要形成特征化治理机制,定期对每个地区的违法犯罪行为进行归纳总结,形成系统性治理思路,快速高效应对这些地区的制售假案件。

其二,在法律法规修订方面,新的法律法规以及相关政策必然会给权利人和执法单位的知识产权刑事保护工作带来变化和影响。《刑法修正案(十一)》把服务商标的假冒纳入了刑法假冒注册商标罪的管理范畴,对服务业的发展及产业结构的优化产生了非常积极的作用。但是,修正案实施后,关于“违法所得”的适用、入罪数额的把控以及严重情节的认定等问题还有待进一步明晰。医药等领域的知识产权犯罪直接关系到公共安全和人民生命健康,《药品管理法》修订后需要公安机关在侦办案件以及企业的品牌保护方面调整思路和应对方式。

(三)品牌共建

不论是线上治理,还是线下打击,都离不开与品牌方的合作,因为他们才是整个治理过程中的权利人,是真正利益受到损害的被侵权人。本文认为,只有与品牌方以及刑事、行政执法机关配合,进行线上线下联合打击,才能形成全方位的交叉式防控体系,从而起到关键作用。因此,刑事安全与治理团队致力于与各品牌方合作,签订“打假协议”,成立“打假联盟”,共同治理快手平台上的知识产权侵权行为。

2021 年,刑事安全与治理团队努力克服疫情带来的不利影响,在品牌保护对外交流与合作方面迈出更大步伐,与全球众多品牌权利人及品牌保护协会展开深入交流、密切合作。截至目前,已与 200 余个品牌方建立联系,并通过假货特征互通,实现线上线下联合打击。

三、结语

在当下,互联网服务比以往更为深入地影响着人们的工作和生活。越来越多的研究表明,互联网直播、短视频平台逐渐成为流量新中心,短视频、直播带货等新型商业形态迅速兴起,吸引众多互联网从业者将经营重心转移至新阵地。然而,机遇与挑战从来都是伴随共生的,互联网新业态下的品牌保护是当前行业共同面临的新课题,亟待各级监管机构、权利人以及网络服务提供者共同关注和参与。我们会与各方群策群力,同心共治,以技术为辅,以治人为本,继续携手探索新业态下互联网品牌保护的最佳方式。

小垃圾桶的大世界

——生活垃圾分类领域的技术发展和知识产权现状研究

王　辉　胡建英*

随着中国城市化进程加速，社会经济不断发展、人民生活水平日益提高，城市人口呈现较快增速，生活垃圾人均产生量和总量不断增加，环境压力不断加剧。根据中国住建部2018年发布的《中国城市建设统计年鉴》，2010年以来我国生活垃圾清运量逐渐上升，2016年达到2.04亿吨，同比增长6.81%，2017年约达到2.16亿吨，同比增长5.82%①。垃圾问题导致资源浪费，环境污染日益严重，这已成为困扰我国经济社会发展和人们生活水平提高的重大问题②。住房和城乡建设部等九部门2019年发布《关于在全国地级及以上城市全面开展生活垃圾分类工作的通知》，决定自2019年起在全国地级及以上城市全面启动生活垃圾分类工作，提出了不同阶段在全国重点城市、地级及以上城市基本建成生活垃圾分类处理系统的要求。因此，生活垃圾分类、处理技术将会成为近几年的研究热点，而临时收纳垃圾

---

* 王辉，国家知识产权局二级审查员，工学博士。胡建英，国家知识产权局三级审查员，工学硕士。

① 张玉亭、张家玮：《我国生活垃圾处理现状分析及展望》，载《2020中国环境科学学会科学技术年会论文集》（第二卷）。

② 周传斌、吕彬、施乐荣等：《我国城市生活垃圾回收利用率测算及其统计数据收集对策》，载《中国环境管理》2018年第3期。

的垃圾桶的技术革新也必然是其中的重要一环。

一、国外生活垃圾管理模式

国外生活垃圾管理特点最鲜明的是德国和日本，德国是典型的前端简单、后端精细的生活垃圾处理模式，而日本则是前端精细、后端简单的生活垃圾处理模式。

（一）德国

1972年德国政府制定了《垃圾处理法》，首次以立法形式规定了垃圾处理行为，同时德国也是世界上最早开始执行垃圾分类政策的国家。德国垃圾回收制度主要是生产者责任制和押金回收制度并行实施，社会主体可以自行选择使用绿点系统和押金回收制度。绿点系统主要面向企业商家，采用会员制的方式，由双轨制系统回收组织（DSD）成立，向加入该组织的商家会员收取包装材料的回收、分拣和处置费用。绿点系统的会员包装上印有“绿点”商标作为回收标识，由绿点公司将回收分拣后的包材垃圾运至再生资源厂家处理后循环使用，生产和分销包装材料的商家会员则无须承担《包装条例》（1991年实施）规定的包装材料回收义务。DSD组织也会定期将执行垃圾分类政策较好的企业统计汇报给政府，由政府给予其一定的税收优惠[①]。押金回收制度则更多的是面向居民用户，对于饮料瓶、易拉罐等饮料包装以及洗涤剂、清洁剂等生活用品包装，实行押金制度。即生产厂商将押金纳入商品售价之中，对不同类型和重量的瓶子收取的押金也不同，都标有“PFAND”字样。为了调动居民回收垃圾的积极性，在各大中型超市等公共场所都设置了回收设备，消费者只要将饮料瓶放进回收设备，机器会自动进行扫描，并退还0.15－0.25欧元不等的押金[②]。

---

① 段希文：《呼和浩特市城市生活垃圾分类治理研究》，内蒙古农业大学2021年硕士学位论文。

② 张晓兵：《我国城市生活垃圾分类回收的问题及建议——基于德国经验启示》，载《安阳师范学院学报》2021年第2期。

对德国居民生活垃圾按照垃圾的类型和产生量征收处理费,黑色垃圾桶收集的不能回收垃圾需要缴费,棕色、黄色、蓝色和白色垃圾桶收集的厨余垃圾、轻质包装物、纸张、玻璃等资源型垃圾一般不需要缴费。大件垃圾、有毒有害或电子废弃物应投放到专门的回收站,居民需要向垃圾回收公司缴纳费用。这种生活垃圾分类模式前端分类类别比较简单,大量的分类任务由后端垃圾处理企业完成。

(二)日本

日本由于国土面积狭小,因此极度重视资源的二次利用,成为世界上实施垃圾分类治理最成功的国家之一。日本大力推行生活垃圾的分类处理和前端控制,形成了细致严格的生活垃圾分类制度。为了保障垃圾分类及资源化利用的顺利推进,日本政府先后制定了基本法(《环境基本法》《循环型社会形成推进基本法》)、综合法(《废弃物处理法》《促进资源有效利用法》)和专项法(《容器包装再生利用法》《家用电器再生利用法》《建筑及材料再生利用法》《食品再生利用法》《绿色采购法》《汽车再生利用法》)三个层次的法律。通过立法,明确了政府、企业和公众各自的责任和义务,形成了一套完备的固体废弃物循环利用的法律体系①。

日本采用的是"源头精细分类、全流程高质量处置"模式,注重末端的垃圾分类和资源的回收再利用。日本生活垃圾分类标准在各地区不尽相同,分类最多的地区达45类,在分类类别之下,日本对有些废弃物还附带有更为具体的处理要求,如塑料瓶需要将瓶盖、瓶身以及外包装分开丢弃,废弃的牛奶盒需要洗净、晾干、剪开和捆扎整齐等。同时,对生活垃圾投放时间也有明确规定,只能在规定时间内投放规定种类的垃圾。这些标准和要求都是强制执行的,居民违反规定要受到处罚,严重者会受到经济与刑事的并罚。居民除了承担绝大部分垃圾分类任务之外,还要承担废弃物运输和后端处理的费用。但是,相比于前端的精细分类,日本后端垃圾处理企业对垃

① 段希文:《呼和浩特市城市生活垃圾分类治理研究》,内蒙古农业大学2021年硕士学位论文。

圾的处理非常简单，即对前端分类好的资源垃圾进行资源化处理，可燃垃圾直接焚烧，大件垃圾和不可燃垃圾先进行粉碎，可燃烧的焚烧处理，金属类进行资源回收利用，剩余的垃圾填埋处理。除了大件垃圾粉碎过程的分类，日本垃圾处理企业基本上没有专门的后端分类环节①。此外，日本国民对环境保护教育也十分重视，将其贯穿于义务教育的全阶段，实现了垃圾分类全民参与。

德国大型化的垃圾处理企业具有后端垃圾精细分类的能力，成为德国构建前端简单型分类模式的基础。日本小型化的垃圾处理企业不具备后端精细分类垃圾的能力，只能把垃圾分类的任务前移给居民，由此形成日本垃圾分类的精细型分类模式。由此可见，即使是日常如生活垃圾处理的管理模式也是受其科技发展方向的限制。

二、国内生活垃圾处理方式

我国提出“无废城市”概念及建设试点工作方案，并于 2019 年和 2020 年分别启动并在北京、上海、广州等 8 个城市试点推行垃圾分类②。2020 年 9 月 25 日起实施的《北京市生活垃圾管理条例》，将生活垃圾定义为“包括单位和个人在日常生活中或者为日常生活提供服务的活动中产生的固体废物，以及法律、行政法规规定视为生活垃圾的固体废物”，目前我国的生活垃圾处理方式主要有卫生填埋法、堆肥处理、焚烧热解法等。

（一）北京市

北京市遵循“大类粗分”的原则将生活垃圾划分成三类：可回收垃圾、厨余垃圾和其他垃圾。可回收垃圾由专项回收者回收，再转卖给专门的二次资源回收处理厂；社区的厨余垃圾由专门的厨余垃圾车收集，并且运往堆肥厂或专门的厨余垃圾处理厂进行处理；其他垃圾通过社区垃圾楼和转运站

---

① 陈蒙：《生活垃圾分类模式国际比较及其对中国的启示》，载《西安交通大学学报（社会科学版）》2021 年第 3 期。

② 孙炘、MeichengLam、朱婷：《德国生活垃圾分类管理和资源化经验的启示》，载《节能与环保》2021 年第 8 期。

等收集方式送往填埋场和焚烧厂[①]。根据《北京市“十三五”时期环境卫生事业发展规划》中的2016—2020年拟建的生活垃圾处理设施设计处理能力规划，北京市生活垃圾处理模式由“以卫生填埋为主”转变为“以焚烧为主、堆肥为辅”[②]，以减少北京生活垃圾卫生填埋占用的土地资源，避免出现用于填埋垃圾的土地资源极度紧缺的问题，解决北京市长期进行大量原生垃圾填埋处理导致的资源利用率低的难题，实现北京市原生垃圾“零填埋”和堆肥残渣焚烧处理的战略目标。

（二）上海市

2014年，上海市即颁布了《上海市促进生活垃圾分类减量办法》，建立“两级政府、三级管理、四级落实”的责任体系[③]。其实从2009年起，上海市就启用了“积分奖励+宣传教育”的生活垃圾处理模式，推出了市民垃圾分类“绿色账户”，遵照“分类可积分，积分可兑换，兑换可获益”的原则，对上海市民的垃圾分类情况进行不同程度的奖励，刺激市民垃圾分类投放的热情，鼓励他们主动加入垃圾分类治理的行列中。同时，创建了垃圾分类“绿色账户”专题网站，举办了形式各样的绿色主题活动，宣传垃圾分类的绿色理念，成立了绿色宣讲团，志愿者为社区居民讲解垃圾源头减量和垃圾前端分类的相关知识，定期组织公众参加“垃圾去哪儿了”等亲子体验活动。目前上海市明确将垃圾分类的相关知识和要求纳入学前教育及义务教育课程的体系中，将垃圾分类治理“从娃娃抓起”，从小培养孩子垃圾分类投放的好习惯。

（三）广州市

2011年，广州市颁布了《广州市城市生活垃圾分类管理暂行规定》（已

---

① 张旸、冒翠娥：《北京市垃圾分类小区试点现状及管理模式探讨》，载《环境卫生工程》2016年第1期。

② 李颖、武学、孙成双等：《基于低碳发展的北京城市生活垃圾处理模式优化》，载《资源科学》2021年第8期。

③ 李递：《城市生活垃圾分类“上海模式”的政策扩散研究》，载《武汉工程职业技术学院学报》2021年第2期。

失效），确定垃圾分类治理的阶段性目标，为城市生活垃圾分类治理的参与主体提供政策依据和法律保障。广州在城市生活垃圾分类治理上探索“政企合作”模式，政府鼓励和引导企业加入垃圾分类运营市场。在产业发展初期，通过政府购买城市垃圾资源化服务的模式扶持企业发展，并对低价值再生垃圾资源化处理进行补贴，资源回收企业积极承担资源回收再利用职责。以广州市荔湾区为例，在对政策和辖区现状进行综合分析后，成立垃圾分类促进中心，承担垃圾分类市场化运营工作，其与街道办事处联合对管辖区内所有企业、经营单位和个体工商户进行排查登记，详细分类，建立企业垃圾产量台账，针对性引入与辖区垃圾种类相匹配的回收企业进行处理，达到精细管理、精准处理的目的。

三、我国生活垃圾处理相关技术发展状况分析

从我国生活垃圾处理现状可以看出，目前我国采取的是前端分类和后端处理并重的方式。前端分类，对垃圾桶等前端装置智能识别、自动分类等技术发展提出了要求。

（一）家用垃圾桶

随着前端垃圾分类的推进，家用垃圾桶的市场需求随之剧增，家用垃圾桶技术的发展方向也成为相关行业的关注焦点。家用垃圾桶包括具有垃圾收纳功能的普通垃圾桶和具有控制功能的自动垃圾桶。自动垃圾桶可以实现自动开盖、自动分类、自动打包、自动换袋、垃圾袋自动铺设等功能中的一种或多种。笔者通过对近三年公开的有关垃圾桶的专利进行分析发现，有关垃圾桶的专利主要集中于家用垃圾桶，每年有几千件的专利公开，涉及申请人的数量也有几千个，这说明在垃圾桶的技术领域中，专门从事技术开发的相关主体较少。这与垃圾桶本身对技术的要求不高以及开发成本和消费者对高档垃圾桶的消费能力不足有关，这削弱了技术开发企业或个人进行技术研发的动力。从这些专利所要解决的技术问题的方面进行统计，这些专利着重于提高便利性、降低复杂性和提高自动化和智能水平。图1对家用

垃圾桶的技术构成功效进行了总结。

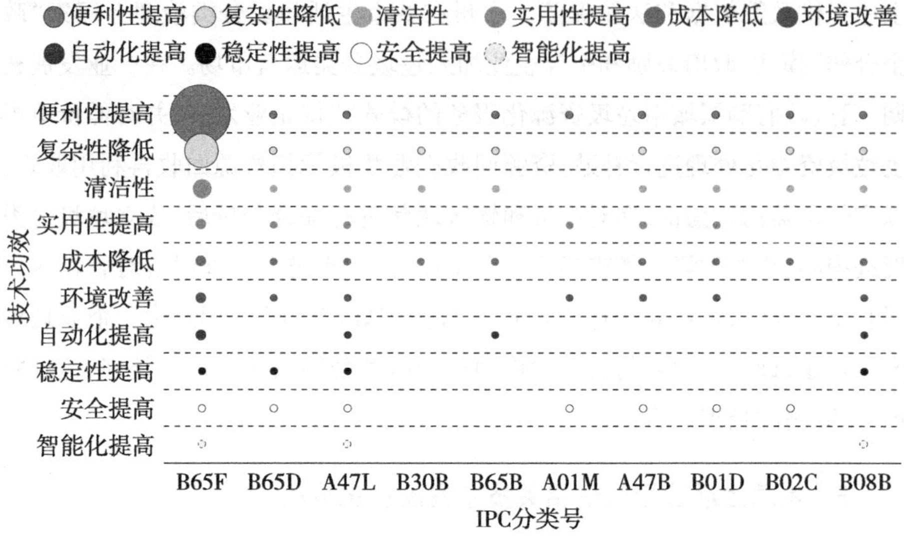

图1　家用垃圾桶的技术构成功效①

家用智能垃圾桶的技术开发,主要集中于自动开盖、自动打包封口、自动换袋和垃圾袋自动铺设等方面。

1. 自动开盖

自动开盖垃圾桶主要是利用感应技术(如光电传感和红外传感等)配合机械电子驱动系统实现垃圾桶盖自动打开和关闭。只要有物体接近感应区范围内,桶盖便会自动开启,物体或手离开感应区数秒后桶盖会自动关闭。这种垃圾桶不需要外接电源,靠电池或太阳能供电,方便卫生,主要放置于楼堂馆所等公共区域。

2. 自动打包封口

自动打包封口垃圾桶可在垃圾袋装满垃圾时对垃圾袋进行收口,不仅便利性得到提高而且改善了环境卫生。打包垃圾桶领域的发展主要涉及手

① 数据源于 incoPat 数据库,2022 年 4 月 30 日。

动打包、旋转式打包、热封式打包三个方向[①]。其中手动打包是在垃圾袋中设置封口胶带对垃圾袋进行封口，或者通过收口装置拉动设置在垃圾袋口部的拉绳实现收口。旋转式打包则是通过将垃圾桶桶体旋转或者将垃圾袋袋口旋转实现垃圾袋打包。热封式打包主要依靠热封部件将垃圾袋袋口热封完成垃圾袋打包，即利用驱动机构带动封口装置使垃圾袋口部先沿一个方向移动一段距离，然后再利用另一驱动机构使其沿与上述方向垂直的方向移动一段距离，从而实现收口。新的发展方向则是通过设置传感器或者感应装置，实现自动控制热封装置动作。

3. 自动换袋和垃圾袋自动铺设

另一种自动化程度较高的垃圾桶是自动换袋和垃圾袋自动铺设垃圾桶，一般使用专用垃圾袋，即无断点垃圾袋，袋体呈很长的筒状。该垃圾袋最初收纳在专用的垃圾袋盒内，垃圾袋一端封口，通过夹持机构将待用垃圾袋拉到垃圾桶底部或者在垃圾桶底部设置抽真空装置，该抽真空装置使得垃圾袋与垃圾桶体之间形成真空，从而实现对垃圾袋的自动铺设。当垃圾袋内装满垃圾时利用封口装置将垃圾袋进行封口，利用切割装置将装满垃圾的垃圾袋与未使用的垃圾袋进行分离，同时利用封口装置对下一个待使用的垃圾袋的底部进行封口，即实现了垃圾袋的自动换袋。

在将装满垃圾的垃圾袋移除之后，利用垃圾袋自动铺设装置实现自动铺设，即通过夹持机构将待用垃圾袋拉到垃圾桶底部。当然，夹持机构可以同时实现垃圾袋封口和铺设，比如利用两个相对设置的辊子，在辊子上设置热封装置，辊子将装满垃圾的垃圾袋夹紧后进行热封，同时将下一个待用的垃圾袋底部进行封口，待装满垃圾的垃圾袋被移除之后，辊子在摆动机构的带动下向下运动，将下一个待用垃圾袋向下拖拽从而实现垃圾袋的自动铺设。这种自动铺设结构的弊端在于由于其设置在垃圾袋外侧无法将垃圾袋撑开。利用抽真空装置实现垃圾袋自动铺设的设计中，由于在垃圾袋与垃

---

① 初帅、秦鹏、沈龙玲等:《打包垃圾桶专利技术综述》，载《中国新技术新产品》2018 年第 3 期。

圾桶体之间形成真空,可以将待用垃圾袋吸附到垃圾桶底部并将该垃圾袋撑开。

自动铺设结构通常与上文中提到的垃圾袋自动打包装置配合使用,同时实现垃圾袋的自动打包、封口、换袋和铺设,智能垃圾桶集成有上述几种或者全部功能。这样,必然会导致垃圾桶的成本升高,因而普及难度较大。

(二)垃圾分类技术

垃圾进行分类投放可以减少燃料排放、交通拥堵和人工成本。垃圾自动分类主要是对集中投放的垃圾进行智能分类,如小区楼下、公园、旅游景点等公共场所设置的自动分类垃圾桶等。智能垃圾分类主要利用互联网技术来完成,同时搭载各类传感器,可实现自动探测、感应、防火以及消毒杀菌等功用。

1. 技术辅助,人工分类

随着物联网技术与人工智能技术的成熟,中国垃圾分类行业逐步具备智能化特性。垃圾分类也可以使用大数据,如居民可以在小程序或 App 上点击分类投放,然后用垃圾箱体扫描显示在手机屏上的二维码,对应的垃圾桶门就会自动打开。垃圾投放后,箱门自动关闭,居民也会得到相应的积分,积分可以用于兑换垃圾桶旁边兑换机中的商品,或者可以去商场兑换积分商品,也可以直接提现。这种技术主要还是鼓励居民在投放垃圾之前主动将垃圾进行分类,并进行正确的分类投放。在智能分类大数据的背景下,每个投放点可以收集不同种类垃圾的投放量以及何时由谁投放等信息,一方面有助于合理安排垃圾回收系统的位置和清理频次,另一方面可以对没有做好垃圾分类工作的居民起到警示作用,减轻人工监管的压力。

2. 自动分类垃圾桶

自动分类垃圾桶装载了 AI 识别系统,可以对投入的垃圾进行识别,通过识别系统配合垃圾分类投放装置实现对投入垃圾的自动分类,无须人在投放垃圾之前对垃圾进行分类。但是目前这种垃圾桶仅能识别特定种类的垃圾,如可回收垃圾,而对于湿垃圾和有害垃圾还需要人工投放到特定垃圾桶。自动分类垃圾桶的理想状态是不需要人在投放垃圾之前对垃圾进行分类,只要将垃圾投入垃圾桶后由垃圾桶对投入的垃圾进行自动分类,该理想状态的实现必然依靠技术的革新和进步。

(三)相关现状分析

笔者通过对涉及垃圾桶的相关专利技术进行分析发现,垃圾桶相关专利的技术含量较低,一方面由于对垃圾桶成本的考虑对更先进的技术的需求没有那么迫切,另一方面由于相关技术开发主体对知识产权没有给予足够的重视,如专利申请文件的撰写存在瑕疵,从而导致其所要保护的关键技术没有得到有效保护。以国内某公司为例,其主营业务为家用垃圾桶,其自主研发并申请了数百件与垃圾桶相关的专利,其核心技术在于自动打包封口、自动换袋和垃圾袋自动铺设。由于自动化程度较高,满足了用户对垃圾桶便利性的需求,导致近两年来其拥有的多项专利权被提起无效宣告请求。请求专利无效有两个主要目的:一是作为专利侵权纠纷中被控侵权人的应对武器,一旦专利权被宣告无效,则侵权纠纷的基础即不复存在,起到釜底抽薪的作用;二是相关主体为防范潜在的专利侵权风险而做出的风险防范措施。从相关报道来看,未见该公司涉及专利侵权纠纷,则该公司的大量专利权被提起专利无效请求的原因则主要是后者,这也就从一定程度上反映出该公司专利技术的市场价值度较高。

以该公司的某无效宣告请求案为例,其权利要求为"一种智能垃圾桶的垃圾袋组件,其特征在于,包括有:存储主体,设置有供垃圾穿过的第一通孔、环绕于所述第一通孔外侧的用于存储垃圾袋的环形凹槽;盖体,设置有与所述第一通孔相对应的第二通孔,所述盖体盖在所述环形凹槽的开口处,所述盖体与所述环形凹槽的其中一个侧壁之间设有间隙,以形成垃圾袋出口"。从该权利要求所要求保护的技术方案可以看出,该垃圾袋组件设有用于存放垃圾袋的环形凹槽,通过在盖体与环形凹槽之间设置间隙来形成垃圾袋出口。但是,上述权利要求的主题名称采用了术语"组件","组件"的字面含义是一组部件,其可以是单独一个装置或设备,也可以是一个装置或设备上的一组部件。在该无效宣告请求案中,使用的证据是一种垃圾桶,在该垃圾桶的上部设有用于存放垃圾袋的凹槽,同样也存在一个类似的盖体覆盖在凹槽上方且与凹槽之间存在间隙以形成垃圾袋出口。根据专利说明书记载的内容可知,该专利的垃圾袋组件是独立于垃圾桶的一个产品,其可以装入垃圾桶内配合垃圾桶内的其他自动装置(如自动打包、自动铺设装置)使用,而证据中垃圾桶上方设置的存放垃圾袋的凹槽,属于垃圾桶的一部分,并不是独立于垃圾桶存在的部件。然而,仅凭权利要求中"组件"一词无法认定垃圾袋组件是独立于垃圾桶的部件,无法将权利要求所要求保护的技术方案与证据中的公开的结构区分开来。同时在本专利说明书中还记载了独立设置垃圾袋盒的实施案例,对这种撰写方式的通常理解是垃圾袋组件和独立设置的垃圾袋盒两个具体实施例是不同结构的实施方式,进而认为垃圾袋组件不是独立于垃圾桶的部件,与证据公开技术方案相同。故该专利权被宣告无效。

究其原因,其一在于专利申请文件撰写存在缺陷,撰写之前没有对现有技术进行基本的检索,缺乏对现有技术状况的了解,导致权利要求保护的技术方案与现有技术中公开的技术方案无法区分;其二在于说明书的撰写缺乏逻辑层次,没有对实质做出贡献的技术方案从结构构成、连接关系、所要实现的功能以及工作原理等方面进行详细阐述。

四、推动垃圾分类技术发展的建议

我国重视生活垃圾的分类存放和处理,今后垃圾桶相关技术的发展重点也必将与垃圾分类相关。但我国目前前端垃圾分类主要还是靠人工自主进行分类,而且不同地区的垃圾分类方式还存在差异。目前垃圾分类工作很大程度上是通过监督员的监督或者清洁人员对公共垃圾桶中的垃圾进行再分类来推进的,这样导致垃圾分类效率不高、社会成本较高。对此,笔者对于前端垃圾投放和分类处理提出如下建议。

(一)完善生活垃圾处理法律体系

通过立法发挥法治的积极作用,以立法统筹城乡生活垃圾规范化处理。

首先是建立健全生活垃圾治理的相关地方性法规政策体系。以规章制度的形式为生活垃圾治理工作提供制度保障，同时对居民、政府、企业三类垃圾处理主体的垃圾处理权责进行规定，规范各类治理主体在治理工作各环节的行为，保障整个治理流程在规范可控的法规政策框架内运行，使基层执法人员有法可依，对严重违法处理垃圾的行为追究法律责任。其次是建立政府引导、多方参与的协同治理体系。形成政府以行政手段推行为引导，同时引入社会企业和公益性组织广泛参与，多方协同推进城市生活垃圾治理工作的模式，既可以避免占用过多的行政资源，又可以发挥市场化运作的优势，从而促进城市生活垃圾治理工作的健康发展。最后是引入市场机制。充分利用市场经济对资源的配置作用，通过实施产业化运作，加强企业的参与度，使环保企业在城市生活垃圾分类治理行业发展中进行充分合理竞争，提升垃圾分类处理技术创新，使企业践行社会责任。政府则更多的注重于规范市场行为，优化市场环境，提供优良的营商环境。

（二）推动生活垃圾处理技术的创新

在政策上要对生活垃圾分类与处理技术的科研创新给予强力支持，常规的支持手段包括资金奖励、税收优惠、精神回馈等。有些较难的垃圾处理技术，要坚持高端发展，仅靠单个企业的科技实力难以实现，需要通过产学研相结合的方式，突破垃圾处理关键技术"瓶颈"。产学研的模式是集中企业、大学以及科研院所的优势资源，在政府等相关主体的协同支持下，合作完成技术开发的共同主导模式。要想确保这种合作模式的有效性和可持续性，需要从以下两点进行推进。一是政府的支持引导。政府应当主动搭建多种渠道，为环保企业、相关大学和科研院所提供交流合作平台，同时，加大对产学研合作的资金扶持力度，为合作项目提供专项基金，或者提供财税优惠政策和信贷担保等政策支持，并做好宣传和引导工作，让环保企业和科研院所对产学研合作带来的益处有充分的认识，进一步激发项目参与主体的积极性，并使其持续性地参与到合作中。二是强化共享利益、风险共担。对产学研合作项目的成果，根据合作主体对项目作出贡献的比例进行利益分配;明晰产学研项目风险承担责任分配机制,明确各合作主体的风险承担义务;同时,对产学研合作的技术成果评价方法进行规范管理,通过专业的无形资产评价机构开展具体评价工作,获得科学公正的评价结果。

(三)建立企业知识产权管理体系

对于创新主体而言,一方面,要完善企业的创新机制,注重研发投入,培养技术创新能力,夯实技术创新实力是企业生存的基础。但是,在进行相关技术开发之前要杜绝闭门造车,要预先对现有技术状况有比较深入的了解,避免在技术开发的过程中走弯路,以减少不必要的研发投入,而且也可以降低后续产品发生专利侵权的风险。另一方面,要建立企业知识产权管理体系,运用知识产权制度将企业的研发和设计转变成受法律保护的企业资产,为企业发展和市场竞争提供助力和保障。首先,促进企业自主知识产权保护体系的建立。在注重技术研发和技术创新的基础上,获得高价值专利,并进行全面专利组合布局,通过不同的申请策略,从不同的角度进行保护,从而形成专利保护群。在控制企业投入成本的前提下获得更加全面有效的专利保护,实现真正的自主知识产权保护体系。其次,加强企业的知识产权管理水平。建立符合行业特点和发展前景的知识产权管理体系,运用好知识产权制度,将创新成果保护起来,转化成企业财产。例如,随着国家对垃圾分类的进一步推进和科技水平的不断进步,新技术、新理念也必将融入垃圾桶的相关技术中,垃圾桶相关国家标准也必将进一步完善。相关企业应强化标准必要专利的储备,通过许可与被许可、交叉许可等方式来共享知识产权,以便使自身能够获得更大的竞争力。同时,还要考虑如何制定知识产权战略制约竞争对手。如果企业拥有高价值的专利体系,并具有良好的专利布局,其在竞争中无疑处于有利地位。此外,还要加强企业的知识产权风险管理。包括企业在科技创新、生产经营全过程中可能出现的法律风险和商业风险,对有关风险进行预估与控制。市场价值越高的专利技术越容易遭遇侵权风险,也就越容易被提起专利无效宣告请求,这就要求既要避免侵权产品对己方市场的影响,又要做好自主知识产权稳定性的评估工作。

(四)强化分类主体参与的主动性

随着人们对环境问题的关注度越来越高,生活垃圾处理的宣传工作不应仅停留在基础的公益层面,而是要深化宣传内涵,将生活垃圾处理的宣传上升到社会主体的义务层面。一是加强居民自觉参与的宣传。城市生活垃圾治理最大的难题就是前端的垃圾分类工作,应有效发动居民自觉对产生的垃圾按照城市生活垃圾分类的标准进行分类,避免二次垃圾分类工作产生的大量人力、时间和经济成本。二是加强对环保企业的宣传。通过对生活垃圾处理的宣传,不仅要使环保企业认识到前端生活垃圾分类是为了保护当下环境,还要让环保企业等社会主体认识到后端生活垃圾处理"零填埋"战略目标的重要性,避免生活垃圾填埋占用大量土地资源。类似德国押金回收制度中的饮料瓶回收设备在我国部分地区也曾试点,以期通过返现或者捐赠款项、给市政一卡通或者手机话费充值等方式鼓励居民将饮料瓶定点回收,但在实际运行中,由于回收机容量小、管理方回收频次低、扫码不准确、操作烦琐费时等原因,造成使用不便,至今尚未推广使用,这在很大程度上就是因为环保企业的重视程度不足。因此,应当强化分类主体参与的主动性,重视资源的循环利用和生活垃圾的源头减量,以期各主体更加主动地参与到生活垃圾的分类和回收中。

论专利纠纷的仲裁解决机制之完善

刘　蕾*

专利纠纷是比较常见的知识产权纠纷。尤其是随着科技的迅猛发展、专利申请和授权数量的增加以及权利人维权意识的提升，基于专利而产生的纠纷呈现增长趋势。纠纷增长必然导致需要解决的纠纷数量增加，诉至法院的专利案件量大幅增长，一些案件不能及时得到解决。北京市解决知识产权纠纷的资源较为丰富，相关人员在重视诉讼的同时，也关注知识产权纠纷的多元解决。2022 年 7 月 1 日施行的《北京市知识产权保护条例》第 53 条规定，“支持仲裁机构加强知识产权纠纷仲裁服务能力建设，为当事人提供专业、优质、高效的仲裁服务。政府有关部门应当为仲裁机构开展涉外知识产权仲裁业务提供相关人员工作居留及出入境、跨境收支等方面的便利”。从落实这一条款的操作性出发，特提出本文的建议。

囿于专利纠纷解决本身的专业性要求，导致替代性纠纷解决机制中普通的争议解决方式可适用空间有限，专业的仲裁解决更有可能发挥作用。但目前，我国专利纠纷通过仲裁方式解决的数量并不多，这与专利纠纷的仲裁解决机制设置有关，也与一系列配套措施的缺失有关。要提高专利纠纷的解决效率，需要建立完善的专利纠纷仲裁解决机制，进而提高仲裁适用率。

---

* 刘蕾，北京市社会科学院法治研究所助理研究员，法学博士。

一、专利纠纷的仲裁解决现状

最高人民法院发布的《中国法院知识产权司法保护状况(2021 年)》显示,2021 年人民法院受理、审结知识产权案件数量再创历史新高,双双突破 60 万件。这一增速显然远远超过人民法院知识产权审判法官与配套资源的增速,特别是在近年来各地出现知识产权法官大量流失的现状下,稀缺的审判资源显得越发紧张。

《中国知识产权争议解决年度观察(2021)》显示,"知识产权争议解决整体上呈现出以诉讼为主,调解、仲裁、和解为辅的多元化解决方式。在仲裁领域,2020 年北京仲裁委员会/北京国际仲裁中心共受理了涉及知识产权合同纠纷案件 381 件,总标的额 15.6 亿元,案件平均标的额 409.45 万元"。2022 年 3 月 25 日,中共中央、国务院发布的《关于加快建设全国统一大市场的意见》中提到,"推动知识产权诉讼制度创新,完善知识产权法院跨区域管辖制度,畅通知识产权诉讼与仲裁、调解的对接机制"。

仲裁是由中立的第三者根据当事人的仲裁协议,居中解决社会争议的一种方式,是民间性的非公力的争议解决模式。理论界和实务界普遍认为以仲裁方式解决包括专利纠纷在内的知识产权争议,具有多重优越性:专业性,即仲裁员的专家身份与经验,可以缓解知识产权纠纷解决的裁判者需要同时具备技术知识和法律知识的双重压力;灵活性,仲裁程序灵活便捷,没有严格的程序规则,能够及时解决知识产权纠纷;经济性,相对旷日持久的知识产权诉讼所需的人力、物力、精力投入,仲裁在成本上相对经济;非对抗性,仲裁的保密性及非对抗性可以避免双方当事人冲突的升级或加剧,并为后续合作创造契机①。基于对仲裁优点的重视,很多国家和国际仲裁机构都确立了对专利纠纷的仲裁解决方式。

涉及专利的纠纷,通常包括四类:第一类是侵权纠纷;第二类是专利有

---

① 刘晓红、李晓玲主编:《知识产权国际纠纷的非诉讼解决研究》,法律出版社 2010 年版,第 25-34 页。

效性纠纷;第三类是专利权属纠纷;第四类是与专利有关的合同纠纷。实践中,专利侵权纠纷、专利有效性纠纷与合同纠纷更为常见。专利一旦产生纠纷,在技术和经济价值方面对于当事各方利益具有显著重要性,这使当事人希望获得快速、高效、专业的裁判,终止纷争,确保与专利相关的业务回到正轨。

在专利纠纷是否可以适用仲裁方式解决的问题上,我国并没有法律进行明确规定。涉及合同的专利纠纷,由于属于合同纠纷范畴,可以仲裁解决。对于其他几类专利纠纷则有不同观点,通说认为,根据我国《专利法》第65条的规定,专利侵权纠纷只有行政解决和诉讼解决两种方式,不能通过仲裁的方式解决。关于专利有效性纠纷,由于专利的授权与审查是行政行为,专利权的授予除了影响发明人还涉及社会公共利益,如果将专利有效性争议提交仲裁,便会置社会公共利益于仲裁员可能的"独断专横"之下,这是我们不能接受的[①]。同时,对专利权有效性的判断权专属于国务院专利行政部门,故而不能由仲裁机构进行裁断。鉴于专利侵权纠纷在实务中往往会引发专利有效性抗辩,也往往牵涉专利权本身的有效性问题,因此,专利侵权纠纷采用仲裁方式解决更加不易为人们所接受。

二、专利纠纷的仲裁解决可行性分析

面对数量增多、复杂性增强的专利纠纷,一方面是当事人希望快速解决纠纷的诉求,另一方面是法院纠纷解决资源的稀缺,纠纷的替代性解决机制所提供的普通纠纷解决机制因专业性不够而不能发挥作用,在此局面下,探索专利纠纷的仲裁解决成为一种相对实际而且可行的办法。

(一)专利纠纷的仲裁解决是民事诉讼契约化的必然结果

专利纠纷无论是合同纠纷还是侵权纠纷,其实质都是私权纠纷,是平等的民事主体之间的纠纷。因此,纠纷解决方式的选择应充分体现当事人的

---

① 崔国斌:《美国专利有效性仲裁制度评析》,载《知识产权》1998年第3期。

意思自治,保障当事人能够行使自己的处分权。当事人选择以仲裁方式解决专利纠纷,体现了其在纠纷解决方式上的合意,达成的是解决纠纷程序的契约。对专利纠纷仲裁解决方式的选择,是当事人对诉讼方式的放弃,也是当事人对纠纷解决的民事程序"主导性和自治性增加"①的结果。

(二)专利纠纷仲裁有助于解决专利纠纷司法资源之不足

专利纠纷不仅涉及法律问题,还与技术问题相关联,而当前我国法院的法官多数是文科毕业,缺乏技术背景,法院并没有专门的技术法官,导致在专利纠纷的技术问题认定上存在一定的困难。各级法院审理知识产权案件的法官数量有限,在专利诉讼数量激增的形势下,专利纠纷的司法解决资源明显不足。同时,由于诉讼是两审终审,且近年来还有许多专利案件启动了再审程序,导致案件审理持续时间长、诉讼结果不容易确定,加剧了专利纠纷诉讼解决资源的紧缺。

仲裁在专业性和时效性方面都能很好地解决上述困难。仲裁员由当事人双方从符合条件的人员中协议选定,《仲裁法》对仲裁员任职资格的规定,保证了裁判者是相关领域的法律和业务专家,仲裁过程中,专业人士直接参与仲裁裁决,这在很大程度上保证了裁决的专业性。仲裁的一裁终局制度,可以避免由于某一方或双方当事人上诉所带来的拖沓,相比民事诉讼程序,仲裁程序简化了争议解决的程序,缩短了争议解决的周期,确保了争议的快速高效解决。

(三)专利纠纷仲裁解决有利于专利运营有效运作

专利运营是实现专利权经济价值的一种方式,"运营者将专利权是投入要素直接参与到商业化运筹和经营活动中,通过专利资本的各种技巧性市

---

① 张卫平教授在《论民事诉讼的契约化——完善我国民事诉讼法的基本作业》中提出,民事诉讼契约化应当以一种尊重当事人合意的契约理念为指导,有意识地使民事纠纷的解决在制度层面植入当事人的主导性因素,使民事诉讼程序因为当事人的主导性和自治性的增加而具有时代的契合性。笔者认为,对专利纠纷解决方式的选择与协议,不仅包括对民事诉讼程序的选择,还包括对替代性纠纷解决机制的选择,这些选择都是当事人合意的契约化。

场运作提升专利竞争优势,最大限度地实现专利权经济价值”[①]。专利运营不是单个专利权的运用和转化,往往涉及系列的专利组合和相关技术领域的全体竞争者。为了有效运营,运营者需要跟同技术领域的其他厂家、企业保持友好商业合作关系。专利权作为一种政府给定期限的权利,要实现其经济价值的最大化,运营时必然要追求尽可能长的运营时间。而且在如今这个技术更新迅猛的时代,专利技术更新换代的频率不断加快,如果纠纷无法获得迅速解决,拖延的每一天都会增加专利权被其他技术所替代或者超过保护期限的风险。这一切,都决定了专利运营对专利纠纷仲裁解决的偏爱。

美国在专利许可领域就频繁使用仲裁方式。在从事专利许可的美国律师看来,专利纠纷的仲裁解决相对诉讼具有利于保持商业关系、经济、快速、专业、灵活等若干优点。[②] 更重要的是它是保密的,这对于专利运营来说,很好地满足了其希望相关运营业务处于秘密状态的愿望。

三、专利纠纷仲裁解决机制的比较法研究

对专利纠纷采取仲裁方式解决的国家,大多已建立起整套专利纠纷仲裁解决的机制,以保障专利领域仲裁解决机制与诉讼等其他纠纷解决机制的衔接,同时考虑到仲裁是当事人合意的结果,还就仲裁裁决的效力、对其他程序的影响等内容进行了规定。

比利时规定,可以解决的与专利有关的纠纷都是可仲裁的。其专利法更是明确允许对专利所有权、有效性、侵权和专利许可进行仲裁。此外,比利时最高法院在 1983 年的判例中主张,专利的有效性只是普通的利益问题,而不是公共利益。[③]

在日本,一般认为专利侵权和专利效力问题都可以仲裁,但是关于专利

---

① 毛金生等编著:《专利运营实务》,知识产权出版社 2013 年版,第 30 页。

② M. Scott Donahey, *Arbitration Of Patent Disputes Internationally And In The United States*, The Practical Litigator. May 2008.

③ William Grantham, *The Arbitrability of International Intellectual Property Disputes*, 14 Berkeley J. Int'l Law. 173(1996). Available at http://scholarship. law. berkeley. edu/bjil/vol14/iss1/4.

效力的仲裁裁决的效力应该是局限于当事人之间的。根据日本法律，如果仲裁裁决认定专利、外观设计等知识产权无效，则这样的裁决在没有得到日本特许厅作出的无效的决定前没有强制执行力。因此，仲裁裁决可以涉及专利的效力问题，但是裁决本身的效力可能只能限于当事人之间。①

美国在很长一段时间里一直禁止通过仲裁方式解决专利纠纷，但随着科技发展和专利纠纷的增加，1982 年其修改《专利法》，增加了关于仲裁的第 294 条。该条第 1 款规定，“涉及专利或任何有关专利权利的契约可以包含要求将任何与专利有效性或专利侵权有关的争议提交仲裁的条款。在没有仲裁条款的情况下，当事人可以书面约定以仲裁方式解决有关专利有效性或侵权的争议。任何此类仲裁条款或协议应是有效的、不可撤销的或可执行的，但是法律或者衡平法所规定撤销契约的理由者除外”。第 3 款就仲裁裁决的效力予以规定：“仲裁裁决具有终局性，对当事人各方均具有约束力，但是对其他人没有法律上的效力。”这一规定将关于专利有效性的裁定发生效力的范围限定在仲裁当事人之间，裁定对于纠纷之外的他人没有法律效力，即该裁定不具有对世效力。而且，一旦仲裁裁决涉及的专利权被有管辖权的法院在随后的判决中宣告无效，则从专利被宣告无效之日起对仲裁裁决当事人的权利义务产生影响。此外，该条第 4 款还规定，专利权人、转让人或者被许可人应当将仲裁裁决书面通知美国专利商标局局长。如果不进行上述通知，仲裁裁决将不具有法定的强制执行力，当事人不能请求法院执行这一裁决。② 目前，美国专利的各种争端，都可以提交仲裁，包括权利、效力、可执行性、滥用和反垄断问题。

从上述各国的专利纠纷仲裁制度来看，对专利纠纷采用仲裁方式解决，是对专利权私权属性的确认，即准许当事人对自己的私权进行处分。但同时考虑到专利权这一国家授予的财产权具有对公共利益的影响力，所以，仲裁解决纠纷的结果只能对受到仲裁协议约束的当事人发生效力。仲裁裁决

---

① 程松亮：《专利有效性的可仲裁性比较研究》，载《今日湖北》2012 年第 11 期。

② 35 U. S. C. § 294.

对专利有效性的判断,不能产生对世效力,在专利权被法定机关宣告无效后,仲裁裁决确定的权利义务也会发生改变。这种方式,对于专利的纠纷解决、专利运营都有极大的方便性。

四、建立我国专利纠纷仲裁解决机制的建议

随着技术发展速度的进一步加快,可以预见未来很长一段时间我国的专利纠纷数量都会呈现上升趋势,除了增加司法投入,充分利用我国仲裁机构的专业资源,建立我国专利纠纷的仲裁解决机制也是必要的尝试。对此,需要就一系列问题作出规定,构建一个较为完整的体系,才能保证仲裁方式在解决专利纠纷方面能够发挥其应有的作用。

(一)立法明确增加专利纠纷可仲裁的规定

我国《仲裁法》《专利法》均没有对专利纠纷可仲裁性问题给出明确规定。一些学者主张,《专利法》第65条规定,专利侵权纠纷可以由"当事人协商解决",也就间接规定了专利侵权纠纷可以由纠纷当事人意思自治选择纠纷解决的方式,仲裁作为替代性纠纷解决机制之一可以经当事人选择用于解决专利纠纷。"从《专利法》第65条开放式、列举式的规定来看,该条款也没有否定专利侵权案件仲裁的可能性。"[①]但无论是从《专利法》第65条推导出专利纠纷间接适用仲裁解决,还是认为其没有否定仲裁适用的可能性,我国《专利法》和《仲裁法》对于专利纠纷可仲裁的明文规定确实缺失,这导致仲裁解决专利纠纷缺乏直接、明确的法律依据。

对此,笔者建议,在《仲裁法》和《专利法》中予以明确,以便在当事人进行纠纷解决程序选择时提供明确的指引。法律以明确的方式规定选择权可以选择的内容与范围,对于当事人选择权予以保障,是程序正义的应有之义,"一个人对选择权的拥有意味着所有结果对他而言都具有程序上的正义

---

① 毛珊、崔峥:《我国专利侵权仲裁制度初探》,载《北京仲裁》2011年第1期。

性"①。最直接的方式,是在《专利法》中明确规定当事人之间就专利权发生的财产争议,可以提交仲裁解决,并参考美国《专利法》第294条的做法,规定仲裁裁定对于专利权有效性的认定只对仲裁当事人有效,不对其他人产生效力。这样既能够保证仲裁对于专利纠纷的裁决突破专利有效性这一限制,也不违反专利有效性认定权专属于国家专利行政机关的原则。同时应在《仲裁法》中,就专利纠纷仲裁规定专门的内容。具体可以在《专利法》第七章"专利权的保护"中增加专利纠纷仲裁解决的条款,规定专利纠纷可以申请仲裁。可在现有的第65条"当事人协商解决"部分,加入"选择仲裁等纠纷解决方式解决"。对于专利纠纷仲裁中涉及专利有效性问题的,规定"仲裁庭有权就专利权效力做出裁决。但是,有关专利权效力的仲裁裁决仅对仲裁程序当事人有效,不对第三人产生影响,也不影响专利权在专利行政机关登记的效力"。同时在《仲裁法》中规定"专利纠纷是可以仲裁的",并增加专利仲裁的具体规则。

承认仲裁庭在审理专利纠纷时有权一并处理专利效力问题,目的在于保障仲裁迅速高效处理专利纠纷的优势,有助于消除当事人将专利争议提交仲裁解决时的疑虑和担心,推进仲裁解决专利纠纷的适用。

(二)建立专门的专利仲裁机构或改革现有仲裁机构

目前我国并没有专门的专利纠纷仲裁机构,纠纷当事人只能将专利纠纷提交给综合性的仲裁机构解决。随着技术的发展,专利纠纷呈现出增长态势,综合性仲裁机构在解决专利纠纷时技术上的局限性会随之凸显。为了更有效地通过仲裁方式解决专利纠纷,充分发挥专利纠纷仲裁的作用,最佳的方式应当是设立专门的专利纠纷仲裁机构。但如果在短期内由于人力物力的限制,不能设立专门的专利仲裁机构,则需要对综合性仲裁机构进行一些改革,增加专业性方面的支持。

这是因为,综合性仲裁机构在解决专利纠纷时将面临很大的挑战,其中

---

① 张卫平:《民事诉讼:回归原点的思考》,北京大学出版社2011年版,第272页。

最为突出的是缺乏具有专利方面专业知识的仲裁人员。虽然综合性仲裁机构的仲裁员都是仲裁事项方面的专家,但是其专业知识在解决专利纠纷时仍不充足。因为专利纠纷具有很强的专业技术性,即使是专利领域的专家,也会在技术领域上出现技术缺陷,不同领域的专利人员,在面对新技术方面的专利问题时也会无能为力。专利纠纷仲裁解决的目的,就是以更加专业的裁决为当事人提供专利纠纷的解决方式,如果专业性问题不能得到很好的解决,则其相对于诉讼解决的优势难以发挥。因此,专利纠纷仲裁需要更为专业的仲裁人员作为裁判者,除了是技术专家和法律专家之外,尤其应当突出的是涉案专利的技术和法律专家。建立专门的专利仲裁机构,能够从仲裁员的技术领域到专利从业经验各方面保障专利纠纷能够得到真正专业的解决。

综合性仲裁机构如果要受理专利纠纷,对其进行改革的重点在于制定更为细致的仲裁人员名册,提供适合各技术领域的专家,同时还需要在技术问题上增加新的专家咨询等支持措施。从专利纠纷仲裁解决的发展趋势来看,短期内这种方式更具有可行性。而且现有的各种制度也对此提供了便利。

综合性仲裁机构对专利纠纷进行仲裁时,如果遇到最难以解决的专利有效性问题,应借鉴北京市知识产权局与国家知识产权局复审无效审查部联合审理案件、有效衔接行政确权与行政裁决的做法,可以通过建立类似的专利有效性调查程序或者向国家知识产权局提出确权咨询的方式解决。该行政确权咨询意见,可在专利有效性方面为综合性仲裁机构解决专利纠纷提供参考作用。

(三)制定专门的专利仲裁规则

当前我国的仲裁程序呈现诉讼化趋势,仲裁在程序运作上和诉讼越来越相似,程序越来越复杂与正式,原本适用于法院的证据规则、证据交换等被引入仲裁中,仲裁程序与诉讼程序之间的区别被模糊化。我国《仲裁法》中对于程序方面的相关规定诉讼色彩浓重,而且要求仲裁员严格依照实体法的相关规定来解决当事人之间的纠纷和确定当事人的权利与义务。这一做法导致仲裁相对于诉讼所具有的灵活性优点丧失，仲裁无异于另一种形式的诉讼。当事人选择专利仲裁的原因，就在于专利仲裁具有灵活、快速、有效的优点，便于维持商业合作关系，因此，专利仲裁规则必须摒弃那些诉讼程序中基于严格的对抗制诉讼特征设置的规则，为仲裁当事人提供灵活、适于达成合意的仲裁程序。

专利纠纷仲裁与其他仲裁的区别，除了技术专业性，还在于技术的保密性。因此，对于专利仲裁的规则需要特别加以规定。在这方面，美国的做法值得借鉴，在确定专利仲裁制度之初，美国仲裁协会就在 1983 年专门针对专利纠纷的特殊需要制定了专利仲裁规则（Patent Arbitration Rules）。这样可以为专利仲裁提供规范的程序指引，为当事人形成程序预期提供充分的信息。

（四）扩大可以担任仲裁员的人选范围

仲裁员的人选范围是仲裁规则的重要组成部分，鉴于专利纠纷仲裁中对于仲裁员专业性的高度要求，笔者认为有必要修改我国现行的仲裁员人选范围的规定，扩大可以担任仲裁员的人选，允许具有专利诉讼、无效业务多年经验的律师、专利代理人担任仲裁员，满足专利仲裁的专业需要。

我国《仲裁法》第 13 条规定，担任仲裁员的条件是：通过国家统一法律职业资格考试取得法律职业资格，从事仲裁工作满 8 年的；从事律师工作满 8 年的；曾任法官满 8 年的；从事法律研究、教学工作并具有高级职称的；具有法律知识、从事经济贸易等专业工作并具有高级职称或者具有同等专业水平的。从该规定的内容可知，现行仲裁法对仲裁员条件的设定重在对法律知识和经济活动经验的要求，没有设定技术技能方面的标准。对于综合性仲裁业务而言，这样的要求能够保障仲裁的专业性，但对于专利仲裁，却明显缺乏专业性的支持。如果依据该条提供专利仲裁的仲裁员名册给当事人，必然不能使当事人在专业性问题上对仲裁结果表示满意。因此，有必要将具有一定年限专利诉讼经验、专利代理经验、专利无效宣告审查及诉讼经验的律师、专利代理师囊括到专利仲裁的仲裁员名册中,区分不同技术领域标注,供当事人选择。这样一来可以充实专利仲裁机构的专业力量,二来确保当事人对专利仲裁结果专业性的认可。

结 语

专利纠纷的仲裁解决是知识产权界多年来讨论的话题,其最终确立和实施还有待立法的确认。但从高效专业解决专利纠纷、分流法院诉讼案件增长压力的角度考虑,其无疑是一种适宜的尝试。从我国的实际出发,利用专利行业已有的确权咨询制度、增加专利领域富有经验的从业人员进入专利仲裁,也将有利于专利仲裁的健康发展。

药品专利权期限补偿制度研究

张宪锋*

为了加强知识产权保护,2021 年 6 月 1 日起实施的《专利法》引入了一些全新的法律制度,其中影响较大的是药品专利权期限补偿制度。《专利法》第 42 条第 3 款规定,“为补偿新药上市审评审批占用的时间,对在中国获得上市许可的新药相关发明专利,国务院专利行政部门应专利权人的请求给予专利权期限补偿。补偿期限不超过五年,新药批准上市后总有效专利权期限不超过十四年”。《专利法》仅从宏观层面确立了该基本制度,其如何具体落实仍值得研究和探讨。本文分析了《专利法实施细则修改建议(征求意见稿)》以及《专利审查指南修改草案(征求意见稿)》等相关文件,并比较分析发达国家相关法律法规,对若干核心问题进行了研究和思考。

一、药品专利权期限补偿制度的价值及理论

药品研发具有高风险、高收益和周期长的特点,其专利申请也体现出与之相适应的特点。一方面,由于专利制度的先申请制,药品研发者为了抢占申请日,必须尽早提出专利申请,否则可能被竞争对手抢先。例如,对于化学药物,只要能够合成出该药物并且在细胞层面初步证明其具备某种药效,申请人就可以着手提交专利申请,随后再进行动物实验和临床试验。另一方面,药品关系到生命健康,因此必须进行临床试验验证药品的有效性和安

* 张宪锋,国家知识产权局专利局审查业务管理部审查指南处副处长,法学硕士。

全性,只有经过非常严格且时间较长的行政审批,才能获得上市批准,这是药品与其他发明的不同之处。因此,这很有可能造成专利虽获授权,却仍然需要等待一段时间才能上市销售的情况,该段时间造成了专利权实际上的减损,导致很多药品专利实际保护期不足10年,严重影响原研药企依靠专利权收益弥补巨额研发成本,不利于对药品创新进行激励和保护。例如,“喹诺酮抗微生物剂、其组合物和应用”1998年9月15日提出专利申请,2006年7月19日获得专利授权,但是直到2016年5月才获批上市,这时距离其专利期限届满仅剩下2年。[①] 由此可见,药品专利权期限补偿的价值首先体现为对临床试验和行政审批造成的专利权期限减损的补偿。

在补偿理论之外,其还体现出激励理论,即激励药品的研发。在一些法律文件中,也能明确地看出药品专利权期限补偿中的激励机制。例如,《欧洲议会和理事会关于医药产品补充保护证书的条例》指出,因专利申请日与药品上市日之间的期限间隔,导致药品获得上市许可后剩余的专利保护期不足以帮助权利人收回研发成本,这使医药创新缺乏足够的保护,并可能导致欧洲的医药研发中心转移到其他能够提供更强创新保护的国家。[②]

该制度还应体现出平衡理论,即在激励创新的同时兼顾公众健康。一方面,该制度有利于原研药的自主开发,企业可以获得更多的利润,并为公众提供新的药品;另一方面,该制度延缓了仿制药进入市场的时间,推迟了公众获得廉价药品的时间,因此该制度在具体设计时需要掌握两者的平衡,不能仅从一方的角度考虑。例如,从适用对象上看,不宜过于宽泛,给予延长期限的药品应当是那些真正体现出创新的药品;从期限上看,不宜过长,对延长的期限应进行合理限制;从专利权与药品的对应关系上看,不宜适用于所有有关联的专利权,也要明确是否可以凭借一个药品获得多项专利权的期限延长。

---

① 王玮:《浅析我国的药品专利期限补偿制度》,载《中国医药工业杂志》2021年第1期。

② 邱福恩:《中美经贸协议下的药品专利期限补偿制度研究》,载《科技与法律》2020年第4期。

二、药品专利权期限补偿的范围

药品专利权期限补偿的适用对象是要考虑的首要问题。专利法中明确了药品专利权期限补偿的对象是“新药”，就“新药”的具体标准，目前存在不同观点。以下从药品注册相关法律法规以及专利法修改历史角度进行分析。

（一）药品监管法律体系中“新药”的含义

《专利法》第42条中使用了“新药”的用语，下位法规对“新药”的含义进行解释时，自然会从药品监管法律体系中寻找启示或依据。从历史沿革看，1985年实施的《药品管理法》中对“新药”的定义是“我国未生产过的药品”，2001年修订的《药品管理法》删除了对“新药”的定义，改在2002年发布的《药品管理法实施条例》第83条规定“新药，是指未曾在中国境内上市销售的药品”，《药品管理法实施条例》经历了2016年、2019年两次修订，其中均未对“新药”的定义加以调整，目前仍行之有效。但在2022年5月9日公布的《药品管理法实施条例（修订草案征求意见稿）》中，却删去了这一定义。2017年，国家食品药品监管总局办公厅公开征求意见的《药品注册管理办法（修订稿）》第13条将“新药注册申请”定义为“未曾在中国境内外上市销售的药品的临床试验或上市申请”，但在2019年的《药品注册管理办法（修订草案征求意见稿）》中删去了相关定义。在2020年7月1日正式施行的《药品注册管理办法》中也没有相关定义，仅在第4条第3款规定，“化学药注册按照化学药创新药、化学药改良型新药、仿制药等进行分类”。

（二）历次专利法修正案中的“新药”

2015年的《专利法修改草案（征求意见稿）》并没有涉及专利权期限补偿的条款。2019年1月公布的《专利法修正案（草案）》首次引入“为补偿创新药品上市审评审批时间，对在中国境内与境外同步申请上市的创新药品发明专利，国务院可以决定延长专利权期限，延长期限不超过五年，创新药上市后总有效专利权期限不超过十四年"的表述,该规定可吸引更多的创新药发明专利权人在中国同步申请上市创新药品,有利于公共健康。但是该条款也引起了一些学者的担忧①,例如,"新药"的概念不明确,该条件对中国本土企业有失公平。国外制药企业通常在其母国首先申请上市药品,为了获得中国的专利权期限补偿而在中国同步上市,符合其利益,但对国内企业却增加了负担,因为需要等国外申请上市准备工作完成。2020 年公布的《专利法修正案(草案二次审议稿)》中该条款被修改为"为补偿新药上市审评审批占用时间,对在中国获得上市许可的新药发明专利,国务院专利行政部门可以应专利权人的请求给予期限补偿,补偿期限不超过五年,新药上市后总有效专利权期限不超过十四年",这在一定程度上消除了上述担忧。

(三)《专利法实施细则修改建议(征求意见稿)》和《专利审查指南修改草案(征求意见稿)》中的界定

较为普遍的观点是,将"新药"理解为创新药和改良型新药,也就是在中国境内外均未上市的药品。如果某药品已在其他国家或地区提交上市许可申请,但是未获得上市许可前,又在我国提交上市许可申请的,可以按照创新药或改良型新药分类申报注册②。

2020 年的《专利法实施细则修改建议(征求意见稿)》将"新药相关专利"定义为"国务院药品监督管理部门批准上市的创新药和符合规定的改良型新药相关发明专利,包括产品专利、制备方法专利或者医药用途专利",但并未明确"符合规定的改良型新药"的范围,无法直接确定可给予期限补偿的药品范围。《专利审查指南修改草案(征求意见稿)》对此进行了细化,明确对于药物活性物质的产品专利、制备方法专利或者医药用途专利,可以给予药品专利权期限补偿。创新药和改良型新药的含义依照有关法律法规并参照国务院药品监督管理部门的相关规定确定。可以给予期限补偿的改良

---

① 刘立春、漆苏:《药品专利权期限补偿研究——兼议〈中华人民共和国专利法修正案(草案)〉第 42 条第 2 款》,载《科技管理研究》2019 年第 23 期。

② 国家知识产权局条法司编:《专利法研究 2020》,知识产权出版社 2021 年版,第 24 页。

型新药限于国务院药品监督管理部门颁发的药品注册证书中记载为以下类别的改良型新药:(1)化学药品第2.1类中对已知活性成分成酯,或者对已知活性成分成盐的药品;(2)化学药品第2.4类,即含有已知活性成分的新适应症的药品;(3)预防用生物制品2.2类中对疫苗菌毒种改进的疫苗;(4)治疗用生物制品第2.2类中增加新适应症的生物制品;(5)中药第2.3类,即增加功能主治的中药。由此可见,《专利审查指南修改草案(征求意见稿)》从药物活性物质的角度明确了药品专利权期限补偿的范围,排除了化学药中含有已知活性成分的新剂型、含有已知活性成分的新复方制剂、改变已上市中药给药途径的制剂、改变给药途径的疫苗、改变免疫剂量或免疫程序的疫苗、由已上市销售生物制品组成的新复方制品等。

值得一提的是,我国《专利法实施细则修改建议(征求意见稿)》和《专利审查指南修改草案(征求意见稿)》中特别纳入了中药相关发明专利的期限补偿,体现出中国特色,也有利于推动中医药创新发展。

我国上述的相关规定,根据药品专利权期限补偿的立法目的对"新药"范围作出限定,符合立法精神,与世界上很多国家的做法也是一致的。例如,美国作为该制度的重要发源国,在《专利法》第156节以及美国专利商标局的《专利审查程序手册》第2750－2759节中,将"药品"定位为活性成分,指新药、抗生素药物或人类生物制品,具有特定化学部分的酯形式的药物产品是与盐形式的相同化学部分不同的药物产品。"药品"是特定新药的活性成分,而不是药品监督管理部门批准的药品的全部成分。"活性成分"是判断的核心点,其是在疾病的诊断、治疗中发挥药理活性、其他直接作用的成分或者是能够影响人体或动物体的结果或任何功能的成分。复方产品中至少要有一个未被美国食品药品监督管理局(以下简称FDA)批准的活性成分(包括活性成分的任何盐或酯),而且必须是包含新批准成分的专利或者复方专利可以申请延长专利期限。美国并非对所有的药品专利权都给予期限补偿,而是强调了"新活性成分"的要求。

三、药品专利权期限补偿的计算方式

药品专利权期限补偿的制度设计初衷在于弥补药品上市审批占用的时

间,我国在计算方式上也参考借鉴了目前发达国家的方法。

美国给予补偿的期限为:(试验阶段-未尽责时间)×50%+(审批阶段-未尽责时间)。其中,未尽责时间是指由于申请人本身未能尽责而造成的时间延误,试验阶段是指从批准新药临床试验申请到向FDA首次提交新药上市申请之间的时间,审批阶段为向FDA首次提交新药上市申请至获得FDA批准上市之间的时间。专利权期限补偿最多5年,且补偿期加上药品被批准上市之日起的专利权剩余期限之和应少于14年。例如,一个已获得批准的药品可以延长5年专利期,原有专利在被批准上市时还有11年的剩余专利期,那么,该药品的专利延长期只能按3年计算。FDA将查阅其记录并咨询专家确认申请的试验阶段和审批阶段的时间长短,通知专利商标局和申请人,在联邦登记公报上公告。

欧盟的药品补充保护条款中也有比较类似的规定,旨在补偿专利权利人因上市申请审批损失的专利保护期,其计算方式为"首个获得欧盟成员国上市许可日-提交专利申请日-5年"。该计算方式简单,获取相关数据容易。药品专利补充保护期限不超过5年,且药品第一次被批准上市时的剩余专利期加上补充保护期不得超过15年。

日本药品专利权期限补偿的计算方式是,专利授权公告之日或临床研究开始之日(以两者中较晚者起算)与药品获得行政审批许可之间的时间间隔。

由于各国审批制度的不同,最终能够获得期限补偿的时间也无法直接进行比较。耿文军等统计了13个具有化合物专利的样本,用美国计算方式获得的中位补偿期为2.8年,用欧盟计算公式获得的中位补偿期为4.3年,该抽样统计显示欧盟计算方式给予的补偿期更长①。美国计算方法的优点在于精准地计算出因临床试验和行政审批所占用的时间,但是计算过程比较复杂,需要确认很多具体时间点,而欧洲的计算方法则非常简便。我国

---

① 耿文军、丁锦希:《我国创新药专利期限补偿计算方式探讨》,载《中国新药杂志》2020年第23期。

《专利法实施细则修改建议(征求意见稿)》采取了类似欧盟的计算方式,药品专利补偿期限的计算方式为"申请注册的新药在中国获得上市许可之日减去专利申请日,再减去5年"。这种计算方式符合我国制度设立初期的特点,能够降低运行成本,并且可以给予专利权人更为具体准确的预期,避免了过于复杂的数据确认过程带来的诸多问题。

四、对专利权期限补偿的合理限制

根据上述专利权期限补偿的平衡理论,我国在制度建立中需要兼顾激励创新与公众健康,应在借鉴国外经验的基础上进行合理限制。

(一)上市许可的药品与获得期限补偿的专利权之间的对应关系

专利申请人为了实现对药品研发成果的全方位保护,可能会申请多个专利,如化合物专利、制备方法专利、组合物专利、新用途专利和剂型专利等,同一个专利中也可能包含多个化合物。对于同一个获得上市批准的药品,能否允许这些专利权全部都获得期限补偿呢?

从国际经验看,在美国和欧盟,对于一个药品只能选择一个专利进行补偿,并且一个专利也只能补偿一次。在日本,基于同一个药品可获得专利保护期延长的专利数量不受限制,且同一专利可以获得多次补偿。由此可见日本采取了最为宽松的方式。我国在制定《专利法实施细则修改建议(征求意见稿)》时同样考虑了对专利权人的合理限制,规定了提出请求时药品及其专利应当满足以下条件:(1)一个药品同时存在多项专利的,专利权人只能请求对其中一项专利给予药品专利期限补偿;(2)一项专利同时涉及多个药品的,只能对一个药品就该专利提出药品专利期限补偿请求;(3)该专利尚未获得过药品专利期限补偿;(4)请求给予药品专利期限补偿的专利剩余保护期限不少于6个月。我国的做法与美欧做法类似,也符合我国制度建立初期的情况,适应我国的国情。

(二)补偿期间的专利权保护范围

一项药品专利权可能包含大量技术方案,而其中与药监部门批准上市的药品直接相关的可能仅是其中一项技术方案。那些无关的技术方案,并没有因为上市审批而耽搁期限,如果对其进行延长则不符合药品专利权期限补偿的初衷。因此,美欧日韩等国家都明确,仅针对上市药品直接相关的技术方案给予期限补偿。

《专利法实施细则修改建议(征求意见稿)》对此进行了明确:药品专利期限补偿期间,该专利的保护范围限于国务院药品监督管理部门批准上市的新药,且限于该新药经批准的适应症。《专利审查指南修改草案(征求意见稿)》进一步细化规定:产品权利要求的保护范围仅限于用于经批准的适应症的上市新药产品,医药用途权利要求的保护范围仅限于上市新药产品的经批准的适应症,制备方法权利要求的保护范围仅限于用于经批准的适应症的上市新药产品在国务院药品监督管理部门备案的生产工艺。由此可见,在该问题上我国与世界主流做法保持了一致,给予了合理的限制。

五、对期限补偿决定不服的救济

从世界上主要国家的实践看,专利权期限补偿一般由专利权人提出请求,按要求提交材料,然后由专利行政管理部门进行审查,如果要驳回该补偿请求,则需要事先告知专利权人理由并给予其答复机会。在作出专利权期限补偿的决定后,应刊登在专利公报中。我国《专利法实施细则修改建议(征求意见稿)》中也明确,经审查符合期限补偿条件的,作出给予期限补偿的决定,予以登记和公告。

如果专利权人对驳回期限补偿的决定不服,或者认为补偿的期限过短而对给予期限补偿的决定不服,应以何种方式进行救济?此外,是否应给予其他利害关系人提出异议或者请求无效的机会呢?

(一)行政复议途径的可行性

根据现行《国家知识产权局行政复议规程》第4条的规定,如果对国家知识产权局作出的有关专利申请、专利权的具体行政行为不服,可以依法申请行政复议。同时,第5条规定,对驳回决定、复审决定和无效决定等不服无法提起行政复议,其本质是从广义上的行政复议中排除了一部分,这是因为驳回决定、复审决定和无效决定等一般涉及复杂的技术问题认定,因此专门设置了复审和无效等程序和部门。对此,一种观点是如果专利权人对给予期限补偿的决定不服可以提起复审,而另一种观点是不必如此复杂,直接走行政复议即可。

第一种做法的优点在于通过复审程序给予当事人救济,缺点在于对现行的复审概念范畴形成冲击,其必要性也有待考量。第二种做法的优点是方便快捷,对于专利权期限补偿决定而言,并不算很复杂,第一,专利权期限补偿的计算公式简单明确,上市许可日和专利申请日通常不会引起争议;第二,能够享受期限补偿的药品的种类在药品注册证上都会有标注,如化学药品第2.4类等,易于辨别和确定;第三,获准上市的药品的结构式或者成分一般比较明确,其是否落入权利要求的保护范围也不难判定。因此,遵循行政复议的广义理解,如果专利权人对期限补偿决定不服,可以通过行政复议程序救济。一般情况下,相对于复审程序,行政复议费用更低,审结周期更短。

(二)对利害关系人的救济途径

如果药品专利权期限补偿决定影响了其他利害关系人的利益,如某仿制药厂商准备生产某药品,但是该药品获得了专利权期限补偿,该生产商认为该专利权期限补偿决定不合法,那么其该如何获得救济?

一种观点是利用现有的专利无效程序,或者设置作出期限补偿决定前的异议程序。这两类做法的优点是覆盖面广,可以为任何人提供机会,缺点是程序比较复杂,且费用较高。另一种观点是通过行政复议程序解决。根据《行政复议法实施条例》第28条的规定,申请人与具体行政行为有利害关系的,应当受理其行政复议申请。虽然行政复议相关法律并没有对"利害关系"进行进一步明确,但是《最高人民法院关于适用〈中华人民共和国行政诉讼法〉的解释》(法释〔2018〕1号)中指出,"有下列情形之一的,属于行政诉讼法第二十五条第一款规定的'与行政行为有利害关系'",其中列出了六种情形,包括"被诉的行政行为涉及其相邻权或者公平竞争权的""撤销或者变更行政行为涉及其合法权益的”“其他与行政行为有利害关系的情形”。由此笔者认为,当利害关系人符合上述情形时,可以考虑提出行政复议。

当然,申请人也可以直接向法院提出行政诉讼。因此,利害关系人的救济途径目前是存在的,不必设置其他更为复杂的新程序,以免增加不必要的成本。从国外的实践看,设置一种针对任何人的异议程序也没有很强的必要性。《美国专利法》第156条(d)规定了美国药品专利期限补偿决定的监督机制。FDA在确定药品审评审批时间后,会公布决定。任何人都可以在FDA公布强制审查期决定后的180天之内向FDA提出尽责申诉,申诉的目的是力图改变FDA因申请人未能尽责而减少专利补偿期的决定。任何人都可以在FDA公布未能尽责决定后的60天内要求FDA对此举行非正式听证。听证结束30天内,美国食品药品监督管理局根据听证结果作出维持或撤销审评时间的决定,并通知美国专利商标局对决定作出修正。但是有学者认为,根据FDA公布的文件,从未有人提交过此类申请。普通竞争对手几乎没有提交此类申请的动力,即便此类申请挑战成功,也没有专属于挑战者的利益,而是为大家谋福利,所以没有人愿意投入资源进行挑战①。由此预计我国未来实践中,只有特别相关的利害关系人才会有动力去提出异议,而这类人可以通过现行的行政复议途径或者行政诉讼获得救济。

---

① 叶文庆:《我国药品专利期限补偿制度及其评析》,载《知识产权》2021年第6期。